電子出版と電子図書館の最前線を創り出す

立命館大学文学部 湯浅ゼミの挑戦

湯浅 俊彦 編著

出版メディアパル

まえがき

　今日、日本の出版業界では電子出版ビジネスが話題の中心になっている。既存の出版産業のビジネスモデルが大きな変容を遂げつつあることは、誰の目にも明らかなものとなっているといってよいだろう。

　一方、図書館界においても電子資料の利用や保存をめぐる動向を冷静に分析すると、既存の図書館像をすっかり変える可能性があることがわかる。資料の「購入」から「利用権の契約」への変化がもたらす影響は想像以上に大きい。

　ところが出版業界や図書館界で仕事をする人々が、これからの電子出版メディアに関する明確なビジョンを持っているのかというと、必ずしもそうではない。むしろ手さぐりの状況下、次々と変化する事態の対応に追われているといった方が正しいだろう。

　そこで2013年度、立命館大学のゼミ教育の中で「デジタル環境下における出版ビジネスと図書館」をテーマに、「電子学術書実証実験」として実際にタブレット型端末をゼミ生に配布して電子書籍を活用した授業を行い、電子出版ビジネスの最前線で活躍するゲストのレクチャーを受け、電子出版と電子図書館の現場へのフィールドワークを行って、単行本として刊行したのが、『デジタル環境下における出版ビジネスと図書館―ドキュメント「立命館大学文学部湯浅ゼミ」』（出版メディアパル、2014年4月刊）であった。

　そして2年目を迎える2014年度、「実証実験」を卒業して、実際に大学として電子学術書の利用契約を行い、ゼミ授業の高度化を図りながら、「電子出版と電子図書館―競合から共存へ」をテーマに「最前線を創り出す」課題を3回生の受講生に与え、「解」を求めて取り組むこととしたのである。

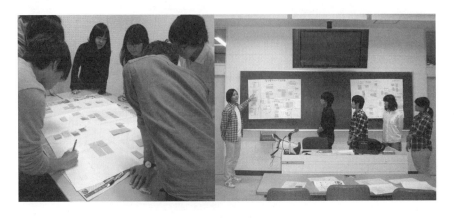

まえがき

　ゼミ生たちは「電子書籍における『版』の考察」「電子書籍とペーパーライク」「特別支援教育におけるデジタル教科書・電子書籍の可能性」、「小・中学校におけるタブレット型端末を用いた読書活動」「デジタル教科書が変える学校教育」「日本語学習におけるデジタル教材の有効性」「公共図書館における電子書籍を活用した多文化サービス」「デジタル時代の学校図書館」「電子コミックの収集」「電子図書館における『貴重書』」「電子書店とディスカバラビリティ」「リアル書店における電子書籍販売」「電子出版時代における雑誌の新展開」「電子書籍としての自費出版」と、多様で重層的なテーマを自ら設定し、文献調査だけにとどまらず、積極的にインタビュー調査に取り組み、フィールドワークに努めた。

　いまだ「答え」のない問題を考える。むしろ「問題」そのものを再設定し、フィールドワークを通して「当事者」から本質的なことはなにかを学び取る。学んだことを発表し、討議し、しっかりと概念化する。そのような授業を組み立て、新たな知見を生み出し、フィールドワークをさせていただいた「デジタル環境下における新たなプレイヤー」に還流していくことが、立命館大学文学部湯浅ゼミ生に課せられた到達目標である。

　はたしてその試みはどの程度まで、達成されたのか。その判断は本書をお読みになった、読者に委ねたい。

2015年3月

立命館大学文学部教授　湯浅俊彦

■ 目　次

目　次
電子出版と電子図書館の最前線を創造する
―立命館大学文学部湯浅ゼミの挑戦―

まえがき 2

第1章　電子出版・電子図書館は知識情報基盤を変える 7
第1節　電子出版・電子図書館の未来をデザインする
　　　　―最前線を創り出すことの重要性
　　　　　　　立命館大学文学部教授　湯浅俊彦 8
第2節　大学図書館における電子書籍の取組み
　　　　―立命館大学図書館から見えてきたこと
　　　　　　　立命館大学図書館　安東正玄 20

第2章　電子学術書を活用した大学教育の最前線 27
第1節　BookLooperを利用した大学教育の可能性
　　　　　　　京セラ丸善システムインテグレーション　経営企画本部　津田康弘 28
第2節　Springerにおけるe Bookの歴史、しくみ、利用の実際
　　　　　　　シュプリンガー・ジャパン　マーケティング部　田辺祐子 40

第3章　ゼミ生が探究する電子出版と電子図書館 59
第1節　電子書籍における「版」の考察 .... 竹嶋龍仁　60

第2節	電子書籍とペーパーライク―なぜ電子書籍は紙の形から離れないのか……李 桐和(イ ドンファ) 72
第3節	特別支援教育におけるデジタル教科書・電子書籍の可能性……高畑有里 90
第4節	小・中学校におけるタブレット型端末を用いた読書活動……尾崎理奈 100
第5節	デジタル教科書が変える学校教育……早川育実 123
第6節	日本語学習におけるデジタル教材の有効性……安原里美 134
第7節	公共図書館における電子書籍を活用した多文化サービス……野木ももこ 146
第8節	デジタル時代の学校図書館……田草川みなみ 160
第9節	電子コミックの収集―新たなアーカイブの構築……村井 燦 180
第10節	電子図書館における「貴重書」……藤新朋大 191
第11節	電子書店とディスカバラビリティ……竹本正史 212
第12節	リアル書店における電子書籍販売……松田麻由香 224
第13節	電子出版時代における雑誌の新展開……大久保俊季 235
第14節	電子書籍としての自費出版……向井惇子 246

第4章 電子出版・電子図書館のフィールドワーク …………… 255

第1節	国立国会図書館・東京本館……256
第2節	講談社本社……259
第3節	図書館流通センター本社……262
第4節	上智大学文学部　柴野ゼミ生との交流……265

あとがき ……268
索　引 ……269

本書の発行に当たって

　本書は、立命館大学文学部テーマリサーチ型ゼミナール「電子出版と電子図書館の最前線を創り出す」（湯浅ゼミ）の1年間の記録であると同時に、そこで得られた知見を公開するものである。

　なお、本書の電子書籍版については、公共図書館・大学向け電子図書館（大日本印刷／電子図書館グループ）及び学術・研究機関向け電子書籍（丸善／学術情報ソリューション事業部）として電子配信される予定である。

　お世話になった人々への感謝を込めて

　　　　　　　　　　　　　　　　　2014年3月1日　編著者　湯浅俊彦

第1章

電子出版・電子図書館は知識情報基盤を変える

本章の内容

　電子出版・電子図書館はこれまで印刷媒体を中心に発展を遂げてきた知識情報基盤そのものを大きく変える可能性が高い。電子書籍を例に挙げても、今でこそ紙のアナロジーで語られることが多いが、紙媒体とは異なるまったく新しいメディア特性を発揮し、今後の進展が期待される。
　本章では、大学のゼミ教育高度化の取組みを事例に電子出版と電子図書館の可能性を考える。

第 1 節

電子出版・電子図書館の未来をデザインする
―最前線を創り出すことの重要性―

湯浅　俊彦
（立命館大学文学部教授）

--- 概　要 ---

　2014年度、立命館大学文学部湯浅ゼミ（3回生）では「電子出版と電子図書館―競合から共存へ」をテーマに、「最前線」を創り出すことを探求してきた。

　4月の開講時から電子書籍を使ったゼミ授業を行い、各自がそれぞれの課題を設定して取り組むゼミ発表、国立国会図書館東京本館、大手出版社本社、図書館総合支援企業本社へのゼミ調査旅行、電子学術書を積極的に配信する海外大手出版社の担当者によるレクチャー＆ディスカッション、そして上智大学や福井大学の学生との意見交流といった実践的手法を用いることによって、文献だけでは得られない電子出版と電子図書館に関する新たな知見を獲得することにゼミ生たちは邁進してきた。

　本稿では、大学におけるアクティブ・ラーニングを具体化する観点から、電子書籍を活用したゼミ授業高度化の試みを通して、電子出版・電子図書館の可能性を展望する。

--- キーワード ---

電子出版、電子図書館、アクティブ・ラーニング、電子書籍、ゼミ授業高度化

1. 電子書籍を活用したゼミ授業の高度化

　2014年4月の開講と同時に、ゼミ受講の3回生15名全員にiPad miniを配布し、京セラコミュニケーションシステムと京セラ丸善システムインテグレー

ションが開発した電子書籍配信サービス「BookLooper（ブックルーパー）」により、教科書と参考書を電子書籍で提供した。

　教科書は『電子出版学入門　改訂3版』（湯浅俊彦著、出版メディアパル）、参考書は『公共図書館の論点整理』（田村俊作他編、勁草書房）、『インターネット時代の学校図書館』（根本彰他著、東京電機大学出版局）、『デジタル書物学事始め』（安形麻里著、勉誠出版）、『情報の倫理学』（水谷雅彦著、丸善）、『学術情報と知的所有権』（名和小太郎著、東京大学出版会）の6タイトルの電子学術書をこの授業のために契約した。

　ゼミ授業で電子書籍を活用することの利点は、第1に本文検索が瞬時にできること、第2に付箋やラインマーカーといった学術的な探求を目的として書物を読んでいくプロセスを支援するツールが、「呼び出し機能」を使うことによって紙の本にはない融通性を発揮すること、第3にタブレット、スマートフォン、PCとその時に使えるデバイスで、いつでもどこでも書物を読むことができるという可搬性を享受できることにある。

　第1の利点については、本文の全文検索により1冊の書物が一種のデータベース化しているといってよいだろう。これまで紙の本では目次や索引によって、本の読み手は書物の中の関心ある箇所にアクセスすることができた。

　例えば、「電子文庫パブリ」について『電子出版学入門　改訂3版』のどこにその記述があったかを探す時、紙版であれば五十音順の巻末索引を調べ、「電子文庫パブリ........13, 28, 29, 62, 70, 78, 101」と表示されているのを確認する。そして、それぞれのページを開き、自分が探そうとしている記述かどうかを見ていくのである。

　しかし、BookLooperが提供する電子書籍ではキーワードを入力すれば本文から該当箇所を検索し、その結果が画面右側に瞬時にスニペット表示[*1]され、探しているキーワードがある表示をタップするとさらに本文中の該当ページに瞬時に飛ぶことができる。これは画像としてのPDFファイルに透明テキストを重ね合わせることによって、本文中の全文検索が可能になっていることを示している。もちろん従来通り、索引のページ数「13」をタップしても本文13ページに瞬時に移動し、「電子文庫パブリ」に関する記述を読むことも可能であるが、

＊1　断片的な表示。ここではキーワードが含まれる書籍の本文の数行が一覧として表示されること。

第1章 電子出版・電子図書館は知識情報基盤を変える

スニペット表示で一覧することによって、ストレスのない検索が可能となる。

　第2の利点は、紙の本ではできなかったタイプの機能である。すなわち、付箋やラインマーカーをつけた箇所を随時、呼び出し、書物の中で重要と思われることを何度も振り返ることができるのである。また、手書き文字でメモすることも可能である。

　紙の本とは異なり、電子書籍の場合はそれをいつでも消去してまた真新しいページに戻すこともできる。つまり、単に書物を読むだけではなく、書物を自分の「読み」に応じてカスタマイズして「使いこなす」というイメージであろう。

　このような状況を例えていうならば、紙とボールペンでレポートを書いていたかつての大学の授業が、今ではすっかりパソコンのワープロソフトでレポートを入力し、提出するのが一般化したことと似ている。ワープロによるレポート提出については、いわゆる「コピペ」問題のような新たな課題が現れているが、手書きレポート以外は認めないのは、大学の通信教育部の一部で代筆を防ぐためにいまだ行われているくらいで、もはや一般的ではないだろう。同様に、BookLooperが提供するような学習用のさまざまな機能を備えた電子書籍の便利さを体験した学生は、ちょうど今ではレポートを書くのに「書き直しができない」紙とボールペンに戻ることはできないように、「検索できない」紙の本の使いにくさを実感するのである。

　第3の利点は、まさに学生の事前学修・事後学修をサポートするものである。すなわち、自宅や図書館ではPCで読み、移動中やちょっとした空き時間にはタブレットやスマートフォンで授業関連の本を読むというように、多様なデバイスが活用できる。

　受講生は最初にiPad miniのアプリからBookLooperを無料でインストールし、アイコンをタップすると、大学名を選ぶ画面が表示される。そこで立命館大学を選択し、「学認システム」にIDとパスワードを入力すると、「ストア」が表示され、現在、立命館大学文学部が湯浅ゼミのために契約している6タイトルをタップし、ダウンロードして、準備は完了する。あとは「読む」ボタンを押して、好きな時にiPad miniだけでなくiPhoneなど好きなデバイスに同期させて読むことができる。返却期限が過ぎれば「延長」ボタンを押すことによって、閲覧期間は自動的に延長される。

　一度本を返却しても再貸出ししたときに、以前の付箋、ラインマーカー、手

書きメモなどの情報が再表示されるので、大学における継続的な事前学修・事後学修にきわめて有効である。これも紙の本にはない特性である。一度、ダウンロードしておけば返却期限まで繰り返し使えるため、Wi-Fi環境が毎回必要なわけではない。

このように大学の授業で活用する電子学術書は、コミックや小説作品を中心に語られることの多い日本の「電子書籍」論議とは、異なる位相にあることはもっと知られてよいだろう。

2. 大学における学術情報基盤の整備と電子資料

立命館大学文学部湯浅ゼミにおける電子書籍を活用したゼミ授業高度化の取組みは、2013年8月に公表された文部科学省・科学技術・学術審議会学術分科会学術情報委員会「学修環境充実のための学術情報基盤の整備について（審議まとめ）に、次のように指摘されていることの、立命館大学における「実践版」と位置づけることができる[2]。

〈学術書の電子化〉

○学術書の電子化において、和書の電子書籍での提供に関しては、著作権の許諾等とともに、出版社、図書館などの関係者全ての納得できるビジネスモデルの構築が必要になることから、現時点では、あまり進展していない。既存書籍の電子化についても遅れているが、文化庁が主体となり、官民連携で国立国会図書館の蔵書を電子書籍化し、配信するモデル実験（eBooksプロジェクト）が実施されるとともに、大手出版社が公共図書館に電子書籍を提供する事業を開始する動きも見られる。

医学書など、一般的に厚く高額な学術書の電子的利用に対する学生のニーズは強く、電子的な利用を基本として、必要に応じて、POD（プリントオンデマンド）により、データを出力し、任意に冊子体を作成する新たな出版流通も生まれつつある。

電子的なコンテンツが増えれば、欧米に比べて本を読まないとされる日本の学生に多くの学術書に接する機会を与え、それ自体が教育改革の

---

[2] 文部科学省・科学技術・学術審議会学術情報委員会「学修環境充実のための学術情報基盤の整備について（審議まとめ）」
〈http://www.mext.go.jp/b_menu/houdou/25/08/1338778.html〉（引用日：2015-01-07）

一環としての効果も期待できることから、関係者が連携して今後一層推進することが望まれる。

　立命館大学では2014年6月より「学びの立命館モデル具体化検討委員会(教育のICT活用部会)」がスタートし、授業外学修等の単位の実質化、主体的学びの促進、MOOC[*3]等の国際的通用性の向上、教材・授業プロセス・成績評価方法・基準の共有など教育の質向上のための手段としてICT活用を位置づけることになった。この委員会において、私は電子書籍等の電子資料の活用を主体的な学びを促進するICT活用事例として盛り込む問題提起を行い、2014年12月にまとめられた「学びの立命館モデル具体化検討委員会　教育のICT活用部会報告書」にBookLooperを活用した授業での実践事例を紹介している。
　このようにゼミ教育における電子書籍の位置づけは、電子書籍を使うこと自体が目的ではなく、あくまでも授業の質向上のためのICT活用事例なのである。

3.　電子出版と電子図書館の最前線を探求するゼミ調査旅行
(1) 国立国会図書館による電子図書館事業に関する調査
　2014年9月1日午後、国立国会図書館東京本館を訪問し、白石郁子・広報担当総務課長補佐の案内で一般利用者には開放されていない閉架書庫の見学を行った。また、大滝則忠館長とゼミ生との懇談を行った。
　さらに、事前にテーマを2つに絞ってのレクチャーをお願いし、2012年6月の国立国会図書館法改正による「オンライン資料収集制度」(eデポ)については電子情報部電子情報企画課の大場利康課長、徳原直子課長補佐、秋山勉・収集書誌部主任司書、また2012年1月の著作権法改正によって2014年1月から始まった「図書館向けデジタル化資料送信サービス」については小坂昌利用者サービス部サービス企画課課長補佐からその概要、経緯、現況、課題などを詳細に解説していただいた。

(2) 出版社による電子出版事業に関する調査
　ゼミ調査旅行の2日目の9月2日の午前中、日本を代表する総合出版社であ

[*3]　MOOC = Massive Open Online Courses (大規模公開オンライン講座)

る講談社を吉田健二・広報室次長の案内で見て回った。「出版業界一」といわれる資料センターでは小塚昌弘・編集総務局資料センター部長による解説がきわめて興味深いものであった。また締切当日で活気あふれる『FRIDAY』編集部を見学した後、吉羽治・デジタル事業局長から電子出版事業に関するレクチャーを受け、大手出版社の電子コミックを中心とする電子出版ビジネスの現況を知る絶好の機会となった。

(3) 図書館総合支援企業に関する調査

9月2日（2日目）の午後からは、図書館流通センター（略称：TRC）本社を訪問し、データ部を見学、さらに①矢口勝彦・電子図書館推進担当から「電子図書館サービスTRC-DL」、②田山健二・TRC-ADEAC代表取締役から「歴史資料検索閲覧システムADEAC」、③佐藤達生・図書館総合研究所代表取締役社長から「電子教科書と図書館の本を結ぶ新しいシステムEducational Commons」の3つのテーマについてそれぞれ担当者のレクチャーを受け、調査研究を行った。

(4) 出版と公共図書館をテーマに意見交換

9月1日（1日目）の午前中、上智大学を訪問し、出版を中心とする近現代のメディア技術、産業、流通論を研究テーマとする上智大学文学部新聞学科の柴野京子先生のゼミのうち学生4名とディスカッションを行った。テーマは「公共図書館の大衆化」として、最初に上智大学の松本実子ゼミ生からパワーポイントを用いた発表をしていただき、上智大学と立命館大学の学生が活発な意見交流を行った。

(5) 電子学術書の利用者同士の意見交換

2014年9月24日、学術・研究機関を対象に、学術書の新刊を冊子と電子書籍のセットで提供を受ける「新刊ハイブリッドモデル」サービスを全国の大学で初導入した福井大学を訪問し、福井大学の大学生2名・院生1名と、立命館大学において湯浅が担当するテーマリサーチ型ゼミナールの受講生（4回生）のうち2名と「専門演習」の受講生（3回生）のうち2名による意見交流を行った。

これは実際に電子学術書を利用した学生による意見交流であり、2013年9

月にテーマリサーチ型ゼミナールの受講生（当時3回生）9名と慶應義塾大学理工学部の1回生2名との交流を行った経験がある。

　今回、「デバイス」については、見やすさ、持ち運びやすさ、充電、「機能」については、全文検索、目次、マーカー、手書きメモ、しおり、ストア、本棚をテーマに討論を行った。

　このディスカッションの模様は『福井新聞』が翌9月25日付朝刊に「学術書"電子版"で―福井大附図書館　学生ら対象貸し出し」という記事となり、カラー写真入りで「電子書籍の利用について意見交換する福井大と立命館大の学生たち」と報道された。

　なお、2013年度の慶應義塾大学、2014年度の上智大学と福井大学への訪問は「立命館大学学生交流プログラム（正課プログラム）」による他大学との交流および協同で行う学習活動（交流学習）として位置づけられる。

4.　他大学における電子資料の利活用に関する調査

　福井大学の院生・学生との意見交流を行ったあと、福井大学附属図書館を見学し、福井大学図書館の太田仁・学務部学術情報課員から電子資料の利用実態についてレクチャーを受けた。

5.　電子書籍関連セミナーの開催

　湯浅ゼミでは2014年10月15日、学術情報流通の第一線で活躍する田辺祐子・シュプリンガー・ジャパン株式会社マーケティング部員をゲストに迎え、「eBookの歴史、しくみ、利用の実際」というテーマでレクチャーしていただいた。シュプリンガーは英語タイトルの新刊学術書を年間約6000点出版する世界的な学術出版社である。そのシュプリンガーが電子書籍ビジネスをいかに展開しているのかを知ることによって、海外の電子出版事情が学生にも理解できたと考えられる。それはレクチャー後の質疑応答の時間にもよく表れていた。

6.　最前線を創り出すことの重要性

　電子出版や電子図書館の可能性は一般的にはなかなか見えにくいものである。しかし、大学の授業で実際に電子書籍を利用してみると、さまざまな課題が見えてくる。まだ万全の体制で電子出版ビジネスとして確立しているわけで

第1節　電子出版・電子図書館の未来をデザインする

福井大学学生と白熱討論

意見交流で盛り上がる

はない状況、いわば「試行段階」から主体的にかかわることによって、ゼミ生たちはまさに「最前線を創り出す」のである。

　この考え方は重要である。出版業界であれ、図書館界であれ、あるいは教育の世界にしても、デジタル環境下における変化を積極的に受け入れ、その可能性にチャレンジする柔軟な発想の持ち主は試行錯誤を繰り返しながら、まだ誰も通ったことのない「道」を自ら踏みしめながら作っていくことになる。ところが、人が作った「道」を歩くことに慣れ過ぎた人たちは、しっかりと整備された広い道がまだ用意されていないという理由を述べ立てて、自らは歩こうとせずに模様眺めを決め込むのである。

　次世代を担っていく学生であればこそ、すぐに陳腐化してしまう「最新」知識を詰め込むことよりも課題解決型の思考力を身につけてもらう必要がある。湯浅ゼミが「電子出版と電子図書館―競合から共存へ」というテーマを掲げて、「最前線を創り出す」課題に取り組んだ背景には、大学教育における「知」の再構築という目標がある。

　私自身が最前線を創り出すことにかかわっている2つの具体例を示そう。

　第1の例は、2013年度から湯浅ゼミが進めてきた「電子学術書実証実験」である。これはもともと慶應義塾大学メディアセンターが2010年度から学術出版社や協力企業と共同で日本語コンテンツの学術既刊書を電子化し、大学図書館における学術書を中心とする電子書籍提供モデルの可能性について検討を行

15

第1章　電子出版・電子図書館は知識情報基盤を変える

ゼミ授業：グループごとに KJ 法で論点を整理

うものであった。私は夙川学院短期大学教員であった2010年12月、このプロジェクトに強い関心を持ち、慶應義塾大学メディアセンターを訪問し、学生モニターを募集してこれから開始する実証実験の概要を説明していただき、実際にその年の5月に発売されたばかりのiPadで『地震の揺れを科学する』(山中浩明編著、東京大学出版会)などを閲覧させてもらった。わざわざ参加出版社からみすず書房社長と東京大学出版会の担当者も駆けつけてくださり、この実証実験について意見交換を行った。

その後、私は立命館大学文学部の教員となり、2013年4月から学内の「教育の質向上」予算を獲得し、湯浅ゼミとしてこの実証実験に参加した。2013年10月には「大学図書館電子学術書共同利用実験」として8大学(慶應義塾大学、大阪大学、神戸大学、東京大学、名古屋大学、奈良先端科学技術大学院大学、福井大学、立命館大学)合同による、大学図書館における電子書籍の活用に関する総合的な実証実験[*4]へと展開していった。

この共同利用実験の直前、2013年9月18日には、8大学の図書館関係者、出版社、協力企業、教員が一堂に集まって「箱根合宿」を行い、深夜まで徹底討論を行った。これが2014年9月12日にプレスリリースされた出版社6社に

[*4]　立命館大学ホームページ「日本の大学初、立命館大学を含む8大学による電子書籍の総合的実証実験の開始」
〈http://www.ritsumei.ac.jp/library/news/article.html/?news_id=91〉（引用日：2015-01-07）

第 1 節　電子出版・電子図書館の未来をデザインする

大学図書館電子学術書共同利用実験：箱根合宿

よる「学術・研究機関（図書館）向け電子書籍サービス『新刊ハイブリッドモデル』提供開始」（慶應義塾大学出版会、勁草書房、東京大学出版会、みすず書房、有斐閣、吉川弘文館）につながっていくのである。

　ここに至ってようやく日本の学術書出版の世界で最新刊の学術書を冊子体の刊行と同時に電子書籍がセットとなって学術・研究機関に提供されることが可能となったのである。

　第2の例は、「三田市立図書館読書アクセシビリティ実証実験」である。この実証実験の目的は「障害を理由とする差別の解消の推進に関する法律」（通称：障害者差別解消法）が2016年4月に施行されることから、公共図書館における読書アクセシビリティを確保するため、電子書籍の音声読み上げ機能や本を探すための音声検索機能などを実装し、各種実証実験を通して効果検証および課題抽出を行うことにある。

　具体的には2015年1月から、作業チームを大日本印刷、図書館流通センターが担い、サイトデザインのアクセシビリティ検証、現行サービスとの比較検証、読み上げ機能の検証を私もそのメンバーの一員である立命館グローバル・イノベーション研究機構（R-GIRO）研究プログラムIRIS（電子書籍普及に伴う読書アクセシビリティの総合的研究）の研究者が行い、実験の場を三田市立図書館が提供し、三田市のボランティア団体等に協力をお願いして、視覚障害者等の方々からモニターを募り、2月より実証実験を開始した。

17

■ 第1章 電子出版・電子図書館は知識情報基盤を変える

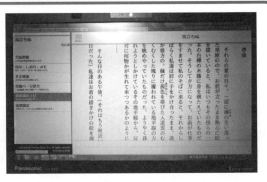

三田市立図書館「読書アクセシビリティ実証実験」

　これまで視覚障害者、あるいはディスレクシア など「読書障害者」の多くは、印刷された書籍や雑誌を読むことができなかった。つまり「読書障害者」にとって、紙の本は「本」ではなかったということができる。
　障害者差別解消法に規定された読書アクセシビリティに関連する条文は次の第7条第2項に規定されている「合理的配慮」である。(傍線、引用者)

　　＜行政機関等における障害を理由とする差別の禁止＞
　　第七条　<u>行政機関等</u>は、その事務又は事業を行うに当たり、障害を理由として障害者でない者と不当な差別的取扱いをすることにより、障害者の権利利益を侵害してはならない。
　　2　行政機関等は、その事務又は事業を行うに当たり、障害者から現に社会的障壁の除去を必要としている旨の意思の表明があった場合において、その実施に伴う負担が過重でないときは、障害者の権利利益を侵害することとならないよう、当該障害者の性別、年齢及び障害の状態に応じて、<u>社会的障壁の除去の実施について必要かつ合理的な配慮をしなければならない</u>。

　国公立大学図書館や公立図書館が、視覚障害等を有する者から資料リクエストがあり、その音声読み上げ対応を求められた場合、それぞれの図書館はこれを保障しなければならない。障害者サービスに消極的であった図書館も、「障

害者差別解消法」施行以降は第7条2項に規定された「合理的配慮」を行う義務が生じるのである。

　ところが電子書籍サービスを行っている公立図書館は、およそ全国3200館のうちわずか30館程度と全体の1％ほどしか存在しない。電子書籍による音声読み上げサービスや音声検索サービス以前に、電子書籍を利用者に提供することすらできていないのが現状なのである。2015年2月に開始した「三田市立図書館読書アクセシビリティ実証実験」はこのような状況を打破するために、ベストプラクティスを提示することによって、多くの公立図書館の意識変革を促したいと取り組んでいるプロジェクトなのである。

　私がかかわっているこのようなプロジェクトの事例から「最前線を創り出す」ことの重要性をゼミ学生たちは学び、自分たちのテーマを設定、そして現場の第一線で活躍する人たちへの取材、論点整理、そして自ら論文を書くことに没頭した。大学ではゼメスターごとに学生を対象とした「授業評価アンケート」を行い、湯浅ゼミでも2014年12月末に実施したが、「あなたは、予習復習、準備、課題のために、1回当たり平均してどの程度時間外に費やしましたか」という設問について、「『計り知れない！』と書くしかないでしょ！」と思わず叫んだ学生がおり、教室は爆笑となった。湯浅ゼミでは、とにかくたくさんの論文と本を読み、フィールドワークに出かけ、発表を行い、論文を書くしかない。ゼミ生たちが論文を書くために行ったインタビュー調査をまとめるだけでも、費やする時間が膨大なものになることはわかろうというものである。

　「電子出版と電子図書館」に関する動向は日々刻々と変化し、関連する情報はすぐに陳腐化する領域である。だからこそ、知識情報基盤の変化という文明史的な観点から、これらの事象をさまざまな方法論を用いて、概念化することが重要である。安直な「答え」を出すことよりも、「電子出版と電子図書館」の未来をデザインするための深い「問い」を作ることができることが、本当は大切なのである。

第2節

大学図書館における電子書籍の取組み
―立命館大学図書館から見えてきたこと

安東　正玄
（立命館大学図書館）

― 概　要 ―

　2013年度の国内8大学が参加した「大学図書館電子学術書共同利用実験」（以下、共同実験）を中心とした取組みから1年が経過した。電子書籍は、資料を管理する多くの業務（装備・配架・貸出・督促・修理等）をなくし、図書館という物理的な空間も必要なく利用できる電子書籍のメリットは計り知れない。しかし、実際に図書館に配架されている資料に比べて目につきにくいという問題を含んでいて図書館が望むほど利用が伸びない問題があった。それを共同実験により、利用度の高い和書の電子書籍コンテンツ数を増やすことで、学生と電子書籍の利便性を共有するとともに、学生は電子と紙のそれぞれの長所を活かした利用を望んでいる事が明らかになった。今回、共同実験も終わり、その後の動きと継続して取り組んでいる文学部の湯浅俊彦教授の授業でのBookLooperでの学生のアンケートについても紹介する。

― キーワード ―

大学図書館、電子書籍、eBook、学生、アンケート

1. 電子書籍の取組みの経過

　立命館大学図書館では、市販されている電子書籍の購入を関西圏の大学図書館の中で一番早く実施している（2006年4月）。しかし当初は洋書しかなく、利用もさほど伸びなく、存在も知られていない状況が続いた。その後、和書の

電子書籍の販売が始まりだしたが、新たな電子書籍の購入については慎重になっていた。2010年OPACで電子書籍の検索ができるようにし、2012年にはディスカバリーサービスの導入などし、利用者の環境整備を積極的に進めてきた。それらの取組みと並行するように和書の電子書籍購入も進めてきた。

電子書籍は配架スペースが不要であるだけでなく、装備作業・配架作業・貸出返却作業・督促作業等から解放され、人手を学習支援にシフトさせることも可能になり、何より24時間利用できるとの理解から、積極的に導入を進めたいと考えている。

しかし、実際によく使われる日本語で書かれた学術書の多くが電子書籍になっていない問題がある。紙の書籍も同様であるが、何より授業との連携の有無で利用状況が大きく違うこともあり、「授業との連携」を大きな課題と認識していた。

以上の状況の中で2013年度、国内8大学が参加した「大学図書館電子学術書共同利用実験」(以下、共同実験)に文学部と連携し、立命館大学図書館として参加することになった。実際の授業で電子書籍を利用した授業を文学部のテーマリサーチ型ゼミナール「デジタル環境下における出版ビジネスと図書館」(担当教員:湯浅俊彦教授　受講生9人)でしてもらい、図書館は側面から支援するという方法で、電子書籍の使われ方や学生の感想などを共有することができた。また2013年10月からは全学利用環境を整え2014年3月までの短期間ではあったが、約900タイトルの日本語で書かれた電子書籍が使えるようになった。

共同実験そのものは2014年3月末で終了したが、2014年度も文学部と湯浅先生を中心に電子書籍を活用した授業実践に取り組んでいただいている。図書館としてはこの間築いた関係を維持させていただいている。

2. 共同実験で得られた情報

2.1 学生の電子書籍利用の反応

共同実験で得た学生の反応は、デジタルの特性である「利用する場所に縛られない」「24時間使える」「広く浅く調べる(検索)のに便利」「多く持ち歩いても重くない」を評価すると共に、共同実験のプラットフォームであるBookLooperの特性である「書込みができる」「ラインマーカーが使える」「しおり機能が使える」など高い評価を得た(図書館から借りる資料に書込みは許さ

れない)。それと共に、「お気に入りの書籍は紙で所持したい」「長期保存する書籍は紙がよい」「自ら購入して反復学習する資料は紙」というデジタルと紙の特性を学生はよく理解し使い分けていることも明らかになった。また、大学図書館の資料の多くは「研究・論文に必要な資料」であり、「一時的に利用できれば良い」「一部だけ確認できれば良い」と多くの学生が感じており、その程度の利用であれば「電子書籍であれば十分」と感じている学生が多くいることもわかった。

ただ、BookLooperで高い評価を得ている「書込みができる」「ラインマーカーが使える」機能を授業で使ってもらったところ「操作に集中していると授業についていけなくなる」「思ったところにラインを引くのが難しい」など、授業のスピードに操作性が追いついていないことも明らかになった。

2.2 どれだけの書籍が電子化されればよいか

共同実験では、学生の利用実態アンケートだけでなく、参加大学図書館の貸出・購入情報を分析し、どの程度の資料がどう動いているかも分析を行った。なお、この分析については8大学に加え、関西学院大学のデータも加えて分析を行っている。

どの規模の大学でも、貸し出されているタイトル上位10～15％で貸出回数の40～50％を占めている構造があることが判明した。つまり、特定の資料に利用が集中していることを示しており、その資料が電子化されていれば、

電子学術書実証実験シンポジウム(慶應義塾大学)で発表する安東正玄氏

第 2 節　大学図書館における電子書籍の取組み

左：立命館大学での電子学術書実証実験スタート時の写真
右：『電子出版学入門改訂3版』を電子書籍化

図書館・利用者共にニーズに合致することとなる。

　2011年度、2012年度の貸出実績データから出版された年代を分析したところ、直近7年以内に出版された資料の貸出しが50%を示すとともに、新しいものほど利用が高いことを示していた。

　出版社を軸に分析をしたところ、総合大学では岩波書店、講談社、有斐閣の資料がどの大学でも上位を占めていた。

　以上のことから、新刊を中心に、中核になる出版社をベースに分野ごと選択可能なパッケージを購入することで、電子書籍の購入・利用がより促進する可能性があることを示していた。

3.　立命館大学図書館の電子書籍購入の変化

　先に述べたとおり、立命館大学としては積極的に電子書籍の購入を勧めてきていたが、実際に購入したい学術書が電子化されていないという問題もあり、なかなか購入も進まない問題もあった。しかし、共同実験終了後、この実験に関わった出版社が以前より積極的に電子書籍化に取り組んだこともあり、昨年に比べて電子書籍購入が進みだしている（2013年4月1日～2013年12月1日で購入した電子書籍タイトルは90件だったが、2014年4月1日～2014年12月1日では207件まで伸びている）。

23

しかし、これまでの図書館をよく利用する積極層に対して、電子書籍のアピールがあまりできていないこともあり、電子書籍の利用そのものが伸びているとはいえない（紙の利用の方が圧倒的に多い）。今後は、それらの利用層に対しても電子書籍の存在がわかるように工夫をする必要があるということは、現場も含めて認識はしているが、大掛かりになるようなことは避けたいという問題もあり、具体策については引き続き検討課題となっている。

なお、語学の授業との関わりの深い「比較的読みやすい外国語の書籍を少しでも多く読む」との考えで学習用として洋書の購入をしている図書館も増えているが、立命館大学でも以前からその様な取組みは進めている。今年度、語学の教員の推薦で電子書籍による読みやすい洋書コレクションの導入も始まり、確実に電子書籍の普及は以前より進んできているともいえる。

4. 2014年度の学生の変化

昨年に引き続き今回も、湯浅先生の授業を受けている学生のアンケート取っていただいた。その結果の一部を**表1**で紹介する。

湯浅先生の一部の授業では共同実験で使用した京セラ丸善システムインテグレーションが提供しているBookLooperをプラットフォームとして採用している。このBookLooperは単に電子書籍を見るだけでなく、図書館で貸し出して

表1 学生アンケート結果の一部

設問1. 立命館大学図書館でeBook（電子ブック）を提供していることを知っていましたか？		
回答	Yes	No
	62%	38%

設問2. 立命館大学図書館が提供している電子eBookを使ったことはありますか		
回答	Yes	No
	31%	69%

設問3. 設問2で「No」と答えた人にお伺いします。使わなかった理由を教えてください。			
回答	操作を知らなかった。紙で十分	使う機会が無かった	存在を知らなかった
	11%	44%	45%

設問4. どのような目的で電子ブックを使いましたか？（複数回答可）			
回答	研究・レポート作成	読書	その他
	72%	21%	7%

設問5. BookLooperの評価			
回答	良い	普通	悪い
	23%	62%	15%

いる本では実現不可能だった、メモ書き、マーカー機能を保持しており、これらの機能が学修スタイルを考える上で、記憶を留める・整理することに役立っているツールである。

今回の学生のアンケートを見ていると、「紙とデジタルの使い分け」だけや「デジタルは便利」にとどまらず、紙の優位性を改めて感じている学生が多かった。その一つの原因が、認証のトラブルが原因で使えないタイミングがあり、よりシビアな回答になったと思われる。そのこともあり、BookLooperに対しては昨年より評価が厳しい傾向（「良い」が56％から23％、「普通」が33％から62％、「悪い」が11％から15％）になっている。また電子書籍の利用目的が読書である（昨年61％から23％）が下がり、研究・レポート作成の利用が高まった（32％から72％）のも大きな特徴であるが、興味本位の利用から活用にシフトしたともいえる。

5. 最後に

大学図書館での電子書籍の購入と利用についてはこれからが本番であるが、利用実態の把握や分析を元に、より必要とされる資料のあり方の検討が必要である。電子書籍の利用については、紙の利用と異なり比較的利用実態を把握しやすい仕組みになっており、本格的な利用を前にその環境を再整備していくことも必要になってくる。

また、大学図書館の利用の特徴である「研究・レポート作成」を理由とした学術書の利用が中心である事も改めて認識し、利用状況や類似した資料などデータ分析をもとにより高度なサービスへとつなげていくことも今後の図書館の重要な機能として注目を集める事になるであろう。

なお、共同実験の報告内容については国公私立大学図書館協力委員会刊行の『大学図書館研究』101号に掲載予定なので、ご覧いただければ幸いである。

また、共同実験の公開シンポジウム（2014年3月20日、慶応大学三田キャンパスで開催）の「電子学術書の現在と今後」の使用スライドは以下のところで公開されている。

http://ebookp2013.blogspot.jp/
「大学図書館電子学術書共同利用実験」（最終更新日：2014年4月18日）

第2章

電子学術書を活用した大学教育の最前線

本章の内容

　すでに大学や研究機関における学術情報流通の世界では1990年代から電子ジャーナル、CD-ROM、データベースといった電子資料やネットワーク系情報資源が活用されてきた。

　本章では、日本語タイトルの電子学術書を世界標準に近づける取組みとして、京セラ丸善システムインテグレーションによるBookLooperを用いた電子学術書の配信サービス、また海外における電子学術書の事例としてSpringerのeBookビジネスを取り上げ、電子学術書を活用した大学教育の方向性を考える。

第1節

BookLooperを活用した大学教育の可能性

津田　康弘
（京セラ丸善システムインテグレーション　経営企画本部）

概　要

　現在、大学教育において、学生が主体的に取り組む能動的学修（アクティブ・ラーニング）への転換やそのためのICTを活用した授業・自修支援等の学修環境整備が求められている。

　「BookLooper（ブックルーパー）」は8大学電子学術書共同利用実験など[*1]で学修に適したサービスを目指して、いち早く大学での電子図書館、電子教科書配信を行ってきた。

　この間、大学において電子書籍の導入が進むとともに、これまで電子書籍化に慎重であった学術出版社にも動きが出てきた。

　本稿ではいくつかの大学の利用事例におけるその目的・成果と共同実験終了後の学術出版社の動きをご紹介するとともに、今後BookLooperやその関連サービスに求められるもの、期待されるものについて考察していきたい。

キーワード

電子書籍、電子教科書、電子図書館、出版社、データ分析

[*1] 実験に参加した8大学は立命館大学、大阪大学、慶應義塾大学、神戸大学、東京大学、名古屋大学、奈良先端科学技術大学院大学、福井大学である。

1. はじめに

　2013年4月から立命館大学では電子書籍配信サービスBookLooperを利用していただいている。当時行われていた8大学電子学術書共同利用実験にて、主幹校である慶應義塾大学に次いで実験を開始された。同大学のテーマリサーチ型ゼミナール「デジタル環境下における出版ビジネスと図書館」(担当：湯浅俊彦教授) において実験が行われ、『電子出版学入門　改訂3版』(出版メディアパル) が電子書籍として採用された。まさにゼミのタイトルどおりデジタル環境を学生に体感させるべく取り組まれたのである。

　初回の授業で湯浅教授から学生に対し、次のメッセージが投げかけられた。

　「デジタル化された出版コンテンツの新しい流通は図書館サービスのあり方を変えようとしている。公刊出版物を購入し、利用者への閲覧・貸出しを行ってきた近代図書館のあり方がいま問われている」。

　また、学生の進路にも触れられ、「電子書籍という観点では出版社や図書館だけでなくIT分野の企業に入っても学んだ知識を活かすチャンスがある。視野を広く持つように」と指導されていた。まさに「出版」と「図書館」の再定義の必要性を訴える湯浅教授を象徴するシーンであったと思う。

　それから1年半余りが経ちその間にさまざまな大学や出版社で電子書籍への取組みが行われ確実に成果が現れてきている。それらを紹介しながら、今後の大学における電子書籍やそれに関連するさまざまなデータの活用が利用者や教育の質向上にどのように貢献するかを述べたいと思う。

　なお、8大学電子学術書共同利用実験は2014年3月末で終了し、全体の成果については、慶應義塾大学のWebサイト (http://www.keio.ac.jp/ja/press_release/2013/kr7a4300000d56ze.html) などで、また立命館大学の成果については、先のゼミナールの成果がまとめられた『デジタル環境下における出版ビジネス』(出版メディアパル) に詳しく述べられている。

　また、実験終了後も引き続き湯浅教授のゼミにおいて、商用サービスとしてBookLooperをご利用いただいていることもつけ加えておく。

2. BookLooperとは

　BookLooperは2010年12月から、大学における電子学術書 (和書) の普及

を目指し、慶應義塾大学メディアセンター（図書館）と共同で行った、学生・教職員を対象とした電子学術書共同利用実験（後に8大学電子学術書共同利用実験に発展）において、京セラコミュニケーションシステム株式会社と京セラ丸善システムインテグレーション株式会社（KMSI）が共同で開発を行った電子書籍を提供するクラウドサービスである。

BookLooperを利用した学生や教職員の要望や意見を取り入れながら、学修に適した電子書籍配信サービスを目指して開発されてきた。

（1）サービスの特長

BookLooperの特長として第1に挙げられるのは、電子図書館ならびに電子教科書の両モデルでサービス提供が可能な点である。KMSIが提供している大学向け電子図書館サービスは、全文検索や書込みなどさまざまな学修機能が利用できることから、学修に特化した電子図書館サービスと位置づけられている。商用出版物以外にも図書館が保有するオリジナル出版物などの配信も可能である。

電子教科書配信サービスにおいては、紙の教科書と電子教科書とのハイブリッド提供のほか、Webサイトでクレジットカード／コンビニエンスストア決済を行い電子教科書を購入する事例もある。学部や学科別にストアサイトの表示を切り替えることが可能で、授業で使う電子教科書、参考図書、講義資料の配信を行うことができる。学生は閲覧権限のあるコンテンツのみ閲覧でき、端末に必要なコンテンツをダウンロードし、自身の本棚に登録・保持する。

第2の特長として利用者が場所を選ばずPC・タブレット・スマートフォンなど、さまざまな端末からこのサービスを利用することができる点が挙げられる。利用時には個人認証が必要となるため、セキュリティも担保される。また、ユーザー管理に関しては、大学で利用されている学術認証基盤（シボレス認証）に標準対応しているだけでなく、大学固有の認証システムと連携することができる。さらに利用ログを収集し、読書行動や学修履歴の分析を行うことも可能となる。

第3の特長は、BookLooperをクラウドサービスとして提供しており、端末ごとのビューアソフトは各社が運営するアプリケーションダウンロードサービス（App Store／Google Play／Windowsストアなど）からダウンロードする

第 1 節　BookLooper を活用した大学教育の可能性

図 1　BookLooper アプリケーションダウンロード画面

ことができる点である（図 1）。

(2) 豊富なコンテンツ

BookLooper は電子図書館モデル・電子教科書配信モデルをあわせると、すでに 50 社以上の出版物をコンテンツとして提供している。印刷制限機能[*2]により著作権保護を行うとともに、電子図書館モデルにおいては貸出期限や最大貸出冊数の設定を行うことで出版物の著作権を管理する。

次章からは、大学教育に貢献すると考えられる事例と、そこから今後の大学教育に電子書籍がもたらす効果や期待を述べてみたいと思う。

3.　東京大学の新図書館計画に関連する実験

東京大学では本郷キャンパス総合図書館の改修と新館の建設（2019 年工事完了予定）を中心に、図書館環境を大幅に拡充する「新図書館計画」を推進している。

その中で「ハイブリッド図書館」をスローガンに、東京大学全体で 900 万冊以上を誇る紙の蔵書とデジタル資料が融合した理想の読書環境づくりを目指して、さまざまな取組みが行われている。その活動の一環として、授業での電子

[*2]　各種機能については、章末の（付録）に記載する。

学術書の実証実験が2013年10月より全学自由研究ゼミナール「未来の書物の未来」で行われた。(2014年12月現在も継続して実証実験が行われている。)

これまでも電子書籍によって学生の本の持ち運びが便利になった、検索性の向上により調べ物が効率的になったなどいくつかのシーンでの有効性が実証されてきたが、本実験は電子書籍を利用することで学修そのものの質を高くするための取組みになる。

実験ではBookLooperを用いて、"書込みの共有"や"外部の知識ネットワークとの連携"により、冊子の書籍より深い読書を実現できないか、教員や他の学生の知見・知識・読書ノウハウを教室全体で共有・活用できないかなどに取組んだもので、個人学修から一歩進んで、集団による学術研究分野への電子書籍活用がテーマになった(図2)。

実際に受講生の読書の過程をツールを使って可視化すること、具体的にはさまざまな書込みの使い分けや色分けなどの工夫を観察することで、受講生の理解やとらえ方が整理できることがわかった。

例えば、丸山真男氏の著作を読む授業の中で、ある学生は徳川期のことが述べられているカテゴリーと近代政治学のものとを色分けして読み、別の学生は研究対象に言及している内容と自分自身のとらえ直しをしている内容のものを色分けするなど、読み手の着目点に応じた書込みがリアルタイムで可視化され、それを教室内で相互に批評しあえるようになった。

図2　学生・教員間の書込みの共有

その上で、この授業を担当した東京大学附属図書館副館長の石田英敬教授は、一冊の書籍の中、あるいは書籍と別の書籍との間で、より充実したリンクや相互参照の機能が必要だと総括した。一例として、授業で扱った『丸山真男講義録』は、『日本政治思想史』(渡辺浩著)との関連性が非常に高いため「両方の書籍の横断的な検索や相互リンクの機能があると、情報密度の濃い作業空間が生まれる。同じ書籍内でのリンク機能も含めてそのような機能が充実すると、新しい知識を発見する可能性が高まり、紙の書籍より明らかに優位性が出る」などのご意見をいただいた。

今後さらに同大学でさまざまな取組みが行われ、個人の深い読書につながっていくことや、授業の中で共有・活用された書込みなどが新しい図書館の情報資源として蓄積されていくことが期待されている。

4. 学術系出版社の動き

これまで、学術出版社は書籍の電子化に慎重であったが、8大学電子学術書共同利用実験の参加社を中心に新しい動きが始まっている。2014年9月12日に、人文社会学系出版社6社(慶應義塾大学出版会、勁草書房、東京大学出版会、みすず書房、有斐閣、吉川弘文館)が学術・研究機関(図書館)向けに「新刊ハイブリッドモデル」の提供開始を発表した。これは2013年度9月以降に発行された新刊書や今後6社から発刊される新刊書を冊子体と電子書籍のセットで販売するというものである。共同実験の中でも大学図書館より新刊書の電子化が強く求められたことから、その要望に応えるべく本サービスが開始されたの

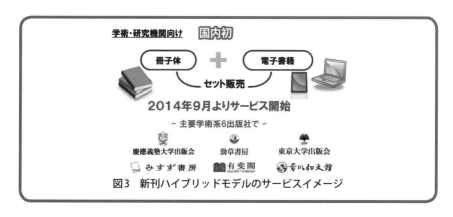

図3　新刊ハイブリッドモデルのサービスイメージ

である（図3）。

　なお、書籍の販売は丸善株式会社が行い、電子化された新刊書はBookLooperまたは丸善株式会社が提供する「Maruzen eBook Library」で閲覧することができる。

　また、出版社は電子書籍の提供を大学図書館向けに行うだけでなく、大学での電子教科書・参考図書利用に展開することや、公共図書館への提供も視野に入れている。

　このように学術系出版社が新たな世界を拓くべく、学術・研究機関を対象とした初の冊子体と電子書籍をセットにしたハイブリッドサービスが開始され、今後さらに理科系学術出版社からの新刊書提供に加え、既刊書提供へとサービス拡大が行われることが期待される。

5.　玉川大学の計画

　文部科学省・科学技術・学術審議会・学術分科会学術情報委員会が2013年8月に公表した「学修環境充実のための学術情報基盤の整備について（審議まとめ）」の中で、学生が主体的に問題を発見し解を見いだしていく能動的学修（アクティブ・ラーニング）への転換などがうたわれた。

　玉川大学では2020年の大学新図書館建築を機に、従来の図書館を「学修の場」にシフトしていくことを目標にしている。その中でAnytime、Anywhereな図書館を実現するため、大学教育に適した学修モデル型の電子図書館システムを求めていた。具体的には自分専用の本棚や貸出しされた電子書籍に書込んだマーキング、コメントが返却後も保存可能な機能、スマートフォンやタブレット端末などで時・場所を選ばず閲覧できる機能などである。

　また、電子図書館に連動する形で、ディープ・ラーニング、コンセプト・マップ、シラバスの構造化など学修を支援するサービスを提供していくことも計画されている（図4）。

　玉川大学は、2012年度よりEFL（English as a Foreign Language；英語を母語としない人への英語教育）プログラムがスタートし、2013年度はさらにリンガ・フランカ（Lingua Franca；共通の母語を持たない人同士のコミュニケーション手段としての言語）の考えのもと、英語を使いこなすための科目群を強化し、名称もELF（English as a Lingua Franca）と変更して進めてきた。さら

に2015年度からはBookLooperを利用して、英語の多読コンテンツ（Graded Readers）の電子図書館サービスを授業外の学修支援活動として全学で開始する。将来的にはLMS（Learning Management System；eラーニングシステムにおける学習管理システム）との連携や読書行動記録の活用と学修成果との比較などのテーマを我々と一緒に検討する予定である。

6. さらなる電子書籍の活用を求めて

　大学において今後さらに電子書籍が活用されるためには、電子書籍へのアクセス向上をいかに実現していくかが課題になってくる。

　すでに8大学電子学術書共同利用実験においてOPAC（オンライン蔵書目録）やディスカバリーサービス（OPAC・電子ジャーナル・データベース・機関リポジトリなどの一括検索サービス）との連携を図り、学生に探し出しやすい環境を構築することで、電子書籍へのアクセス性を向上させてきた。今後はLMSや図書館システム（図書館の冊子を管理するシステム）など、他のシステムとの連携にも取り組んでいく。これにより利用者がより自然に電子書籍に触れる導線を提供できることになる。

　またこれまでBookLooperをご利用いただいた大学は利用者の読書履歴を分析することによりさまざまな成果を挙げている。例えば、卒業まですべてインターネットを利用し学修できる「手のひら芸大」をうたう京都造形芸術大学通

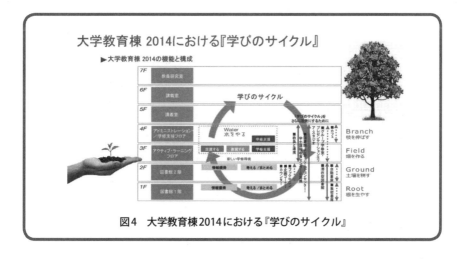

図4　大学教育棟2014における『学びのサイクル』

信教育部芸術教養学科では専門・総合教育科目で合計約60科目、約1000人の学生に配信を行っている。その中で今後の学生サービス向上につなげるべく、学生が利用する曜日、時間帯、端末の種類などを分析し、学生の利用傾向をとらえようとする試みがなされている。

また、青山学院大学経済学部ではタブレット端末を配布するとともに、経済学の基本理論書であるスティグリッツやマンキューの著書を電子教科書として採用している。同大学では入試データ、成績データ、学生意識調査を使って横断的なビッグデータ分析を行うことを検討している。その中で電子教科書から得られる読書行動の履歴をそれらのデータと関連づける試みをされ、学生への指導やデジタル教材を活用した教育改善に取り組んでいる。

今後電子書籍に関わるデータ分析はさらに教育の質向上に役立つことであろう。

このように我々は学術書（和書）を中心とした電子書籍配信を行っているが、様々な学術書が真に活用されるためには、学生のニーズや目的に合った書籍との出会いを促進するための仕組みが必要になる。今後書籍間の関連づけをどう行うか、あるいはレコメンデーションやキュレーション（インターネット上の情報を集めまとめること）にいかに取り組んでいくが大きな課題になると考えている。

前述した人文社会学系出版社6社を取りまとめる東京大学出版会の黒田拓也氏は今後の展開について次のように語っている。

「6社の新刊書のハイブリッドモデルを入口として、そのコンテンツと各大学、各種アーカイブ、さらにはNDLなどが持つ著作権切れあるいはその他コンテンツをどのようにつなげていけるかがテーマになってくると考える。書籍はそれ一冊だけで成り立っているわけではない。さまざまな歴史、先行研究などが組み合わさって生まれるもの。それが一番感じられるのは学術書かもしれない。さまざまなコンテンツが動的に広く深くつながる知的基盤（これを『叡智の海』と呼ぶ）を構築し、そこから多様な利用が可能となるサービスを提供することを目標にしていきたい」。

「叡智の海」を構築していくため、BookLooperは電子書籍配信サービス並びに関連するサービスにおいて、ご利用いただいている大学とともに、これからもさまざまなテーマにチャレンジしていきたいと考えている。

＜付録＞　各種機能について

(1) セキュリティ機能

利用者グループ設定やそれに応じた閲覧権限の設定など、運用に即した柔軟なアクセス管理を行うことができる。堅牢な DRM による電子書籍コンテンツの不正コピー防止を行う他、有効期限管理、貸出期限管理などの機能を提供する。

(2) クロスデバイス対応（図5はスマートフォンでの利用イメージ）

タブレット（iPad／Android 端末）、スマートフォン（iPhone／Android 端末）、PC に対応し、メモやマーカーを端末間で共有するなど、コンテンツを相互利用することができる。

図5

(3) 学習用途に即した便利な機能

①ビューア機能（図6・図7）

電子書籍コンテンツに、個人のしおり、メモ、マーカー、ブックマークなどの書込みや、書込みの一覧表示ができる。

②全文検索機能（図8）

ダウンロードした電子書籍コンテンツを全文検索ができる。

③本棚機能（図9）

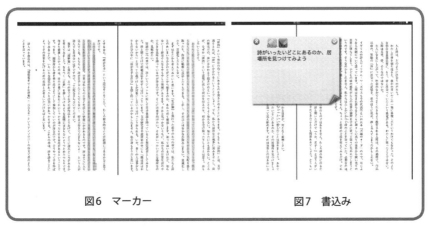

図6　マーカー　　　　　図7　書込み

BookLooperについて説明する津田康弘氏

　教科書、図書館の貸出書籍、学術・専門書、講義資料、外部のクラウドサービスに蓄積された手書きノートなどの一元管理が可能。
④本棚内 全文検索機能
　電子書籍コンテンツ1冊だけでなく、本棚にある全てのコンテンツに対して横断的に全文検索を行うことができる。
⑤探しやすさを追求したストアサイト機能
　キーワード検索とカテゴリー分類により、利用者がダウンロードしたいコンテンツを探し出せる場を提供する。
(4) 電子図書館機能 (図10)
①貸出期間の設定や最大貸出数の設定を書籍ごとに行うことができる
② OPAC 検索用データ (MARC レコード) を提供。これにより図書館が所蔵する冊子体の書籍や雑誌などと共に、BookLooper 内の書籍の検索やリンクを張ることができる。
(5) 決済機能
　BookLooperストアサイトにて、電子書籍コンテンツの有償提供（クレジットカード決済・コンビニエンスストア決済）を行うことができる。
(6) オーサリング機能
　PDFやMicrosoft Word、Microsoft Excelなどのさまざまなファイルを登録し、簡単に電子書籍コンテンツとして配信することができる。

第1節　BookLooperを活用した大学教育の可能性

図8　全文検索機能　　　　図9　本棚機能

図10　電子図書館機能

(7) 様々なワイヤレスネットワーク環境に応じたダウンロード機能

　ページ単位でのダウンロードが可能となり、ネットワークが切断されても、再接続後、続きからダウンロードを行うことができる。

第2節

Springerにおける eBookの歴史、しくみ、利用の実際

田辺 祐子
（シュプリンガー・ジャパン　マーケティング部）

━ 概　要 ━

　学術出版における電子書籍の最新情報として、シュプリンガーの電子書籍について紹介する。Springerは1842年から続くSTM分野（Science, Technology and Medicine, 科学・技術・医学）分野における国際学術出版社であり、ジャーナルのほか、英語の新刊学術書籍を年間およそ6000点出版している。本稿では、まず学術書籍の基本情報を押さえ、電子書籍の歴史としくみ、Springerの電子書籍における利用の実態や最新動向、最後に今後の展望について紹介する。

━ キーワード ━

　Springer、STM出版、学術書籍、電子書籍、Springer eBooks、電子教科書

1.　はじめに

　シュプリンガー（以下Springer）は多くの購読型ジャーナルを取り扱う、いわゆる「大手海外商業出版社」の1つとして知られているが、STM（Science, Technology and Medicine）分野の英文学術書籍の出版点数においてトップシェアを誇る出版社である。

　さらに、オープンアクセスにいち早く先鞭をつけたゴールド・オープンアクセス出版社としての顔も持つ。本稿では、Springerが展開する電子書籍ビジネスを中心に、その周辺情報も交え、歴史から最近の取組みまで、利用実態や

2. 学術書籍とは

本稿の主題は電子書籍であるが、まず学術書籍（以下書籍）について改めておさらいする。学術情報はいまや多様な形で流通しているが、中心はやはりジャーナルと書籍である。ジャーナルは研究成果を発表する代表的な媒体であり、ジャーナルに発表される論文は（その内容や種類はいくつかあるが）速報性を問われる内容が中心となる。研究における新たな発見や技術などの研究シーズ（種）、つまり将来に実を結ぶ可能性のある研究をいち早く発表する役割を担う。分野によって違いはあるものの、ジャーナルは一般的に1論文あたり平均8ページから12ページで構成される。年間およそ180万本[文献1]の論文が出版され、主に研究のフロントラインで利用されている。

対して書籍は、あるトピックが成熟・確立された時期に、研究の成果として出版されるのが主流である。論文を種と呼ぶならば書籍は果実である。1冊あたりおよそ250ページで出版される書籍は、研究現場においてバックグラウンド情報として利用されることが多く、年間およそ2万4000タイトル[*1]の新刊[文献2]が出版されている（表1）。

書籍の流通量はいわゆるピラミッド構造となっており、上級者向けの内容であるほどタイトル数、出版部数などの流通量は少なくなる（図1）。

書籍にもさまざまなタイプがあり、ここに簡単に紹介する。まずは、モノグラフである。これは一人の著者が特定の分野やトピックについて執筆する、いわば書き下ろし、単行本である。出版されてからもっとも長く利用される類の

表1 ジャーナルと書籍の比較

コンテンツとの関連性	ジャーナル	書籍
出版のタイミング	最新の研究成果	トピックスが成熟・確立された時期
ページ数（平均）	8〜12ページ（1論文）	250ページ
研究段階	種＝可能性	果実＝成果
発表	研究の初期：新しい発見	価値ある理論・モデルの研究
研究での利用	フロントライン	バックグラウンド
世界規模STM文献数	約180万論文	約2万4000点（新刊）

出典：Springer

*1 ここではSTM分野に限定してカウントしている。

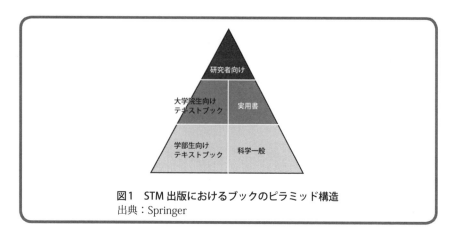

図1　STM 出版におけるブックのピラミッド構造
出典：Springer

書籍である。長期間利用されるこの事象をしばしばロングテールと呼ぶ。

プロシーディングは、学術会議などで発表された研究成果をそれぞれ論文にまとめ、それらを1冊の書籍として出版するものであり、モノグラフと比較すると寿命はやや短い。

レファレンス・ブックは、エンサイクロペディア、ハンドブック、アトラスなどの辞書・事典や便覧の類であり三次資料である。

テキストブックは（ここでは高等教育向けの）教科書であるが、学生を対象としているため、流通量が多い。

最後に、Contributed volume であるが、これはしばしば Edited Volume とも言われ、複数の著者が執筆し、編者が編集する書籍である。これもロングテールで利用される。

3.　電子書籍市場

インターネットの時代において、今この1分間に200万件ものグーグル検索が実行され、2億400万件の電子メールが送受信されている[*文献3]。デジタルとは切っても切り離せない生活をしている私たちにとって、電子書籍はどのくらい浸透しているのだろうか。ここで市場について概観する。

今日のように電子書籍が一定の市民権を得るまで、電子出版物といえるものは、1980年代は CD-ROM が主流であった。書籍を購入すると補完資料として CD-ROM が貼付されていたのである。1990年代にはインターネットが一般に

も普及する幕開けともいえる時代で、このころから出版物がオンラインで提供されるようになった。多くの電子ジャーナルが広く流通するようになったのも90年代中盤である。2000年代はいよいよ電子書籍が登場する。

Outsellの2010年の報告書[文献4]では、2009年の世界の教育用電子書籍市場はおよそ18億ドル（11.5％）、専門書（Professional）は13億ドル（10.5％）、一般消費者向けは15億ドル（4.2％）、合計46億ドルと[*2]予測している。（カッコ内は紙も含めた書籍の市場における電子書籍の割合）そのうち米国の電子書籍市場は30億ドルと圧倒的シェアを占める。

また、同社の2012年の報告書[文献5]では、STM分野におけるあらゆる情報の市場規模はおよそ260億ドルと見積もられている。うち、電子書籍は6億7400万ドル、シェアはたったの2.6％である。とはいえ、電子書籍の年平均成長率は23％であり、これはSTMの情報市場の年平均成長率が4.3％であることと比較すると高い成長率である。

図書館市場はというと、同社の2013年の報告書[文献6]では、2012年に図書館はコンテンツ（紙媒体を含むあらゆるコンテンツ）の入手に242億ドルを費やしており[*3]、前年比1.9％プラスであった。これを中等教育以上の図書館に限定してみると、2012年は40億ドルを費やしており、2011年の38億ドルから上昇している。（ちなみにアジア市場は4.6億ドルである）

中等教育以上の図書館は、電子ジャーナルとオンライン・データベースにコンテンツ予算の50％弱を割いているが、それとは別に電子書籍へ6％の予算を割いている。また、（翌年の）2013年に最も投資したいコンテンツは電子書籍であると回答しており、このことからも電子書籍は成長市場だといえるだろう。

4. Springerの電子書籍

4.1 歴史

さて、Springerの電子書籍であるが、まずは簡単にその歴史について触れておきたい。

[*2] ウェブベースのレファレンス・ブックやチャプターレベルの売上は除外
[*3] STM分野に限定されない。

■ 第2章 電子学術書を活用した大学教育の最前線

図2　SpringerLinkのトップページ（2014年11月現在）

　1996年、Springerは電子ジャーナルと電子書籍を登載するプラットフォームSpringerLink（シュプリンガーリンク）＊文献7（**図2**）にて電子ジャーナルの提供を開始した。2001～2002年頃には、タイトルごとに購読するのではなく、大学単位で電子ジャーナルをパッケージで購読するコンソーシアムが世界各地で始まっている（ビッグディール）。

　2005年には電子書籍ビジネスが本格化する。2004年以前は、電子書籍は一部の書籍シリーズを提供するのみであったが、2005年からは、出版するすべての書籍を電子化するという事業戦略を明確に打ち出し、実際に実行に移した年でもある。2年後の2007年には、分野別・出版年別の電子書籍パッケージをSpringer eBook Collectionとして販売を開始している。

　現在のSpringerは年間およそ6000タイトルを出版し、STM分野の英文学術書籍の出版点数においてトップシェアを誇る。今も昔も、大学院生以上を対象とした多くの専門書を出版しているが、例えば2014年のノーベル物理学賞受賞者、中村修二氏や天野浩氏が執筆した書籍＊文献8を出版しているといえばイメージしやすいだろうか（**図3**）。

　すべてのコンテンツを電子版で提供していくという事業戦略は功を奏し、今や世界の多くの研究機関でSpringerの電子書籍が利用されている。一方、冊子体の書籍においては、必要に応じて製本するオンデマンド印刷を採用した。それに対応するタイトルが大部分を占めるようになると、絶版となるタイトルが減り、注文のつど製本し、継続して世界中へ出荷できるようになった。

第 2 節　Springer における eBook の歴史、しくみ、利用の実際

 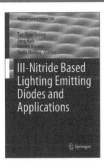

図3　左より中村修二氏の The Blue Laser Diode The Complete Story（共著）、天野浩氏の III-Nitride Based Light Emitting Diodes and Applications（共著）

4.2　最近の取組み

電子書籍市場の拡大にともなう、関連する Springer の取組みを以下に紹介する。

4.2.1　e コマース

Springer の電子書籍は、4.1で述べたとおり、販売を開始した2007年当初は大学を中心とする研究機関向けに分野別・出版年別のパッケージで提供するものだった。これは現在でも継続しているが、最近では個人向けの e コマースにも取り組んでいる。2011年頃からはアマゾン、グーグルやアップルを経由した、電子書籍の個人向け販売を開始している。2012年にはシュプリンガーの自社サイト[*文献9]において e コマースを開始し（Springer Shop）、また2013年には PDF のみでなく EPUB フォーマットでの提供も始まっている。

4.2.2　Springer Book Archives（シュプリンガー・ブック・アーカイブ）

紙の書籍の電子化にも積極的に取り組んでいる。2010年に、紙媒体のみで出版していた過去の書籍を電子化するプロジェクトを開始した。世界中の図書館にも協力を依頼し、11万点の書籍を電子版でよみがえらせた。2012年秋にはそれがシュプリンガー・ブック・アーカイブ（Springer Book Archives, 以下 SBA）としてリリースされている[*文献10]。

SBA は2004年から1840年代まで遡及した電子書籍コレクションであり、2004年で区切られているのは、2005年以降に出版された電子書籍は前述の

とおり、別商品の Springer eBook Collection として販売されているためである。

12万以上の著者の功績を復刻した SBA は総点数11万を超え、そのうちおよそ6万点が英語のコレクション、残りの5万点は主にドイツ語のコレクションが占める。ドイツ語のコレクションでは、パウル・エーリヒ、秦佐八郎が「血清療法」を発表し、1908年のエーリヒのノーベル賞受賞に結びついた著作や、ルドルフ・ディーゼル、ヴェルナー・フォン・ジーメンスなどによる歴史的な著作が復刻している。絶版となっていた古典的名著がよみがえることは、冊子体を利用していた既存の読者だけでなく、これから英文学術書籍に触れる学生や、そして著者にも歓迎されている*文献11。利用の実態においても、現在では Springer の電子書籍全体の利用ダウンロード数のうち、Springer Book Archives のダウンロード数は3分の1を占めるまでになった。（利用統計については **6.3** で詳述する）

また、SBA に収録されているタイトルも、オンデマンド印刷による冊子体の提供が実現している。

4.2.3　オンデマンド印刷

オンデマンド印刷は、いくつかのパートナーとの協力体制の下で実現している。例えば、Springer は2010年から11年にかけアマゾンジャパン、大日本印刷との提携を開始した。日本のアマゾンのウェブサイトから注文された多くの Springer の書籍はアマゾンジャパンで印刷され、出荷されている。大日本印刷では、Springer が受けた日本からの注文データが転送され、同社によって印刷・出荷されている。

5.　電子書籍の制作

5.1　電子書籍ができるまで

電子書籍の制作工程を紹介する。書籍の制作工程は、冊子体も電子版も同じである。

まず、著者が出版したい書籍について、提案書を提出する。これは著者から出版社に企画を持ち込む場合もあるし、もちろんその逆もある。

提案書のレビューを経て出版が決定されると、著者は原稿を用意する。提出された原稿は、その後編集者や同じ分野の研究者によるレビューを経て最終的に受理される。それから制作作業に入り、タイプセット（組版）が行われ、校

正作業、マイナーチェンジや修正を経て出版となる。

　書籍のタイプセットはXML（Extensible Markup Language、エクステンシブル・マークアップ・ランゲージ）で行われる。XMLは文書やデータの意味や構造を記述するマークアップ言語の1つで、Microsoft WordやTeXなどさまざまなフォーマットで提出される原稿を、XML言語で記述される統一フォーマットに変換することにより、PDF、HTML、EPUB版といったあらゆる商品媒体のフォーマットへと再変換が可能になる。電子書籍においては、利用者のPCやモバイルデバイスのスクリーンと文字の大きさがそれぞれ異なることを考慮し、表示されるページの幅が異なっていても読みやすいレイアウトを維持できるよう、リキッドレイアウトが施されているが、これも冊子体と同じXMLソースファイルから生成されている。

　XML言語により標準化された信頼性の高いフォーマットは、ほかにもさまざまな目的のために再利用が可能であり、将来の市場のニーズにも迅速に応えることができる（図4）。

　さて、Springerの電子書籍の場合、特にプロシーディングや書籍シリーズはOnline First™（オンラインファースト）というサービスを適用し、かなり早い段階で出版されている。Online First™は、ジャーナル論文と同様のサービスであるが、1つの章（チャプター）が最終稿になった時点でほかの章や冊子体に先駆けていち早く公表する。つまり、ほかの原稿やページ番号の付与などを待たずして冊子体刊行前に利用ができるようになる。Online First™で出版さ

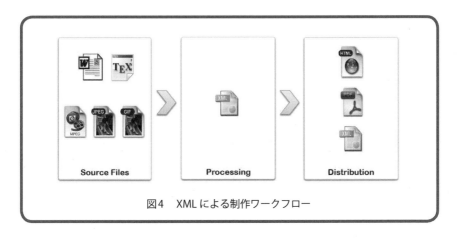

図4　XMLによる制作ワークフロー

れた章はデジタルオブジェクト識別子（DOI）で検索と引用が可能であり、重要な研究成果を迅速に、正式に出版することが可能となっている。

　Online First™で出版された章も、後日書籍を構成する一つの章として組み込まれ、校正（この場合は内容ではなく、書籍の制作と構成に必要な作業）を経て電子版が書籍としての形を成し、PDFとHTML版はSpringerLinkへ掲載され、EPUB版はSpringer Shopで販売する準備が整う。冊子体は電子ファイルが印刷会社に送られ、印刷・出荷される。以上が出版までの大まかな制作工程である。

　SBAに収録されているような、紙の時代に出版された書籍の電子化は、背表紙を裁断し、バラバラにしたページはすべてOCR（光学式文字読取装置）を適用してスキャンされ、PDF化して制作する＊文献12。

5.2　電子書籍が利用されるには

　電子書籍においては、メタデータが非常に重要である。メタデータを適切に付与することで、インターネット上で精度の高い検索結果が表示されるのである。メタデータは書誌情報のほか、USP（Unique selling point, セールスポイント）や概要説明、関連する出版物や著者の略歴、キーワードなどが必要とされる。

　メタデータが付与され、完成した電子書籍は市場へと提供されるのだが、Springerの書籍はDRM（Digital Rights Management）フリー、つまりデジタル著作権管理技術による保護などをかけていない。こうすることで、まずプリントアウトに制限がなくなり、自分のパソコンやモバイルデバイスなどのローカルサーバーに保存ができ、さらに共有が可能になる＊文献13。

　とはいえ、もちろんダウンロードした文献は個人利用に限定され、ファイルを直接共有することは禁じている。ここでの「共有が可能」とは、SpringerLinkに登載されている同じファイルへ同時アクセスが可能ということである。もちろんリンク（URL）を共有することは何ら問題ない。DRMフリーであることは、海賊版が出回ったり、本来SpringerLink上にあるべきコンテンツがほかのウェブサイトに違法に掲載されたりというリスクが常につきまとう。しかし、Springerでは利用者の利便性を最大限高めることを優先しているため、2005年に電子書籍出版を本格化した当初からこの方針は変わっていない。不正利用には社内でタスクフォースを結成し、その防止に日々目を光らせている。

6. Springerの電子書籍の利用
6.1 Springerの利用者アンケート

2007年から販売を開始したSpringerの電子書籍であるが、現在も大学などの研究機関による分野別・出版年別のパッケージ導入が中心であり、日本の場合、導入機関数は120を超えている。導入機関の増加とともに実際の利用数（SpringerLink上のダウンロード数）も比例して増大しているのだが、実際に研究者に尋ねると、実はあまりよく知らない、という状況が頻繁に見受けられた。

そのため、Springerでは2013年に日本の研究者や学生を対象に、認知度と利用の実態を知るために電子書籍に関するアンケートを実施している＊文献14。なお、アンケートでは、電子書籍の定義を英文の学術書籍の電子版と限定している。

アンケートは1370件の回答があり、そのうち有効回答数は1174件であった。回答者の8割近くは大学関係者で、60％は大学研究者もしくは教員、16％が学生だった。また多くはSTM分野のいずれかを専攻するいわゆる理系研究者・学生であった。

最初の質問として、「過去1年の間に英文学術書を電子書籍で利用したことがあるか」と尋ねている。有効回答1174件のうち、49％が「電子書籍を利用したことがある」と回答している。同じく49％が「電子書籍を利用したことはない」と回答し、電子書籍の利用の有無はちょうど半々に分かれた。

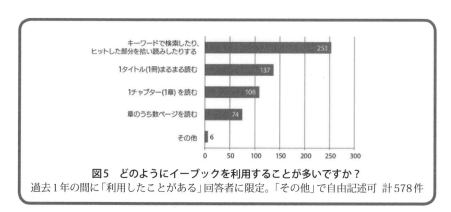

図5　どのようにイーブックを利用することが多いですか？
過去1年の間に「利用したことがある」回答者に限定。「その他」で自由記述可　計578件

次に、前述の質問で過去1年間に電子書籍を利用した回答者に「どのように電子書籍を利用することが多いか」と尋ねたところ、「キーワードで検索したり、ヒットした部分を拾い読みしたりする」と答えた件数が最も多く（253件）、次点は「1タイトル（冊）まるまる読む」であった（137件）（図5）。

電子書籍の利点として最も便利であると思っていることは、「全文（フルテキスト）を検索できる（937件）」、「インターネットに接続していない環境でも読める（644件）」、「モバイルデバイスでも使える（546件）」が上位トップ3であった。特に2位、3位に挙げられた点は、DRMフリーであるがゆえの利点である（図6）。

また、「紙の書籍と比較して電子書籍をどう考えるか」と尋ね、42％から「紙の方が良いが、電子ブックでも構わない」、20％から「紙でも電子書籍でもどちらでも良い」との回答を得た。そして、19％が「紙より電子書籍の方が好き」と回答した。結果的に、電子書籍に対して前向きな回答を寄せているのは全体の81％であり、電子書籍はすでに一定の支持を得ていることが分かった（図7）。

「今後1年間に電子書籍を利用したいか」と尋ねた質問には92％が「利用したい」と回答している。とはいえ、同時に自由回答で多く寄せられた意見には、電子書籍は環境や利用条件が整えば利用したいといったものが多く、「今より便利になれば」、「モバイルデバイスが入手できれば」、「電子書籍の機能が拡張されれば」などがあった。

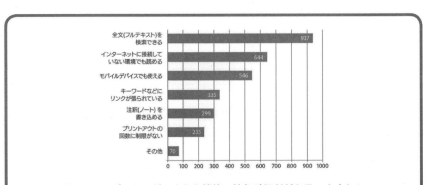

図6　イーブックのどのような機能・特色が便利だと思いますか？
過去の利用の有無に限定せず、全員が回答。重要と思われるもの上位3つまで選択。

第 2 節　Springer における eBook の歴史、しくみ、利用の実際

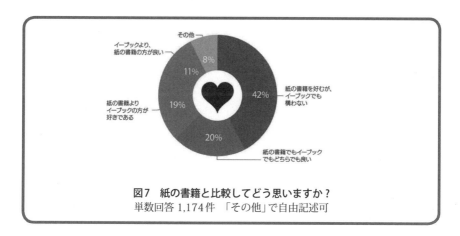

図7　紙の書籍と比較してどう思いますか？
単数回答 1,174 件　「その他」で自由記述可

6.2　モバイルデバイスの利用

　EDUCAUSE が2012年に行った大学生（主に米国の学部学生を中心とする）への調査[*文献15]によると、学生が大学生活において重要と考えるデバイスはまずはノートパソコン（85％）とプリンター（84％）であり、タブレットPCを重要と考える学生は45％であった。

　同センターによる2013年の調査[*文献16]では、やはりノートパソコンが学生の大学生活にとってもっとも重要なデバイスであることは変わらないものの、スマートフォンの急速な普及もあり、学生はモバイルデバイスを活用することでアウトプットをさらに強化できるという期待を一段と高めていると報告している。

　スマートフォンを学習に活用するために解決すべき課題として、バッテリー消費の早さ、ネットワーク回線のスピード、デバイスの使い勝手が回答数の多いトップ3に挙げられている。

　日本でも同様の傾向は見られる。6.1のアンケートでは、78％がスマートフォンやタブレットPCなどのモバイルデバイスを所有していた。これは2013年の調査なので、2014年11月現在ではさらに増えていると予想される。

　同アンケートで「モバイルデバイスでジャーナル論文や電子書籍を利用したことがあるか」と尋ねた質問では、所有者の73％が「利用経験あり」と回答している。「今後利用したい」という回答は全体の84％に上り、近い将来、モバイルデバイスでの利用は増大する可能性は高いと考えられる。

田辺祐子氏によるゼミ授業でのレクチャー

6.3 利用統計

2014年11月現在、17万4000点以上の電子書籍を登載するSpringerLinkは、電子書籍をPDFで一冊まるまるダウンロードができ、さらにチャプターごとにもPDFとHTMLで用意されている。

これらのダウンロード状況は、COUNTER[*文献17]で利用統計を取得できるのだが、実際の利用はどのようなものであろうか。

世界でもSpringerの電子書籍は多くの機関で利用され、そのダウンロード数は年々増加の一途を辿っており、2013年までは10〜30%台の増加傾向で推移していた。2013年7月にSpringerLinkで書籍をまるまる1冊ダウンロードできるよう機能を拡張したこともあり、電子書籍のダウンロード数はそれまでのほぼ4倍（400%）に膨らんでいる。

利用されている分野については、情報科学におけるコアタイトルである書籍シリーズLecture Notes in Computer Science（LNCS）[*文献18]を有していることもあり、Springerの場合は情報科学パッケージの利用が最も高く、また工学、医学、ライフサイエンスの分野も多く利用されている。

書籍の種類でいえば、（LNCSの）プロシーディングに次いでモノグラフとContributed Volumeの利用が多い。1冊あたりの平均ダウンロード数でいえば、レファレンス・ブックが最も多いのであるが、レファレンス・ブックは元々1冊に含まれるチャプター（エントリー）が数千項目に上るタイトルもあるため

である。

　これらの利用統計はSpringerの出版点数に比例している傾向が強く、たくさんあるのに使われない、というような矛盾した特徴は見られなかった。電子書籍の場合、平等に検索可能である限り、入手できるコンテンツがあればあるだけ使われる、ということもできるのかもしれない。実際に、SprignerLinkにあるコンテンツをまるまる利用できる機関においては（つまりジャーナルも電子書籍もほぼすべて導入している）、電子書籍の利用が電子ジャーナルの利用を凌駕する現象も起こっており、これはコンテンツの量が最近リリースしたSBAの分だけ増えている理由もあるだろうが、必ずしもジャーナルばかりに利用がかたよるとはいえないのが最近の傾向である。

6.4　利用者の認識

　前述のアンケート調査や利用統計の分析を通じて、（日本の）研究者は電子書籍についてさほど抵抗はなく、利便性についても十分認識していることがわかっている。電子書籍の特長が生かされる場合には大いに利用していきたいという積極的な姿勢がうかがえ、実際に電子書籍は使われていることが利用統計に反映されている。一方で、所属機関の図書館で利用できる電子書籍の有無については認識が低く、まだ認知されてない現状も垣間見える。この状況を説明するには、利用者がそれと気がつかないまま電子書籍を利用している可能性が高いと推察される。

　もちろん、電子書籍の存在を十分認識し、積極的に活用している利用者も少なからずいる。実際に電子書籍を利用している研究者へインタビューを敢行しており、そのコメントを以下に抜粋して紹介する。

〈東京大学大学院工学系研究科原子力国際専攻　石川顕一教授の見解〉

　『共同研究のディスカッション時、あるいは出張時でも、すぐ情報が利用できると議論が途切れることがない。その場で（モバイルデバイスに保存した）電子書籍を調べ、アイディアを創出することができている。それが面白い研究へとつながり、最終的には成果へと結びつけることができると考える。（電子書籍は）スピード感ある研究活動を実現し、成果へと結びつける。』*文献19

〈杏林大学医学部薬理学教室　櫻井裕之教授の見解〉
　『レビューやモノグラフといった書籍は、自身の専門分野より少し広い領域から、物事を見通すのに利用すると実験の計画が立てやすい。機関で多くの電子書籍が利用できる環境では、ある程度総説的にカバーできるようなモノグラフが色々入手でき、あまり詳しくない分野を調べるときに役に立つ。学問領域の融合が始まっている今の時代に電子書籍がマッチすると考える。（電子書籍は）学問の領域融合に対応できる『知のベース』である。』＊文献20

〈東京大学大学院工学系研究科電気系工学専攻　大津元一教授の見解〉
　『著者としての視点から言うと、電子書籍は動画などのさまざまな資料が載せられるため、読者の理解をより深めることができる。またWebにより世界中で利用されることで、新しい読者の獲得にもつながる。自身の研究成果の普及を最大限化することができるのは大きなメリットである。さらに、（電子書籍で）復刻した名著を新刊と同様に再び活用できるのも電子書籍の利点である。』＊文献21

7. 電子書籍の最新動向

7.1 電子教科書の取組み

　Springerでは、最近電子教科書の提供を試験的に行うSpringer SmartBooksというプロジェクトがドイツで進行している＊文献22。SmartBooksは、電子ならではの機能を付与したドイツ語の電子教科書である。具体的には、例えば数学ならばMath ML（数学のマークアップ言語）を確認でき、マーカー、注釈、図表やURLの貼りつけなども容易にできる。またビデオやクイズなども備えている。電子教科書といっても、SmartBooksはノートパソコンとタブレットPCの両方に対応している。

　既出のEDUCAUSEの2013年の調査では、テクノロジーを駆使し、電子教科書を利用することで学習の理解やアウトプットが促進されると考える学生は多く、調査対象となった学生の52％が、ほとんどすべての大学教員は授業の場で必要なテクノロジーの利用方法を適切に教えることができていると回答している。一方、電子教科書を利用していく中で、大学が提供する学習管理システム、コンテンツを提供するプラットフォーム、学生が所有するデバイスがそ

れぞれ分離した現状にストレスを感じるという学生の声は根強いとしている。

7.2 電子書籍のオープンアクセス化

　ジャーナルの世界ではオープンアクセスが隆盛である。オープンアクセスとは、従来、購読者が購読料を支払って入手していたジャーナルないし論文を、そのコストを著者が負担することによって読者に無料で公開する仕組みを持つ、学術情報の最近の流通ビジネスモデルである。著者が負担する論文出版費用を Article-processing charge（APC）と呼ぶ。

　書籍においても、このジャーナルのオープンアクセスと同じビジネスモデルを適用し、徐々にではあるがオープンアクセスで出版する動きが始まっている。書籍のオープンアクセスの場合、当然電子版での出版となる。

　Springer では、このオープンアクセスの電子書籍を SpringerOpen Books（シュプリンガー・オープン ブックス）＊文献23 というプログラムで展開している。2008年8月にスタートした同プログラムは、すべての科学分野を扱い、書籍の種類は問わず、例えばモノグラフ、プロシーディングや SpringerBriefs（シュプリンガー・ブリーフ）＊文献24 などで出版が可能である。

　SpringerOpen Books の著作権は著者に帰属し、クリエイティブ・コモンズ・ライセンスは CC-BY-NC 2.5 を適用している。つまり、複製配布は可能であるが、営利目的での利用は認められず、非営利目的のみの利用に限定している[*4]。

　SpringerOpen Books は電子書籍として SpringerLink を通じて提供されるが、必要に応じてオンデマンド印刷で冊子体も提供している（有料）。

　2014年11月現在、SpringerOpen Books で出版された電子書籍は55点に上る。すべてのタイトルは SpringerLink だけでなく、The OAPEN Foundation が提供する the Directory of Open Access Books（DOAB）＊文献25 にも収録され、

＊4　Springer は以下の CC ライセンスを採用している
・Creative Commons Attribution License（CC-BY 4.0）：全ての SpringerOpen ジャーナルおよび2012年以降の Open Choice で出版された主な文献
・Creative Commons Attribution Non-Commercial License（CC-BY-NC 4.0）：Springer Healthcare が出版する薬学関連ジャーナルを含む、特定のタイトルから出版された Open Choice の文献
・Creative Commons Attribution Non-Commercial License（CC-BY-NC 2.5）：全ての SpringerOpen books および2012年以前に出版された Open Choice の文献。ただし今後4.0への切り替えを予定している。

同サイトからもブラウズ・検索が可能である。

8. おわりに　日本の電子書籍への期待

　以上、STM分野の英文学術書籍を中心に、電子書籍の動向について具体例を交えて紹介した。日本においても電子書籍、とりわけ電子教科書については活発に議論されている。図書館ではいくつか実証実験も行われ、次のステップに踏み出そうとしているところであろうか。

　海外の電子書籍はテクノロジーの進歩により、かつてないスピードで改良やイノベーションが起こっている。電子書籍を取り巻くステークホルダーも今や出版社をはじめとする従来のベンダーだけとは限らず、ほかの産業からの参入も相次いでいる。

　日本語であるがゆえのテクニカルな問題やビジネスモデルの課題は解決されるべき重要事項であり、それらについて議論は尽くされるべきであろうが、同時に迅速な対応が求められる。グローバル時代において、日本が海外からの影響を受けないまま変わらずにいることは難しいと思われる。

　グローバル30などを経て、2014年9月にスーパーグローバル大学創生支援に採択された大学が発表されたことは記憶に新しいが*文献26、採択大学はさらに国際化へ向けた改革の加速度を増すであろうし、多くの大学においても引き続き国際化への対応が必要とされる。日本の高等教育・研究の国際化の中で、自国で電子書籍を利用してきた留学生や外国人研究者の流入が増えることが予想される*文献27。そのような流れの中で、より使い勝手のよい英語の電子教科書がそのまま日本の大学の授業に採用されることも起こり得るのではないだろうか。

　自国の言葉で学問を体系的に構築し、母国語で習得できる教育システムを持つ日本だからこそ、数々のノーベル賞受賞者をはじめ、その分野をリードする研究者を数多く輩出してきたことも事実であろう。

　日本が今後も世界に伍していくためには、教育と研究の質をさらに高める努力が欠かせない。その意味においても日本における電子書籍の発展を期待したい。

〈参考文献〉

(1) The stm report: An overview of scientific and scholarly journal publishing, November 2012
(2) The stm report: An overview of scientific and scholarly journal publishing, November 2012
(3) Qmee: What happens online in 60 seconds?
(4) Outsell: Worldwide E-Books Market Size & Forecast Report, 2009-2012
(5) Outsell: STM E-Books: 2012 Market Size, Share, and Forecast
(6) Outsell: 2013 Library Market Size, Share, Forecast & Trends
(7) 〈http://link.springer.com/〉
(8) Shuji Nakamura, Stephen Pearton, Gerhard Fasol: The Blue Laser Diode The Complete Story(2000)
Seong, T.-Y., Han, J., Amano, H., Morkoc, H.(Eds.): III-Nitride Based Light Emitting Diodes and Applications(2013)
(9) 〈http://www.springer.com/shop/〉
(10) 〈http://www.springer.jp/SBA/〉
(11) 〈http://www.springer.jp/book/pdf/eBooksAuthorsVoice(ProfOhtsu)Sep2014.pdf〉
(12) 〈http://bit.ly/SBAHowItIsMade/〉
(13) 〈http://www.springer.jp/librarian/files/How_to_Use_eBooks_Device.pdf〉
〈http://www.springer.jp/librarian/files/How_to_Use_eBooks_Purpose.pdf〉
(14) イーブック白書 Vol.6 日本の研究者の声をまとめました
〈http://www.springer.jp/librarian/files/WhitePaper6.pdf〉
(15) Dahlstrom, Eden, J.D. Walker, and Charles Dziuban and J.D. Walker. SCAR Study of Undergraduate Students and Information Technology, 2012 (Research Report). Louisville, CO: EDUCAUSE Center for Applied Research, September 2013, available from 〈http://www.educause.edu/ecar/〉
(16) Dahlstrom, Eden, J.D. Walker, and Charles Dziuban, with a foreword by Glenda Morgan. ECAR Study of Undergraduate Students and Information Technology, 2013(Research Report). Louisville, CO: EDUCAUSE Center for Analysis and Research, September 2013, available from http://www.educause.edu/ecar/〉
(17) 〈http://www.projectcounter.org/index.html〉
(18) 〈http://www.springer.jp/librarian/files/LNCS_brochure.pdf〉
(19) 〈http://youtu.be/6FnWMa8c7N8/〉
(20) 〈http://youtu.be/7n_oJXBW9Y4/〉
(21) 〈http://youtu.be/ebilVhFPqoc/〉
〈http://youtu.be/0hg4R3hW_2k/〉
(22) 〈http://www.springer.com/smartbooks/〉
(23) 〈http://www.springeropen.com/books/〉
(24) 〈http://www.springer.com/gp/authors-editors/book-authors-editors/springerbriefs/〉
(25) The Directory of Open Access Books (DOAB): 〈http://www.doabooks.org/〉
(26) 日本学術振興会 スーパーグローバル大学創成支援〈http://www.jsps.go.jp/j-sgu/〉
(27) 太田浩、一橋大学 国際教育センター、大学の国際化：図書館員に求められるものは何か（2014/11/7）〈http://bit.ly/ProfOTA_LF2014/〉

第3章

ゼミ生が探究する
電子出版と電子図書館

本章の内容

　ゼミ生たちは「電子書籍における『版』の考察」「電子書籍とペーパーライク」「特別支援教育におけるデジタル教科書・電子書籍の可能性」「小・中学校におけるタブレット型端末を用いた読書活動」「デジタル教科書が変える学校教育」「日本語学習におけるデジタル教材の有効性」「公共図書館における電子書籍を活用した多文化サービス」「デジタル時代の学校図書館」「電子コミックの収集」「電子図書館における『貴重書』」「電子書店とディスカバラビリティ」「リアル書店における電子書籍販売」「電子出版時代における雑誌の新展開」「電子書籍としての自費出版」と、多様で重層的なテーマを自ら設定し、文献調査だけにとどまらず、積極的にインタビュー調査に取り組み、フィールドワークに努めた。

第3章 ゼミ生がとらえた電子出版ビジネスと図書館

第1節

電子書籍における「版」の考察

竹嶋　龍仁
（立命館大学文学部日本文化情報学専攻3回生）

― 概　要 ―

　2000年頃から、ウェブサイト上にさまざまな「ケータイ小説」が執筆され始めた。その後「魔法のiらんど」の『恋空』や「2ちゃんねる」の『電車男』は実際に書籍化され、主に若い世代を対象とする大きなブームを起こした。これらのボーン・デジタルの作品群は電子書籍の始祖とも呼べる存在であり、この「ケータイ小説」の特徴とそのブームの背景には、大衆に受け入れられやすい電子書籍の形式がある。本稿ではその形式を『恋空』を例に取り上げ、電子書籍における「版」の問題を考察する。

― キーワード ―

電子書籍、版、ケータイ小説、魔法のiらんど、ボーン・デジタル

1.　問題の所在

　現在では「ケータイ小説」という言葉はそれほど目新しいものではないだろう。有名な例を一つ挙げると、2005年に『魔法のiらんど』で『切ナイ恋物語　恋空　前』が執筆開始され、同サイトのランキングで首位を連続獲得し、2006年10月17日には書籍版の刊行がされ、2007年に漫画化、映画化、続いて2008年にドラマ化と一大ブームを引き起こした。しかし、文学の一ジャンルとしてのケータイ小説は一部の読書好きから好ましく思われていない。なぜならば、ケータイ小説は短絡的なストーリー、稚拙な文章、語彙の少なさの

ような、文学と呼ぶには幼稚過ぎる要素で書かれているという評判があるからである。

　だが、ボーン・デジタル（Born-digital）である電子書籍の始祖とも呼べるこの「ケータイ小説」は、電子書籍における「版」の問題を考えるのにさまざまな材料を提供してくれる。電子出版物では紙媒体の出版物とは異なる点があり、版と刷が問題となる。そのことをケータイ小説の事例を中心に検討する。

2.　研究方法

　『恋空』のように一度インターネット上で公開された後、書籍刊行された作品の、ネット上にあるいわば第0版と、紙媒体で出版された第1版以降とを比較すると、そこには大きな違いが見つかる。まずはそれらの違いを比較検討し、それぞれの版でどのような特徴があるのかを調べ、さらにその改訂の利点・欠点を考える。またさまざまな改訂に対しそれぞれの出版社は現在どのような補償をしているかを調べる。ここでは、ネット上で公開されたものを「電子版」と、紙媒体で出版された物を「書籍版」とする。また、『切ナイ恋物語　恋空』（ウェブサイト）、『恋空―切ナイ恋物語』（単行本）の物語を『恋空』とする。さらに『恋空』はウェブサイト、書籍の両方が前後編に分かれている。

3.　先行研究

　『恋空』における電子版と書籍版の違いについて、長峯明子が「ケータイ小説らしさとは何か―形式面からの考察―」[1]において、次のように述べている。「ケータイの画面上という限られたスペースにおいては、一度に視界に入れることのできる文章量が限られてくる」「ケータイ画面ではそもそも、行間が詰まっている。このため、テキストの側で行間を設けなければ、ケータイの画面上では文字がぎっしりと詰まっている」とあり、「ケータイ小説の改行は『目に優しい』という意味で『読みやすい』文章をめざしたものであるといえる」と述べている。また、「書籍版を一読してみると、『すかすかである』という印象は受けない」とあり、文章の大幅な加筆修正や句読点ごとの改行が削られていることがその理由だと述べている。

---

[1]　長峯明子「ケータイ小説らしさとは何か―形式面からの考察―」（『千葉大学日本文化論叢』12、2011年、p.69-98）

4. 電子版、書籍版に見られる『恋空』の違い
4.1 それぞれの型で見る読み方の違い

　この指摘を参考に電子版、書籍版の一部を抜き出し、比較してみる。電子版はウェブサイト「魔法のｉらんど」にて現在閲覧できるもの（最終更新2010/04/20）を、書籍版は2006年10月に出版された『恋空〈上〉─切ナイ恋物語』を引用した。

　図1（左）が携帯電話で閲覧した場合の電子版『恋空』[2]である。個々の携帯電話での設定により文字サイズなどが多少変化するが、手元にある携帯電話で実際に確認してみると、画面には12文字×16行が表示される。この文章量が一度に視界に入る量だと考えてよいだろう。

　この文章をケータイで見てみると、なかなか構成が考えられていると感じる。なぜなら改行による文章間隔の確保だけでなく、この空白をおよそ一段落の文章のまとまりの区切りとして使っており、空白が画面のスクロールの基準となりうるからだ。長い文章がないというのは、逆にどの文章を読む時にも一つのまとまりを中断せずに読むことができるということになる。

　図1（右）が、書籍版の『恋空』[3]の冒頭より抜き出した文章である。文字は1ページにつき26文字×30行が印刷されている。左右両ページに広がる文章が一度に視界に入る情報量で、その差はケータイで閲覧するときの約4倍にも

```
「あ〜‼超お腹減ったしっ♪
♪」

待ちに待った昼休み。
美嘉はいつものように
机の上でお弁当を開く。

学校は面倒。

だけど同じクラスで仲良くなっ
たアヤとユカと一緒にお弁当を
食べるのが唯一の楽しみなのだ
。
```

```
「あ〜‼　超おなか減ったし〜っ♪♪」
　待ちに待った昼休み。
　美嘉はいつものように机の上で弁当を開く。
　学校は面倒だけど、同じクラスで仲良くなったアヤとユカと一
緒に弁当を食べるのが学校生活の中で唯一の楽しみな時間だ。

注：書籍版の冒頭の文章を5行のみ抜書きした。
```

図1　ケータイで表示した『恋空　前』（左）と書籍版『恋空』p12（右）の比較

＊2　魔法のｉらんど「切ナイ恋物語恋空前」
　　〈http://s.maho.jp/book/af5770e0601598ef/6960568627/2/〉（引用日：2014-12-5）
＊3　美嘉『恋空』スターツ出版、2006年、p.12

なる。

　書籍版12ページの終わりは「それなりに恋もして、付き合った人もいた。」[*4]で、ケータイで閲覧する場合は同じ文章にたどり着くまでにおよそ4、5回のスクロールが必要になる。人によってスクロールの回数は前後するだろうが、ケータイの下キーをカチカチと連打、もしくは長押しをしてスクロールにともない移動した文頭に視線を移動させて読むのと、目で流れるように文字を追っていくのには読者にかかる負担も大きく違う。ページを繰るのも、電子版ならばまたキーを何度か入力して「次へ」のボタンを押す必要があるが、書籍版はページを手で繰り、視線を次ページの頭に移すだけである。電子版はスクロールにキーを押させ、ページ送りにキーを押させ、キーを押すのに嫌気がさす人もいることだろう。

4.2　大幅な加筆修正

　また電子版をそのまま載せるのではなく、文章のほうにも手が加えられている。一文が長くなっている、情景描写が細かくなっているなどの違いが見受けられる。文章のまとまりとしての改行は廃止され、改行後に1字分文章を下げるという小説本来の形態になっている。電子版に多用されていた改行空白は、書籍版では場面が変わる箇所でのみ使用されている。

　次に文章の加筆修正について見る。**図1**において、すでに多少の違いが存在するが、ここではより大きな違いのある別の文章を見たい。

　電子版の「第三章　傷み」にて、主人公が殴られる場面で「鈍い音と同時に頭に激痛が走る。視界が真っ白になった」[*5]となっているのが、書籍版「傷跡を消し去る涙（2節）」では「鈍い音と同時に頭に激痛が走る。そして景色が一瞬揺れ、視界が真っ白になった。」[*6]というように、より詳細な描写が書き加えられている。また主人公が頭の痛みを覚えた後には「生ぬるく赤黒い何かが額をゆっくり流れ落ちた」[*7]という一文が加えられ、恐怖に叫び声を上げた場面では電子版「一人の男に口を塞がれた」[*8]から書籍版「その声にあせったの

[*4]　美嘉、前掲書、p.12
[*5]　魔法のiらんど「切ナイ恋物語恋空前」
　　　〈http://s.maho.jp/book/af5770e0601598ef/6960568627/28/〉（引用日：2014-12-5）
[*6]　美嘉、前掲書、p.42
[*7]　美嘉、前掲書、p.42

か、一人の男が美嘉の口を手のひらで強くふさいだ」＊9と修正されている。

　以上からわかるように、電子版では簡単な事実や感情を書き、書籍版ではより文学らしくするためか、心理描写や情景描写をかなりの頻度で加筆修正しているのだ。

4.3　物語構成の変化

　次に電子版と書籍版の違いとして、章構成の違いが目につく。電子版の場合、「前」の章構成は「第一章　笑顔」から「第十五章　家族」の484ページであり、「後」は「第十六章　過去」から「最終章（第二十五章）恋空」の332ページで、合計二十五章と816ページからなる。書籍版の場合、上巻は「一章　恋来 koirai」から「三章　恋迷 koimei」まで、下巻は「四章　恋淡 koitan」から「最終章（七章）恋空 koizora」の合計七章となっている。また、前後編の区切りは上下巻の区切りと同じ箇所かと見てみれば、書籍版での上巻の終わりは、電子版での「第十三章　二本の道」の途中のp.359の部分であった。これは前後編加筆修正後の文章量を上下で割った場合にも都合が良かったと考えやすい。しかし、物語の展開を見ると、重大な選択をする場面であり、書籍の上巻では「そして美嘉は走り出した」＊10で終わっており、主人公が決断はしたがどの選択肢を選んだのかまでははっきりと示されていない。どういった答えなのかは下巻に続き、読者にちょっとした「焦らし」を与えている。この「焦らし」要素もまた電子版と書籍版の区切りの違いの理由だと考えられる。

　以上に挙げた違いをまとめると、長峯が述べたように電子版は読みやすさが優先され、書籍版は電子版を再編集し、より物語性を高めていると考えられる。

5.　改訂版への補償

　通常、出版物というのは誤字脱字の修正などで内容が変更されることがある。その場合、刷や版が増え、紙媒体の出版物の場合、再度印刷されて販売される。その変更は誤字脱字の修正から、資料に使ったデータなどを更新したり、豪華版などの特殊な装丁を施したり、絵本に見られるような大型本や小型本といっ

＊8　前掲URL
＊9　美嘉、前掲書、p.42
＊10　美嘉、前掲書、p.346

た版型の違いにまで及ぶ。このように内容に少しでも変更が加えられたものを2版、改訂版などと呼ぶ。それではこのように改訂版が出版された時、旧版を購入した読者にはどのような補償が行われているのだろうか。

5.1 紙媒体出版物の補償

　まず、書籍などの紙媒体の出版物の状況を見る。これは普通、改訂版への補償は行われない。なぜなら旧版の回収、改訂版の印刷、送り届けなど出版社には相当のコストがかかるからである。例えば、筆者はテレビゲームの攻略本の改訂版である『キングダムハーツ　アルティマニア　増補改訂版』を持っているのだが、すでに旧版を購入していたとして、増補改訂版の67ページ分の追加情報を読むためには再度本一冊まるまるを購入する必要がある。読者からしてみれば旧版の541ページの部分は不要で、追加された部分だけを購入したいところだろう。しかし、価格差の200円を払えば追加分が購入できるはずもなく、その書籍の定価である1900円を支払わなければならないのである。豪華装丁版も同じく、「表紙だけ買わせてくれ」といいたいが、そうはいかない。書籍以外では、映画のDVDのディレクターズカット版などが同じような例として挙げられるだろう。

5.2 さまざまな電子出版物への補償

　電子出版物の場合、紙媒体の出版物とは異なり、改訂版の入手のしやすさがはるかに向上している。ここでAmazonから販売されている電子書籍端末Kindleを例に挙げて説明する。Kindle内のコンテンツの修正が行われた場合、基本的にはAmazonのサポートに連絡をすると、最新版のコンテンツが利用している端末に送信される。すでに書籍を購入している利用者は、それによる料金を支払う必要がないのが紙媒体のものと大きく異なる点だ。

　ここで注意したいのが、更新があった時に必ずしも読者に知らされるわけではないということである。Amazonが利用者に対して、書籍の更新を知らせるのは、「コンテンツに対して大幅な修正が行われたと見なされる場合」[*11]とあり、連絡はメールにて行われる。この「修正」が「わずかな修正」と見なされる場合には、更新はできるものの、利用者に連絡が来ることはない。しかし一方で、個人が電子書籍を販売できるKindleダイレクト・パブリッシング（KDP）

では更新されたコンテンツを自動的に受け取ることができる自動更新機能もあり、これを各利用者が有効にした場合は、前述したような手順は踏まなくてもよい。また、コンテンツの修正によって内容に予期しない問題が生じた場合、一時的に本の販売は中止されるが、すでにダウンロードしたものには影響なく、修正が完了した時点でその旨を伝えるメールが送信される。このことから利用者に対する補償に関しては十分だと考えられる。Kindleを例に見てみたが電子出版物での利用者に対する改訂版の補償はある程度なされていると考えてよいだろう。理想をいえば、出版社から刊行された電子書籍もKDPのように自動更新がなされることが望ましい。

　また、近年ではテレビゲームの改訂というものも存在し、ハードウェアのインターネット接続が一般化したことで従来のパッケージ型とは異なり、購入者に対する補償が可能になるという変化があった。インターネットからデータをダウンロードすることで、バグの修正や、ゲーム本編とは関係の無い、登場人物の外見変更をしたり、より難易度の高いプレーができたりなどの要素が増える。

　前者は基本的に無料で、後者は有料・無料が入り混じっている。有料のものでもコンテンツ1セットにつき数百円と内容に見合った値段に感じられる。追加したい分だけにお金を支払い、ダウンロードしたデータを使わないことも選べるため、電子出版物のように「常に最新のものしか見られない」ということがない。テレビゲームの改訂は上記2つにはない柔軟な補償がされているのである。

5.3　紙から電子への補償

　最近では、書店で紙媒体の書籍を購入すると、同作品の電子版も同時に入手できるサービスの運用がされていたりする。日本エンタープライズでは2014年10月17日、このサービスの試験運用を開始している。その手順は、紙の書籍を購入した書店でクーポンコードを発行してもらい、同社が運営しているサイト「BOOKSMART」でそれを入力すると同作品が利用端末にダウンロードされるという流れだ。このダウンロードしたコンテンツを利用者が手軽に更新で

＊11　Amazon Kindle ダイレクト・パブリッシング「AmazonのKindleストアでの電子出版に関するヘルプ」〈https://kdp.amazon.co.jp/help?topicId=A1RGGPBKDR1BPZ〉〈引用日：2014-12-5〉

きるようになることを考えると、これも改訂版への補償の一つと考えられる。

6. 改訂による差異
6.1 ケータイ小説にみる改訂問題

『恋空』で挙げたような違いはどのような問題を発生させるかを考えたい。

それは単純にいえば内容が違うということだ。一つや二つの誤字脱字の修正程度ならば、物語の内容自体には変わりはない。しかし『恋空』に現れる差異は前述したように非常に大きなもので、書籍版は文学性、物語性を高めている。「女子高校生がこれを読んで泣きました」といった旨の文章で広告されていたりするが、いったい電子版と書籍版のどちらを読んで感動したのかと考えてしまう。それだけでなく、『恋空』の文章力を批判したり、どうして流行ったのかを考察したりする論文も、電子版と書籍版の区別なく論じていた場合、それらの指摘は全く的外れのものになる恐れすらあるだろう。

それにもかかわらず、電子版と書籍版の違いについて言及している記事や論文は少ない。前述したような『恋空』の評価や論文では、電子版では電子版の、書籍版では書籍版での、それぞれについての批評があまりなされておらず、どちらも一緒くたにして『恋空』というコンテンツの評価をしていることになる。

さらにいえば、そもそも書籍版のどこを読んでも、書籍化に際して加筆修正を行ったことを記していない。私たちは書籍版『恋空』を作者の美嘉が書いたものと考え評価するが、そこに本来の『恋空』とは異なる編集などの第三者の介在があるかもしれないことも考えるべきだろう。このような事例として『電車男』が挙げられる。電車男は2004年3月から約2ヶ月にわたり、電子掲示板「2ちゃんねる」に書き込まれたものが始まりで、そのスレッドから「荒らし」などのノイズを払い、わかりやすく編集された「まとめサイト」ができ上がる。そのサイトの評判が現実とインターネットでの口コミで広がり、同年の10月に新潮社から用語等の解説を加えた、書籍版『電車男』が発売された。改訂されるにつれて『電車男』の物語は、より読みやすくなり、大衆に売れるように「純愛物」として出版された。しかし、電子版『電車男』の書き込みには本来、最終日に性交渉の話があったが[*12]、書籍での掲載は見送られていた。これは出版社が『電車男』を「純愛物」として売りたいがために、意図的に物語を改変したためと考えられる。

また、2008年に『恋空〜切ナイ恋物語〜スペシャル・バージョン』が上中下巻で発売されているが、これは『魔法のｉらんど文庫』の検索画面から詳細を見ると、『大幅な加筆修正を加えて出来上がったのが「恋空　スペシャル・バージョン」です。』*13 とある。著者のコメントを読むと、再編集にあたり書ききれなかった思い出や、少し誤魔化していた自分の気持ちを素直に表現したとあり、美嘉自身の手による再編集が主だとわかる。

6.2　真正性の危うい電子出版

　電子版からの改訂の差に問題があると述べたが、電子版の真正性も実は危ういところがある。『魔法のｉらんど』では内容の修正、削除には管理画面から行うだけの簡単なものになっている。著者の気分で内容は簡単に変えられてしまう。しかも、閲覧者から確認できるのは最終更新日時のみで、どこがどう変更されたのかはわからない。筆者が調べた『恋空』も最終更新日時はスペシャルバージョンの発売よりも後の2010年4月20日となっているが、美嘉のコメントにはこの更新について触れられていない。2010年以前に書かれていた『恋空』について論じている論文があったとしても、第三者からはその内容が真であるのかを知る方法はないのである。

　改訂の容易さは、このようなケータイ小説サイトに留まらず、前述したAmazonの「KDP」でも同様に改訂が行える。ただし、こちらでは内容に問題があると見られた場合は販売が中止され、著者に対して修正するように求められる。

7.　電子書籍の活用法

　電子書籍の利点はどこにあるかという話題をよく耳にする。それは大量の書籍を持ち歩きできることだとか、環境設定による読書のしやすさの向上だとかがその筆頭として挙げられるだろう。ほかにも、文章中のわからない言葉をすぐに辞典で引くことができたり、ハイパーリンク的な機能も大きな利点だろう。特に、たった一つの電子書籍端末で数千冊もの書籍データを入れることが可能で、それをいつでも持ち歩き、読むことができるということは人類がこれまで

＊12　電車男＠全過去ログ「(´ー`)」〈http://f41.aaacafe.ne.jp/~outerdat/〉（引用日：2014-12-5）
＊13　魔法のｉらんど文庫「恋空〜切ナイ恋物語〜スペシャル・バージョン［上］」
　　　〈http://bunko.maho.jp/newseries/978-4-04-886030-7/〉（引用日：2014-12-5）

経験したことのない事態である。また、ペーパーライクが限りなく目指され、読書のしやすさも日々改善されていて、電子書籍が紙媒体の書籍とほとんど変らずに読めるようになる日も近づいてきているように感じる。

7.1 改訂の利便性と対策

しかし、電子書籍の利点とはなによりも改訂の容易さにあると筆者は考える。どうして、改訂が大きな利点だと考えるかを説明したい。

その理由は、時を経るにつれて変化していく情報に対応することが容易であることが挙げられる。それが適したものとして、実際に計測したデータを用いて論じられている文書が挙げられる。

例えば『最新版電子書籍の利用率』といった題の書籍が出版され、中にはその利用率の統計データがあるとしよう。そのデータの数値は毎年変化していく。常に最新版のデータがあれば、その書籍に「今年は利用者が増加している」「今年は電子書籍の普及の増加は低迷している」といった文章が追加できる。これこそ、真の『最新版』といえる。パッケージ型メディアである紙媒体の場合はこのような更新はできず、5年も経てば役に立たない。他にも、雑誌の分野ではその利点が十分活かせるだろう。ニュース記事では更新がされると、最終的に事の顛末までわかるようになり、一つの出来事に対し、一つの記事を管理するだけで良くなる。また、「5.1　紙媒体出版物の補償」で挙げた攻略本の増補改訂版も重複部分にお金を支払う必要がなくなる。

次に、前述の書籍の改訂に伴って、旧版が可読状態にあることが望ましい。利用率の統計のように追加する形の修正ならば旧版が読めなくとも大きな問題はないが、「6.2　真正性の危うい電子出版」で述べたように、文章が大きく修正された場合、論文が執筆された当時の文献が読めなくなるというのは大きな問題である。

筆者の勝手な想像上の例になるが、『恋空』の文章の稚拙さを批判した書籍の出版後、その『恋空』の文章が「大幅修正」されたとすると、『恋空』の批判は読者には理解できないものになる。このような問題を避けるためにも、新版と旧版を同時に読めることが望ましい。これにより読者は古い情報から最新の情報までを得ることができるようになる。さらに、修正前と修正後の文章を注釈のように結び、簡単に見比べることができれば、そこに修正の意図を見つけ、

69

■ 第3章　ゼミ生がとらえた電子出版ビジネスと図書館

ゼミ発表「電子書籍における『版』の考察」

新たな文学研究につながることを期待したい。現状では電子書籍の辞書機能や注釈へのリンク機能があることから、この新しい機能をつけることは十分可能だろう。また電子書籍端末には数千冊単位で書籍が入るため、旧版の同時収録は容易だと考える。

　以上で述べたように、電子書籍の利点は、最新、かつ新旧あらゆる文章を読むことが技術的に可能なことにある。定期的に増えていくデータを追加し、検索が可能で、特に年鑑のような資料系の書籍が電子化に適しているのではないだろうか。資料は始めから終わりまで目を通すことはあまりなく、目的の情報をキーワードからすぐに見つけ出せる。目的の情報周辺にのみ眼を通すだけなので、ページ送りの煩わしさはほとんどない。また、場所も取らないのである。

7.2　新たに発生する課題

　しかし、電子書籍の改訂には以上に挙げたような利点だけでなく、新たな欠点や課題も存在する。

　まず第1にデータの更新による改訂についてである。読者が更新部分を入手するとき、そこに金額が発生するかを考える必要がある。誤字脱字の修正などはたぶん無料で行えるだろうが、増補改訂版のような大幅な変更には無料で行えてよいのだろうかと感じる。実際に発売された紙媒体のものでは通常版との間に差額が発生しており、その額が追加の情報分の料金だとわかる。電子書籍でも同様に大幅な加筆修正に際して、更新の料金を支払わなければならないと

考える。Amazon の「KDP」では更新後に料金の設定ができるらしく、現状、加筆修正の料金は著者の判断に委ねられている。テレビゲームの更新ではコンテンツごとに料金が決められ、どれを反映させるかが利用者の任意で行える。新版から旧版への移行ができない電子書籍も同様に柔軟な対応が必要だろう。

　次に改訂が容易な分、その真正性が揺らぐことも予想される。デジタルの資料は改竄が容易で、著者と著者以外の誰にでも行うことが可能だ。『魔法のiらんど』や「KDP」を見る限り、前述したように改訂前の情報を読むことはできない。そのためにも公的機関の収集保存による真正性の確保が早急に望まれている。しかし、国立国会図書館の納本制度審議会の議事録[*14]を読む限り、館のデジタル資料の収集・管理が第三者による真正性の判断に有力な材料となるとされているが、2014年7月1日から収集が行われている資料は無償かつ DRM のないオンライン資料に限られている。ウェブ上の情報は非常に莫大なもので、国会図書館はある程度固定化された集めやすい資料から優先して手を付けている状況で、ニュースサイトのような更新頻度の高いものも収集対象とはされていない。収集に際して著作権の処理や、膨大な資料の収集に掛かる費用のために、その見通しも全く立っていない状態である。収集されている資料の内、複数版についても更新頻度の高いものは代表的なもののみが収集されており、国会図書館による複数版の所持というのは難しい状況である。

7.3　電子書籍を活用するために

　以上で述べたことから、電子書籍の利点は改訂の容易さによる、資料の最新化という柔軟性にあると筆者は考える。また、更新による変化も見比べることは技術的に可能だろう。しかし、その電子書籍の形式に合わせた制度、特に真正性の確保についてがまだまだ不十分であることがわかる。

　国会図書館によるオンライン資料収集の制度化が進められ、ようやく収集が始まった。今後も網羅的な資料の収集を目指し、真正性を担保し、電子書籍の有効な活用が可能になることが望ましいと考える。

＊14　国立国会図書館「納本制度審議会 開催状況・議事録（議事要録）・配布資料」
　　　〈http://www.ndl.go.jp/jp/aboutus/deposit/council/council.html〉（引用日：2014-12-5）

第2節

電子書籍とペーパーライク
―なぜ電子書籍は紙の形から離れないのか

李　桐和（イ　ドンファ）

（立命館大学文学部日本文化情報学専攻3回生）

概　要

　iPadやスマートフォンの登場、アマゾンやグーグルの参入など、電子書籍が話題になっている。しかし、現在の電子書籍市場を見る限り、あまり普及してないのが現状である。本稿ではその最も大きな原因として「ペーパーライク」という現象を提示し、電子書籍に隠されている可能性を追求し、現在電子書籍が抱えている課題について考察する。

キーワード

　電子書籍、ペーパーライク、eBook、ボーン・デジタル

1.　普及しない電子書籍

　2010年以降、スマートフォン、iPadをはじめ、KindleやKoboのような電子書籍専用端末が続々と登場し、大きな注目を浴びた。しかし、その一方でSONYが電子書籍端末の開発及びサービスから撤収するなど、広く普及しているとは言い難い。では、電子書籍はなぜ一般に普及しないのだろうか。

　筑瀬重喜「読書端末はなぜ普及しないのか」によると、文章の性質と読むという行為には各々相反する性質があり、それを整理すると、**図1**のように大きく4つの特徴があるという[*1]。一回読めば理解できる簡単な「直読型文章」と、一回読んだだけでは理解しづらい「解読型文章」。必要な情報だけを探し出して読む「検索型読書」、小説など一部を読むだけでは意味を持たず、全体を読

第2節　電子書籍のペーパーライク―なぜ電子書籍は紙の形から離れないのか

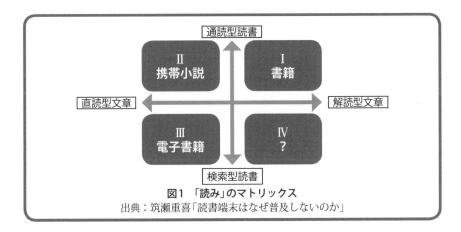

図1　「読み」のマトリックス
出典：筑瀬重喜「読書端末はなぜ普及しないのか」

むことで意味を持つ「通読型読書」である。筑瀬は、「ディスプレイを通じた受け入れ可能な情報量にはある限界があり、その限界を超えると、身体がそれ以上を受け付けなくなる」といい、解読型文章で書かれた、通読型読書に値する書籍は読書端末で読むには向いてないと主張した。

しかし、この主張には一つ大きな欠点があるように思われる。その大きな欠点というのは、ペーパーライクの傾向である。携帯小説の場合、もともとボーンデジタルのものであり、電子端末で読むことを前提にし、その端末での利用に向いた形を取っている。電子辞書も元になるものは紙の辞書ではあるが、電子化をするに際して電子辞書特有の機能を活かしながらも、端末での利用に向けて作り直されている（詳細は後に「3．電子最適化の例」で述べる）。これに比べて、書籍はペーパーライクから離れられていないのである。

2.　ペーパーライクとは

ペーパーライクとは、元は「ペーパーライクディスプレイ」を意味する言葉で、いかにも電子端末の画面をどれだけ印刷物と同じような解像度で読みやすくできるか、という意味で用いられた言葉であり、それこそ20世紀末に使われた言葉であった。しかし、この言葉の根源には画面の解像度や読みやすさだけではなく、電子書籍そのものをいかに紙の本に似させるかという問題意識が根づ

＊1　筑瀬重喜「読書端末はなぜ普及しないのか」『情報化社会・メディア研究』、2008年、p.33-40

いているように思われる。そこで、本稿では電子書籍を紙の本と同じ形でそっくりそのまま作ることをペーパーライクと命名する。

　代表的な例としては、紙の本をスキャニング、もしくは電子で作られた書物のデータをそのまま PDF にし、紙の本と同じレイアウト、同じ形式で電子書籍を作ることが挙げられる。実際、Apple の iBook や、Amazon の Kindle などを見ると、形式が紙の本とほとんど変わらないことがよくわかるだろう。

　この傾向は電子書籍販売会社のマーケティングを見ても明らかである。電子書籍の宣伝文句を見ると、「紙のように目に優しい」、「ページをめくるような感覚」といった「紙の本と変わらない」ということを強調する文句をよく見かける。もちろん、「24時間いつでも、どこでも購入可能」、「品切れがない」、「何冊もの本を端末一つで持ち歩ける」、「電池が長持ちする」、「紙の本より安い」など、さまざまなキャッチフレーズがある。しかし、これらの表現はあくまでも「読書の利便性」を強調しているものであって、電子書籍と紙の本の「根本的な相違」には触れていないのが現状である。語彙の検索機能などを取り上げる人もいるかもしれないが、それも文字を自分で入力して探す手間を省くための便利な機能に過ぎず、新しいものだとはいえない。

3. 電子化の道

3.1 新しい電子書籍とは

　以上、電子書籍は紙と変わらないと批判的に検討したわけだが、では、紙と違う新しい電子書籍とはなんだろうか。紙の本にできないものといえば、真っ先に思い浮かぶことは音を鳴らすことや、動画などを組み込むことであろう。紙面では文字と静止画しか入れられないが、電子だと音楽、声、動画など「マルチメディア」要素を存分に使えるわけだ。しかし、ここで一つ疑問が浮かぶ。本をマルチメディア化するとどうなるのだろうか。小説などの文学作品の場合、文章を読みながら背景、音、登場人物の様子や動きなどを頭の中で想像しながら読む。『ロード・オブ・ザ・リング』や『ハリー・ポッター』が小説から映像化された時、小説を読みながら想像したものと違う、思ったよりスケールが小さくて失望したというような声も少なくなかった。どれだけ予算を投資し、壮大なものを作り上げても人々の想像力を越える映像作品を作るということは骨がおれることである。このように、マルチメディアには、数多くの人々の想像

を限定し、自由な想像を遮るという側面も持っている。これは、ミヒャエル・エンデの『モモ』に登場する話す人形のようなものだといえよう。お人形ごっこをしようとしても、人形がいくつかの文章を繰り返して話すせいで、想像を遮られ、自由に遊べなくなってしまうのである。

そもそも、電子書籍ではなくてもマルチメディアを利用した文学作品は数多く存在する。いわゆる「ビジュアルノベル」というジャンルの作品である。これらはゲームとして認識されることが多く、実際ゲームのジャンルの一つにカテゴライズされるのだが、名前からわかるように小説にも属する（一般に知られる恋愛シミュレーションゲームは、ビジュアルノベルと区別されることが多い）。このビジュアルノベルというジャンルは絵と音を中心に時には映像を交えながら文字を通して物語を進めるのが特徴であり、プレーヤー（読者）は文字テキストを読み進めながら分岐点が来ると自ら答えを選び、選んだ答えによってその結末が変わる。このように、すでにマルチメディアを存分に活用した作品が数多く存在するのに、今になって電子書籍をマルチメディア化したところで大きな反響は生み出せないだろう。

3.2 電子書籍の電子最適化の例

では、マルチメディアを除いた今、電子書籍の進むべき道はどこにあるのだろう。その答えを探すため、「電子辞書」、「ゲームブック」、韓国の「Web Toon」の3点を取り上げていく。これらは電子というものに最適化したものでありながらも、その内容は紙のものと変わらないという特徴を持っている（Web Toonはボーン・デジタルだが）。

まず、一つ目に今日では学校においても電子辞書を使うことが一般化している。近年になってはスマートフォンなどに内蔵されていたり、インターネットを通じて提供するなど、電子書籍市場のロングセラーといえよう。電子辞書はペーパーライクとはかけ離れたものでありながらも、その中身は紙の辞書と変わらない。では、電子辞書が多くの人々に利用され続けている理由はなんだろうか。最も大きな理由は電子に最適化することで、それまでの紙の辞書より使用しやすくなったことである。電子辞書は紙の辞書と内容は同じでありながらも、形は全く違う。電子辞書は単語を入力して検索すると端末が語彙を一つ一つ拾い上げて必要な語彙だけを表示してくれるのに比べ、紙の辞書は分厚い本

の中に書かれている無数の語彙を自分でページをめくり、該当する語彙がどこにあるのか探さなければならない。他にも電子辞書を利用するメリットとしては、わからない漢字でも真似して書くことで調べられること、単語の発音を音声で聞けること、複数の異なる辞書を簡単に横断できることが挙げられる。このようなことはまさに電子だからこそできるものでありながらも、辞書というものの性格やそれを利用する目的をもきちんととらえているのである。

　二つ目にゲームブックである。ゲームブックとはユーザー（読者）の選択によって展開や結果が変化する、本とゲームを合わせたものである。日本では1980年代に流行したが、1990年代から急激に衰退したという。しかし、スマートフォンの普及によりゲームブックのアプリ化が進み、まだ認知度は低いものの、ユーザーの間ではシステムの面でかなり好評を得ている。その大きな理由は、かつて自分で直接さいころを投げ、計算し、メモし、ページをあっちこっち飛ばしながらめくるといったことを、すべて端末が代わりにするようになったことにある。本とゲームの合体コンテンツとはいうものの、さいころを投げ、計算をしながら本を読むとなると、本文にのみ集中することはできない。そうなると、当然物語へ没入するのも難しく、万が一計算を誤ったり、メモするのを忘れてしまうと最初からやり直さなければならないということも多々あった。しかし、ゲームブックを電子化し、これまで手動でしていたことを端末が代わりに自動でしてくれることによって、物語へ没入しやすくなり、手間や細かな誤りなどもなくなったのである。中身としては従来の紙のゲームブックと変わらないが、電子化により、ゲーム感覚でより快適に遊べるようにしながら、本という物語もより深く吟味することができるようになったのである。

　三つ目は韓国のWeb漫画、Web Toon（以下ウェブチューン）である。韓国は国内市場が狭い上に、20世紀末、違法な流通が流行したため、その対策としてデジタル化や、オンライン化がほかの国々よりもかなり早い時期から進んだ。この流れは漫画にも影響を与え、1996年には最初のウェブチューンが登場、2006年にDaumというポータルサイトに続き、Naverというポータルサイトが Naver Web Toonというサービスを開始、近年にはジョンチョルヨン（Jung Cheol Yeon）というウェブチューン作家が『MAJO&SADY』という日常を描いた作品で成功、作品のキャラクター商品化をはじめ、この作品だけをテーマにした「カフェー MAJO&SADY」本店を設立、2店目、3店目の支店を立ち上

げなど、WEB漫画の可能性を見せている。このウェブチューンという産業は、韓国のサブカルチャー産業の中でも一、二を争うほど発達しているともいわれている。

　ウェブチューンのもっとも大きな特徴は縦スクロール形式である。縦スクロール形式は、巻物を縦にし、上から下に流しながら読むと考えればわかりやすいだろう。このウェブチューンは、最近日本にも進出し、韓国のHanGameという企業が2013年にComicoという縦スクロール形式Web漫画のサービスを開始、1年でアプリ版が600万ダウンロードという快挙を成した。この縦スクロール形式は、パソコンのマウスフィルを使えば簡単に上下移動ができるという特徴を利用したものである。

　紙の漫画のように1ページに多くのシーンを描いたり、コマの大きさや形を自在に変形することは難しいが、パソコンはマウスフィルを回すだけ、スマートフォンでも下にスワイプするだけで簡単に読めるうえに、コマを一つ一つはっきり区切らずに、流れるように構成するという新しい表現方法が登場するようになった。また、近年では漫画の途中にFlashなどを利用し動画及び効果音を入れることで新しい表現方法が登場するようになった。2011年韓国のミステリ短編企画で投稿された『Ok-su Station Ghost』（**図2**）という漫画がその発端である[*2]。

　この漫画は、静止画と動画を上手に交差させることによって読者を作品にひきつけることに成功、ネットを通じて世界に拡散し、大きな反響を呼び寄せ、英語訳版が乗せられるようになった。日本でもComicoが1話限りの企画として数作試みており、やはり高い評価を受けている。

3.3　書籍以外の電子化の例

　上記のように、電子書籍市場で高い評価を受けているものは、中身は紙のものをそのまま取り入れたものから、紙とは全く違うボーンデジタルのものまで多彩だが、レイアウトやインターフェイスなど形式的な面から電子に最適化していることがわかる。では、書籍以外の電子化はどうだろうか。

　まず、音楽の電子化を見てみよう。近代から現代までレコード→テープ

[*2]　2011年ミステリ短編：ネイバー漫画
　　〈http://comic.naver.com/webtoon/detail.nhn?titleId=350217&no=30&weekday=tue〉〈引用日：2014-12-08〉

第3章　ゼミ生がとらえた電子出版ビジネスと図書館

図2　Ok-su Station Ghost という漫画

→ CD → MP3といった変化が見られる。この一連の流れによって従来の音楽やアルバムというものが変わることはまずなかった。もっとも大きな変化といえば、レコードは蓄音機を通して音楽を流すため、家や店などで固定して流すことしかできなかった。テープになってからはラジカセを利用してテープを再生することになり、場所の制限なく音楽が楽しめるようになった。CDになってからはテープより容積が縮小、複数枚のCDを持ち歩けるようになり、簡単にアルバムを変えられ、外でもよりバラエティ豊かに音楽を聴けるようになった。MP3となっては音楽を保存するための媒体と再生するための媒体が一体化、ミュージックプレーヤーという機器に直接アルバムや、曲を一つずつ入れられるようになったことで、曲やアルバムを変えるたびにCDなどを入れ替える必要がなくなり、自分が好きな順番に好きな曲をカテゴライズすることでより自由に音楽を楽しめるようになった。音楽という中身自体は変化してないが、それを再生する装置の変化により、音楽の楽しみ方が変化したのである。要するに、装置、端末が変化するということは自然にそれに応じた新しい利用の仕方が登場し、新しいサービスの登場につながるのである。

　もちろん、このことはほかにもさまざまな分野で見ることができる。演劇のDVDやブルーレイも、その中に入っている内容は劇場で上演したものと同じものであるが、専用の装置を利用すればいつでも、どこでも見られる。電話も固定電話と携帯電話では通話機能そのものは変わらないが、電波や装置の変化により場所と距離の制限をなくし、人々の生活に変革をもたらした。

4. 電子書籍の現在

　音楽や電話、演劇などその中身自体は変化せず、形式だけが媒体に合わせて変化し、新しい利用法やサービスが登場するようになったのである。一方、今の電子書籍の市場を見ると、中身も形式までも紙の形から変えないという考え方が主流になっているのである。その原因は、やはり「慣れ」の問題であろう。中西印刷の中西秀彦専務は、**図3**のグーテンベルクの『42行聖書』が、それまでの羊皮紙に書いたものをそのまま活版印刷で再現していると指摘し、新しい技術が発達したといって、いきなり違うものを作っても、それをどう使うか、どこがいいのかというものが理解できないから、最初は大きな変化が現れないと主張した。このように前の羊皮紙から今の本に近い形へ変化するまで50年がかかり、それから約500年以上変化が起きなかった。つまり、新しいものが出現しても今まで慣れてきたものを手放すことはなかなか難しいことであり、それを克服するにはそれなりに時間が必要になるということである。もちろん、今の本の形が作られて500年が経つということは、紙の本には500年という年月の慣れが蓄積されており、それをいきなり電子書籍に変えたところで電子書籍に新しく慣れるには相応の時間が必要になるというわけである。

　この観点から見ると、電子書籍を紙の形そのままそっくり作ることは、紙の本に慣れている人々に電子書籍を同じように利用してもらうという面では非常に合理的に思われる。しかし、ここには一つ大きな問題が存在する。それは、

図3　グーテンベルク42行聖書

電子にはページというものを区切るはっきりとした境界が存在しないということである。紙の場合、紙一枚一枚の大きさが決められ、分かれており、それらを結んで本が作られる。しかし、電子の場合、紙のような物理的な境界線が存在しない。従って、いくら紙の本と同じ形でものを作っても、実際の紙の本と同じようにページをめくることは不可能であり、紙の本と同じ感覚で読むことはできないのである。

5. 電子書籍の可能性

　今まで述べてきたように、紙の書籍を電子書籍にするのは、まず電子というものを理解しなければならない。まず、電子には紙のようなページを区切る物理的な境界が存在しない。

　従って、今までのように紙の大きさとレイアウトをそのまま電子に組み込んだところで、紙の本と同じように読むことはできない。スマートフォンのように画面が小さな端末だと、紙の数分の一の画面でページに合わせて全部縮小表示しようとすると、字が小さくなって読みづらくなるし、画面の大きさに合わせて拡大表示すると右→左→右下→左というように画面を複雑に何回も何回も動かさなければならないため、本そのものに没入しづらくなってしまう。

　また、パソコンのように画面が大きなものだと、紙の本と同じ大きさで表示すると余白が空きすぎてしまうし、画面に合わせると今度は字や文字の間隔などが大きくなってこれもまた読みづらくなってしまう。要するに、電子端末は紙の形をそのまま取り入れるには向いてないということである。

　では、電子に向いた形はどのような形なのだろうか。結論からいえば、いわゆるリフロー型が現時点では最も近い形式のように思える。文字の大きさを自分好みに調節でき、それに応じて画面に表示される文字の量が変化する。図やグラフ、絵などを一緒に提示するとき、文字とそれらの配置、割合などが固定できないという批判もあるが、インターネットを見ると、自在に使いこなしている人は多い（インターネットの中にはウィキペディアのようにリフロー型をとっているウェブサイトも数多く存在する）。

　しかし、リフロー型そのものが電子書籍の正解だというわけではない。例えば、ビジュアルノベルのようにクリックすることで次の文章に切り替えることや、縦長の文章を自分の好きな速さで自動的に流すということも電子にはでき

第 2 節　電子書籍のペーパーライク―なぜ電子書籍は紙の形から離れないのか

るのである。つまり、文章のレイアウトや形式ももちろん重要だが、それ以上に重要なのはどのように提示するかということなのである。

　このように、電子にはさまざまな表現の仕方があることを理解し、それらを利用して初めて、真に電子化だといえるのではないだろうか。

　次に、機能的な面ではどのようなことができるのだろうか。電子化するには当然、従来の紙の本にはできなかった何かがなければならない。電子化によって新しい価値、メリットが生まれない限り電子化をする必然性がないからである。すでに述べたようにマルチメディア化は少なからず問題を抱いている。とはいえ、医学書に生物の3Dイメージを取り入れたり、動物図鑑に動物の鳴き声を入れたり、電子辞書に音声再生機能を入れるなど、特定の分野の書籍にその目的に合った機能を追加することでさらなる付加価値をつけることはできる。

　そして、書籍全般にわたって音声読み上げというものは電子書籍において非常に価値の高いものだと考えられる。書籍の文章をそのまま端末が音声として読み上げるだけのこの機能は、まず、視覚障害を持つ人でも本が自由に「聞ける」ということで、アクセシビリティの著しい向上が図れる。今のところ、公立図書館やボランティア団体などが読み上げたものをデータ化して障害者に提供したり、点字本を作って提供してはいるものの、そのようにして提供されるものは一部だけであり、障害者のニーズに完全に応えきれていないのが現状である。

　電子化により電子書籍のデータを音声読み上げアプリなどを用いて端末が読み上げることができれば、わざわざ人が録音する必要もなく、音声データなどが出回ることもない。もちろん、今の時点でもこの音声読み上げは一部活用されている。しかし、電子書籍の中にはこのような音声読み上げアプリが文字情報を認識できないものが多い。この音声読み上げはアクセシビリティの向上だけではなく、一般でも活用できる。

　専門書籍などを耳で聞きながら読むことでより記憶に残りやすくすることもできるし、周りの雑音を消しながら、本に集中できるようにすることも可能になる。また、他の作業をしながら本を耳で聞くということもできる。このように、視覚だけに頼る紙の書籍とは違って、電子化し、音声読み上げを利用することによって、視覚と聴覚を同時に利用することができるようになるのである。学校などで先生が教科書を読むのを聞きながら目で追うのをイメージすればわかりやすいだろう。

もう一つ考えられるのは、スクラップである。新聞記事や、雑誌の記事などを切ってそれをノートなどに貼りつけて整理し、コメントをつけるということは珍しいことではない。しかし、本の一部だけを切ってスクラップすることはほとんど見られない。

　しかし、電子の場合、気になる部分をそのままコピーして貼りつけ、自分なりに整理し、コメントをつけることができる。例えば、推理小説を読みながら現場の描写、人物の行動などをスクラップし、それを整理しながら推理するということができるようになるのである。もちろん、紙の本でも書き写したり、記憶を整理しながら推理することはできるが、書き写す場合は従来のゲームブックのように本文に没入しづらい上に時間がかかり、記憶だけを頼りにすると時間が経つと忘れてしまうため短時間で読み進めないという無理がある。

　もちろん、学術系の書籍から重要な部分や参考になる部分を抜粋、引用するというときにも有効であろう。また、自分でスクラップしたものを、SNSにつなげることで読書のソーシャル化を図ることもできるだろう。さらにいえば、先行研究の整理及び保存にも利用でき、違う本との比較、違う著者との比較ということも簡単にできるようになる。

　また、画面に複数の書籍を分けて表示することで何冊もの本を同時に見比べるということも可能になるだろう。大学などで研究をしている人々を見ると、何冊もの書籍を机に広げて違う書籍を横断しながら勉強するということはそう珍しくないことである。しかし、何冊もの本を広げるためには広いスペースが必要になり、いちいち本を広げては閉じるのは意外と手間なものである。だが、パソコンやタブレットに複数の画面を並べるのはスペースも多くとらないし、いちいち画面を閉じなくてもその上に違う画面を表示したり、大きさを調節し分けて表示することもできるので、上のような手間をかなり減少できる。

6. 電子書籍の課題

　このように、電子書籍には多くの可能性が潜んでいるにもかかわらず、多くの人々はその可能性に気付かず、目を向けようとしていないでいる。これもまたペーパーライクに起因することであろう。インタビューで中西秀彦専務は、現在電子書籍が進んでいる理由の一つとして、紙の本が売れなくなり本そのものが読まれなくなったことを取り上げている。要するに、紙の売り上げが減っ

第2節　電子書籍のペーパーライク―なぜ電子書籍は紙の形から離れないのか

ゼミ発表「電子書籍とペーパーライク」

ているから電子書籍に変更しようというわけである。

しかし、このような消極的な理由では電子化を進める必然性は生まれない。すでに述べたように、電子辞書は紙の辞書よりも利用率が高い理由は、単純に紙から電子へ媒体が変わったことだけではなく、それにともなって生まれた新しい機能、使い方、新しい利用法にある。媒体が変わり、普及するとき、そこには必ず人々のニーズに合った新しい変化が生じる。しかし、今の電子書籍にはその変化が見られないのである。

今、電子書籍が抱えるもっとも大きな課題は、電子化をする必要性、必然性を見出すことにあり、そのためにはまず、電子化によって紙ではできなかった何かをできるようにすること、紙とは違う新しい変化を追及する必要がある。もちろん、今の紙の形に慣れた人や、好む人のためにも紙の形の電子書籍を全面的廃止するべきではない。とはいえ、紙の形にとらわれすぎて近視眼的な見方になってしまうと、遠くにあるさまざまな可能性が見えなくなってしまうということに注意すべきであろう。

〈参考文献〉
1. インプレスR&D／インプレスビジネスメディア『電子書籍ビジネス調査報告書2012』、2012年
2. 日本画像学会「電子ペーパー」東京電機大学出版局、2008年
3. 柴野京子『書物の環境論』弘文堂、2012年
4. 尾鍋史彦『紙と印刷の文化録』印刷学会出版部、2012年
5. 菅原孝雄『本の透視図：その過去と未来』国書刊行会、2012年

第3章　ゼミ生がとらえた電子出版ビジネスと図書館

インタビュー

中西印刷専務取締役
中西　秀彦さんを訪ねて

語り手：中西秀彦（中西印刷専務取締役）
聞き手：李桐和(イドンファ)（立命館大学文学部日本文化情報専攻3回生）
（インタビューの文中敬称略）

李　最初に、電子書籍をいくつか読みながら思ったのが、紙の本をそのままPDFにした感じのものが多くて、スマートフォンとかで見るとすごく読みづらいなと思って、せっかく電子化したのに、何で紙と同じものしか作らないのかがすごく気になるんですが、それに関してどのようにお考えなのかお聞きしたいです。

中西　原因は大きく二つがあって、一つ目にPDFは、今までの本を作る方法がそのまま使えるわけですよ。PDFまで作って、あと印刷しないというだけのことなんですね。だから、今までの工程は全く変える必要がないんですよ。

李　なるほど。

中西　なんでもそうですけど、工程を変えるということは大変なんですよ。例えば、ハイブリッドカーと、電気自動車を考えたときに、ハイブリッドカーはものすごい勢いで普及したけど、電気自動車は普及してないじゃないですか。というのは、ハイブリッドカーはガソリンを入れたら動くわけですよ。ところが、電気自動車っていうのはやっぱり電気を供給するシステムそのもの、電気スタンドなどを考えなければならない。今までのシステムを変えようとすると他のものも全部変えなければいけない。

李　確かに、そうですね。

中西　だからPDFというのはものすごく楽で、今までの本の作り方、編集者

の本の作り方など、何もかも全部一致してて、それをそのまま電子データーにして載せるだけでも電子本になっちゃうんですよ。マルチメディアとかなんとかまた新しいもの勉強しなければならないじゃないですか。そんなことしなくても、PDFだと本の作り方と全く変わらないんだと思ったほうがわかりやすいし、やりやすい。一つはそれです。

李　もう一つの原因はなんでしょうか。

中西　今度は読む方の慣れの問題。読む方がやっぱり慣れてるんですよね。例えば、グーテンベルクの『42行聖書』っていうのがありますが、あれは、今の本の形態とはかなり違うんですよ。大きさ、内容、時代も全然違う。なぜかというと、グーテンベルクが活版を発明した当時は、本当に羊皮紙で手書きのものとほとんど寸分違わないものを作っていた。ところが、だいたい50年ぐらい経つと、本独自の進化が始まるんですね。例えば、ページの番号が入ったりとか、柱を入れてくるとか、余白をきちんととるようになるとか。段落分けてピリオド打つとかですね。そういう風な本、活版という新しいメディア形式に応じた新たな本の形態が発明されてくるし、それに慣れてくるんですよ。で、逆に西暦1500年代ぐらいにそれが固まったら後の500年間ほとんど変わってない。

李　そうなんですね。

中西　電子書籍は、前のに引きずられているわけなんですね。マルチメディアとか、リンクとかそういうものは別に書籍である必然性がないじゃないですか。これは、インターネットで十分なんですよ。だからといって、小説とか哲学の長い本を読むのに電子書籍が最適かというと、それは最適じゃないだろう。だから、電子書籍である必然性がないということですよね。ただ、紙の本の方がいいといくらいっても、紙の本を作る人自身がいなくなってしまったらそりゃ電子書籍にならざるを得ないんですよ。そういう意味では、電子書籍が無理矢理に進んでいる。電車の中で見たらみんなスマホしか見てないじゃない。紙の本ってまず読んでない。本が読まれなくなってるということは、本そのものは壊滅してしまう。すると、電子書籍を読まざるを得なくなるだろうと思いますね。

李　中西印刷も学術系の電子書籍を作ってると聞いてますが、学術界はどうなんですか。

中西　学術雑誌をやっててよくわかるのは、先生方は今どうやって論文読んでるかということ。紙の雑誌で読んでる人はあまりいないということは確実にわかりました。PCの上で読んでる人もあまりない。iPadのような端末か、やっぱりスマホですね。だからといって、スマホに最適化したものと、iPadに最適化したもの、タブレットに最適化したもの、PCに最適化したものそれぞれ用意するのはあほらしい。最終的にはリフロー型になるだろうと思います。それで、それぞれが自分の好きな文字で読むようになるだろうと思うんですよね。

李　少し、話が変わりますが、新聞をインターネットで読むということは、かなり以前からあった思います。個人的な考えですけど、新聞記事には一つひとつには固定したレイアウトがないじゃないですか。だから、ネットに載せたときにも新聞記事一つだけを載せるんだったら、固まった形式がないから読みやすいように変えるのが容易だったのかなと思って、本の場合は1ページ何行で、1行何字とかそういうのをやって、大きさとかも固定してて、それをいまさら変えようとしてもうまくいかないのではないかと思いますが、どうでしょうか。

中西　どうでしょうね。出版社の人はすごくこだわるんですよ。余白がどんだけとか、字と字の間隔どれとか、書体は何とか、盛んにこだわるんですよね。でも、全部読む方は関係ないんじゃないんですかね。特に、リフロー型に変わったら全部読む方の環境に左右されるから、そんなところで必死になってもしょうがないっていうふうに思いますよね。

李　作家さんでも、わざとそういうところにこだわる作家さんもいますよね。

中西　漢字の基本は、表意文字じゃないですか。だから、全体の字面とかすごく大事にするじゃないですか。英語の新聞や雑誌なんかは、1ページに字が入らなかったら後ろにまとめてあるんですね。あんなの日本で絶対許さないんですよ。ページ全体の印象ってすごく大事にする。全体で意味をあらわすのに対して、アルファベットとかは完全に日本でもPDFまでは許容するんですよ。ただ、リフロー型はもう本に対する冒涜だぐらいにいうんですよ。

李　気になるのが、よく電子書籍の値段について話しするときに、「印刷のコストがかからないから安くなる」とか、「電子化してサーバーを作る

のにコストがかかるから下げられない」という話があるんですが、実際には、どうなんでしょうか。

中西　それは、正直にね、印刷にかかるコストってあまりかからないんですよ。サーバー作るコストもそんなに変わらないし。一番大きいのはやっぱり編集・校正なんですよ。実際に、印刷機を動かして製本するのはそんなにかからないんですよ。一般の人はよく錯覚するんですよね。印刷代が高いように思い込んでしまうのです。印刷代削るときに、まず紙の質落としてくれっていうんですよね。今の時代は、紙質を落としても、コスト的にはあまり変わらないんですよ。それよりも、安い紙にしたら印刷しにくいし、製本も削れというし、それよりは少々高い紙を使ってした方が全体としては安くなる事もあるんですよ。だから、印刷代が無くなるから安くなるというのは幻想といえますね。

李　なるほど。次の質問ですけど、電子書籍の追加機能に関して、なんか、マーカーやしおりなど、本と同じものしかできないのがすごく多くて、そこらへんで自分で考えたのは、例えば、新聞とかを切ってノートに整理するなど昔よくあったかと思うんですけど、普通の紙の本だったらこのページ切って保存するというようなことはなかなかできないことで、そういうのを電子だったらコピーして新しいページを作って整理してメモしたりとか、あとはソーシャルネットワークとの連携とかよく出ますけど、そういうのもやっぱり電子書籍ならできるんじゃなんですか。

中西　それ、やりたいですけどね。出してくれないんですよ。「火星に人類が本を持っていくか」という企画が、夏ぐらいにやってたんですけど、その時にやったのはウェブページで宇宙と本に関わる話を、それをコピペして、どんどん溜めてたんですよね。これ紙の本でもできればどんなに嬉しいことかと思いましたよ。いわゆる著作権とかDRM（デジタル著作権管理：Digital Rights Management）がついてなくて、そんなのが自由にできれば、どんなに嬉しいことかと使う方は思うのですね。でも、出版社と著者にとっては、これをやられるとたまったもんじゃないという意識が強いんですよね。

李　やっぱり著作権が問題になるんですかね。

中西　著作権というのは、今の本の形態に結びついてるんですよ。本という紙

を売ることによって著作権使用料を取るというシステムが何百年続いたわけですよ。このシステムがそう簡単には変わらないんだけど、もうちょっと他のやり方がなければならないですし、それこそマーカーとかしおりとかが、テキスト改変とかコピペとかね、そこまでいかないと本当は電子のメリットでないんですよ。それをもっと自由にガンガンできればすごい便利だし、学術界はものすごい勢いで進みますよ。

李　　そうですよね。

中西　電子書籍というのは単に手段が変わっただけじゃないわけよ。単に本を読む手段が変わったという風に矮小化させようという風な意見がすごく強いんだけど、電子書籍というのはウェブの文化、著作権の文化、コピペの文化そのあたりも全部含めた超巨大な革命なんですよ。電子にしたことによってこのインターネットの世界とか、電子データをみんなで流通させるという世界がもっと広がっちゃったわけですね。その全体の中で捉えないと、電子書籍は単なる手段だからという風に見ちゃうと、既存のシステムに取り入れられないからダメなんだという話にしかならないんですよ。そうすると、著作権料が取れないからダメなんだと。

李　　革命が起こる、新しいものが作られるということは、それに伴う新しいサービスや新しい利用が生まれるということになりますよね。

中西　新しいものというのは、若者しか見えないんですよ。あのコンピュータっていうものが初めて出たときに、コンピュータを小っちゃくするとみんな考えたわけですよ。で、コンピュータを小っちゃくしてみんなが持ったらどうなるかっていうのは若き日のビル・ゲイツか、スティーブ・ジョブズしか考え付かなかったわけですよ。ちっちゃくしたら、小さな会社で給与計算とかがコンピュータでできるようになるだろうくらいの発想しかなかったんですよね。

李　　そうだったんですか。

中西　そこにスティーブ・ジョブズがこれにゲームとか、表計算ソフトとか、DTPとかね、そういう新しい用途を考え出して、全然違うものに変えちゃったんですよ。で、電子書籍は今、その単なる本のアナロジーの段階。この利用法を根本的に変えて根本的に考えるのは多分若い人のベンチャーからしか出てこないんですよ。スマホはね、スマートフォンとは

第 2 節　電子書籍のペーパーライク—なぜ電子書籍は紙の形から離れないのか

インタビューに応じる中西秀彦氏

　　　だれもいわないんですよ。スマホなんですよもう。あれはもうスマホという新たな媒体に進化しているので。
李　　そうですよね。携帯電話じゃないですよね。
中西　今はケータイはスマホなんですよ。これから20年したら、「あ、そんなことでよかったのか」と思うことが絶対あると思うんですよ。想像もできない、ものすごい使い方されていると思いますよ。スティーブ・ジョブズにしても、ビル・ゲイツにしても、20年前彼らが学生だった頃にはコンピュータでゲームをするなんてことは誰も考えなかったんですよ。
李　　たいへん興味深いお話をありがとうございました。おかげさまで電子書籍について、より詳しく知ることができました。これからもっと多くの可能性について検証していきたいと思います。

第3節

特別支援教育における
デジタル教科書・電子書籍の可能性

高畑　有里
（立命館大学文学部日本文化情報学専攻3回生）

― 概　要 ―

　近年、教育の情報化が進んでおり、これまでのパソコンだけでなく、タブレット端末や電子黒板などを導入し、それらを活用した授業を行う学校が公立・私立ともに増加しつつある。こうした流れの中で、学校教育におけるデジタル教科書や電子書籍も重要な存在といえ、とくに特別支援教育においてはアクセシビリティの点も含めたさまざまなメリットが期待されており、今後、積極的に導入・活用していくべきメディアの一つである。そこで、本稿では特別支援教育の現状を整理し、それらに対してデジタル教科書・電子書籍がどのように有効であるか具体例を挙げながら、児童生徒・教員両者の立場から考察する。

― キーワード ―

　特別支援教育、デジタル教科書、電子書籍、アクセシビリティ、発達障害

1.　序論―定義と位置づけ―

　デジタル教科書や電子書籍と一口に言っても、その形態や種類にはさまざまなものがあるが、ここでは児童生徒1人につき1台ずつ所有することを前提とし、持ち運びの利便性や操作性の点から、タブレット端末で扱うものに限定する。
　また、一般的に「教科書」というと検定教科書のことを指すが、特別支援教育では絵本も含めさまざまな書籍を教材として利用するため、教科書と一般図書の明確な区別はしないものとする。そのため、デジタル教科書と電子書籍に

関しても、それぞれを区別したり、使用目的・方法を個別に言及したりすることもしない。

2. 研究目的

現在、文部科学省や総務省を中心として政府は「教育の情報化」を進めている。児童生徒に対する情報教育と同時に、学校教育における ICT (Information and Communication Technology：情報通信技術) の活用としてデジタル教科書や電子書籍にも注目が集まっている。

電子書籍が読書アクセシビリティの点で障害者にとって有効であることは以前より取り上げられていたこともあり、特別支援教育におけるデジタル教科書・電子書籍の活用は普通教育におけるものと同様、あるいはそれ以上に期待できるものである。本稿では、その可能性と今後の課題を明らかにすることを研究目的とする。

3. 機器の導入状況

文部科学省は毎年、公立の小学校・中学校・高等学校・特別支援学校・中等教育学校を対象として「学校における教育の情報化の実態等に関する調査」を行っている[*1]。次の**表1**はその平成25年度の調査結果をもとに作成したものである。学校種別に見ると、特別支援学校における普及率が最も高いことがわ

表1 公立学校におけるタブレット端末導入状況

学校種	学校数 [校]	児童生徒数 [人]	タブレット端末数 [台]	普及率 [%]
小学校	20,501	6,556,527	40,635	0.6
中学校	9,690	3,255,321	15,038	0.5
高等学校	3,647	2,359,486	11,427	0.5
専門学校など	1,886	1,194,552	6,253	0.5
中等教育学校	29	19,134	87	0.5
特別支援学校	1,010	127,258	5,491	4.3
合　計	34,883	12,317,726	72,678	0.6

注1：「児童生徒数」は平成25年5月1日現在の児童生徒数
注2：「タブレット端末」は普通教室において児童生徒数が使用するために配置された教育用のものに限る。
注3：「専門学校など」とは、専門学校・総合学科単独及び複数学科設置校

[*1] 文部科学省「学校における教育の情報化の実態等に関する調査」
〈http://www.mext.go.jp/b_menu/toukei/chousa01/jouhouka/1259933.htm〉〈引用日：2014-10-14〉

かり、やはり特別支援教育において効果が期待されていると判断できる。しかし、それでもまだ25人中1人が所有している状態に過ぎず、1人1台という目標にはほど遠い。また、そのほかの普及率が1％にも満たない学校の中には特別支援学級が設置されている学校もあることや、障害を持っていても通常学級で授業を受ける児童生徒の存在も考慮しなければならない。

タブレット端末は社会全体における人気の上昇とともに教育現場にも普及しつつあるものの、この調査結果からはとても整備が追いついているとは言い難い状況であると判断できる。

4. 特別支援教育の現状

特別支援教育では、通常の学校や学級で行われる授業とは大きく異なる点が多くみられる。

まず、児童生徒の身体・精神の状態、発達段階は千差万別であることから、教員には個々に合わせた対応が求められる。たとえ同じ種類の障害であってもそれぞれが抱える困難は違っており、一概に同じ授業内容・指導方法を行うことはできない。

次に、教科書はあってないようなものといえる。前述のとおり、特別支援教育では検定教科書以外にもさまざまな書籍を教材として使用するほか、教員の手作り教材を活用することも珍しくない。また明確な教科の区切りがない場合もあり、その時々の目的に応じた教材を使用する。

そして、通常学級に所属する児童生徒も支援の対象である。障害があれば誰もが特別支援学級・学校に所属するというわけではなく、児童生徒や保護者のニーズに合わせて通常学級で授業を受けさせる場合も考えられる。中には、本人・家族が障害のあることに気づいていない、あるいは障害のあることを認めたがらないという、複雑なケースもある。そういった児童生徒も含めて支援を行っていくのが特別支援教育である。

5. これまでの動向

5.1 マルチメディア教科書デイジー

特別支援教育において実際に利用されているものの一つに「マルチメディア教科書デイジー」がある。デイジー（DAISY）とは Digital Accessible

Information System の略で、日本語では「アクセシブルな情報システム」と訳される。視覚障害や発達障害により通常の印刷物を読むことが困難な人々のために、カセットに代わるデジタル録音図書の国際標準規格として開発・維持が行なわれている情報システムである[*2]。

2008年9月17日、「障害のある児童及び生徒のための教科用特定図書等の普及の促進等に関する法律」が施行され、それに伴って「著作権法第33条の2」が改正された。そのため、視覚障害や発達障害などの児童生徒のために拡大教科書のほか、デジタル化された「マルチメディアデイジー教科書」などの製作が可能となった。

「デイジー教科書」では、通常の教科書と同様のテキストを音声読み上げすることができる。また、画像も通常の教科書と同じものを使用しており、テキストのハイライト機能も搭載されている。タブレット端末では専用アプリ「ボイスオブデイジー」により利用することができる。

デイジーは1994年にスウェーデンで特許を取得して以降、さまざまな発展を遂げながらイギリスやアメリカをはじめとした多くの国々で提供されており、現在、日本においても障害者読書支援の主要なシステムとなっている。

5.2 Touch & Read

「Touch & Read」は東京大学先端科学技術研究センターが社会的な問題となっているいじめ・非行の原因の一つとされる学業の遅れに注目し開発した電子書籍端末ソフトであり、大分県、佐伯市および株式会社エデュアスとの産学官連携による実践研究「Decoスクール」内で活用されている[*3]。

主な機能として、テキストの音声読み上げ・ハイライト表示のほか、スワイプ操作によるページめくり、ピンチイン・アウト操作による画面の拡大・縮小ができる。テキストを直接タッチしたり、「ステップ読み」ボタンや「自動読み」ボタンを押したりすることで音声が読み上げられる。また、使用者の操作パターンを記録できる点も特徴の一つである。iPhoneやiPod touchでも利用できる

[*2] エンジョイ・デイジー「DAISYとは」
〈http://www.dinf.ne.jp/doc/daisy/about/index.html〉（引用日：2014-10-19）
[*3] 東京大学「産学官連携による学校教育におけるICT利活用実践研究『Decoスクール』を開始―学力向上を目標に、大分県佐伯市の小学校で10月から実践研究を開始―」
〈http://www.u-tokyo.ac.jp/public/public01_240920_j.html〉（引用日：2014-11-03）

が、タブレット端末で対応しているものは現在 iPad のみである。

しかし、2011年に開発された新しいソフトウェアということもあり、現在導入実験が行われている学校は一部にとどまっている。たとえば「Deco スクール」の対象校は大分県佐伯市立佐伯東小学校および佐伯市立西浦小学校のみである。

実に多様な機能を持ち合わせていることから今後の発展が期待されるが、特別支援教育においてデイジーのように定着していくためには大学や企業の研究開発だけでなく、各自治体・学校が積極的に新しいシステムを取り入れていく姿勢を見せなければならない。

6. デジタル教科書・電子書籍のメリット

6.1 読書アクセシビリティ

障害のある児童生徒にとってのデジタル教科書・電子書籍のメリットといえば、まずは読書アクセシビリティが挙げられる。

視覚障害により小さな文字や画像が見づらい場合、従来は拡大教科書を利用するなどの対応が行われてきたが、デジタル教科書・電子書籍では文字サイズの変更や画像の拡大をその場で行うことができる。さらに、文字や背景の色が変更可能である点は、色覚異常のある場合に有効といえる。

また、「ディスレクシア」という識字障害では、視覚的・知的には何ら問題がなくとも読み書きに困難を抱えることがあり、適切なテキスト表示が求められる。たとえば、縦書きと横書き、行間、フォント、ハイライト表示、分かち書きなど、本人の読みやすい形に変更しなければならない。通常の紙の印刷物とは異なり、デジタルデータではそれらの形式を容易に変えられる。

それに加え、音声読み上げ機能は上記の視覚や識字における障害のように「文字を読むこと」が困難な障害全般に対応できる。

そして読書アクセシビリティとは、何も文字を読むことができるかできないかという問題だけではなく、物理的な問題も含まれる。

タブレット端末で扱うデジタル教科書・電子書籍であれば指先でタッチするだけで操作が可能であるうえに、端末一台で済むため、大きさ・重量・冊数の負担を軽減することができる。したがって、従来の紙のページがめくれない、本そのものが持てないといった肢体不自由の児童生徒にとっても取扱いや持ち

ゼミ発表「特別支援教育におけるデジタル教科書・電子書籍の可能性」

運びがしやすいものとなっている。

6.2 マルチメディア性の活用

　二つ目のメリットとして、マルチメディア性が挙げられる。従来の紙の印刷物の場合、文字以外には写真や図表しか掲載できなかったが、デジタル教科書・電子書籍では音声や動画などもコンテンツに加えることができる。

　音声読み上げ機能は前述の通り、視覚障害や色覚異常、ディスレクシアによって文字を読むことが困難である場合に活用できる。

　さらに音声に映像も加わった動画を活用すれば、在宅・入院中の児童生徒や車椅子などの移動困難者など実際には実験や実習の行えない者も、その様子をデジタル教科書・電子書籍上で見ることで疑似体験が可能である。そのほかにも、動画を用いた解説は一部の障害には非常に効果的である。たとえば自閉症は、言葉による解説よりも映像などを用いて視覚的に訴えるものの方が理解しやすい。そこで実験・実習の作業工程や漢字の書き順をアニメーションで見せるなどすれば、より効率的に学習を進めることができる。

6.3 発達段階に応じた利用

　従来の特別支援教育では、児童生徒の発達段階に合わせて個別に教材を用意していた。文字を読む際、通常の漢字交じりの文章が読める場合、仮名のみ読める場合、ルビがあれば漢字も読める場合など、さまざまなケースが考えられ

る。それぞれの発達段階ごとに漢字と仮名、ルビの有無の切り替えができることで別途仮名のみのテキストを用意したり、漢字の読み仮名を振ったりする必要がなく、スムーズに学習を進めることができる。

　前項では自閉症の例を取り上げ、映像などの視覚情報が有効であると述べたが、一方で障害の特性によっては必要以上の情報は児童生徒の集中を阻害するおそれもある。たとえば、一つのイラストにこだわってしまって他の情報が頭に入らなくなる、教科書のページがカラフルすぎて混乱するといったケースである。こうした児童生徒には図表・イラストを非表示にしたり、白黒表示に変更したりしなければならない。

6.4　選書・購入の効率化

　児童生徒だけでなく、彼らを指導する教員の立場からのメリットとしては選書や購入の効率化が図れる点が挙げられる。

　検定教科書に限らず、その他の一般図書や絵本、時には手作りの教材も使用する特別支援教育では、それらを選んだり購入・製作したりする作業に非常に負担がかかる。なぜならば、通常の教科書や副教材よりも膨大な選択肢の中から一人ひとりの児童生徒に合ったものを見つけなければならないからである。

　選書の際、実際に活用できるかどうかは現物を手に取り、内容を教員が直接確認しなければならない。また、一冊すべてではなく、特定の章やページのみを使用する場合もある。つまり、教科ごとに指定されている教科書を一冊ずつ買えばよいという単純なものではないのである。

　電子書籍や電子ジャーナルなどに見られる立ち読み・プレビュー機能や章ごとの購入は、そういった問題を解決する可能性を持っている。

　これまで、紙の本であれば教員自らが書店に赴き現物を手に取るか、出版社や取次などから見本を取り寄せて内容を確認する必要があったが、インターネット経由でそれが可能となれば、職員室の自分の机からでも選書を行い、場合によってはそのまま購入することができる。ただし、それらの多くは冒頭部分や一部のページしか公開されておらず、一冊分の内容全体を把握するのは難しいのが現状である。

　それと同時に、特定の章あるいはページごとに購入が可能であれば、紙の本のように丸々一冊購入する必要はなく、必要な箇所のみを入手できる。

したがって、従来の紙の本では不可能であった電子特有の機能を活用することで、効率よく本の内容を確認したうえで必要な箇所のみの購入ができるのである。

　特別支援教育において、「附則第9条図書」と呼ばれるものがある。学校教育法附則第9条には「高等学校、中等教育学校の後期課程及び特別支援学校並びに特別支援学級においては、当分の間、第三十四条第一項（第四十九条、第六十二条、第七十条第一項及び第八十二条において準用する場合を含む。）の規定にかかわらず、文部科学大臣の定めるところにより、第三十四条第一項に規定する教科用図書以外の教科用図書を使用することができる。」[*4]とあり、特別支援教育では検定教科書・文部科学省著作教科書以外の教科書や一般図書を使用することが許可されている。

　文部科学省も一つの目安として「附則第9条図書」の選出を行っている。しかしそれはあくまで「一般図書一覧」として発行され、書名や著者名などは記載されているものの、詳細な内容については把握することができない。自治体によっては教育委員会が独自に内容評価を行っているケースもみられるが、最終的に現場の教員はそれを参考にしつつも現物を自分で確認する必要がある。

　インターネットを介して本の内容を確認し購入するプロセスを、政府が選出する「附則第9条図書」にも導入し、現場の教員にとってより活用しやすいものにすることが望ましい。そのためには、政府と各自治体の教育委員会、学校が連携し、システムを確立していかなければならない。

7. 結　論

　特別支援教育においてデジタル教科書・電子書籍を活用することにより、アクセシビリティやコンテンツの面で一人ひとりに合った教材が利用でき、児童生徒の学習・読書活動が向上する。また、通常学級においてほかの生徒と同様に授業が受けられることも期待できる。

　新しい刺激に触れることは児童生徒の関心の幅を広げ、心の成長を助ける。さらに、自力で可能な活動の種類が増えることで自尊心・自主性が保たれる。

---

*4　e-Gov「学校教育法」
　　〈http://law.e-gov.go.jp/htmldata/S22/S22HO026.html〉（引用日：2014-10-25）

とくに対象の児童生徒が思春期を迎え、自我が強くなる時期にある場合は非常に重要な点である。

　加えて教員にとっては選書の効率化が図れることで業務負担が軽減され、必要な個所のみの購入で済むため教材費の削減も期待できる。

8. 今後の課題

　特別支援教育においてデジタル教科書・電子書籍が持っている可能性は、十分期待に値するものであるが、実現に向けて解決しなければならない課題も残されている。

　まず、児童生徒に対するタブレット端末の普及である。政府は「教育の情報化ビジョン」の中で2020年までに児童生徒1人につき情報端末を1台支給することを目標に掲げているものの[*5]、現段階ではタブレット端末の普及率が100％となるにはまだほど遠い。

　端末の普及と同時に、学校全体におけるネット環境の整備も進めていかなければならない。タブレット端末が支給されたのはよいが、いざ利用しようという際にネットにつながらず、アプリや書籍がダウンロードできないとなればまったくもって無意味な結果となってしまう。コンピュータ室あるいは情報処理室、職員室だけでなく、普通教室でもWi-Fiを含む無線LANなどが利用可能となる必要がある。

　そして特別支援教育での利用を前提としたソフトウェアの開発・改善が急がれる。理想としては本稿で例に挙げた機能すべてに対応し、あらゆる障害を持った児童生徒のニーズに即座に応えられることが望ましいが、それは技術やコストの面でほぼ不可能であろう。対象の児童生徒が求める機能に特化したものを利用するほか、パソコンなどでデータ形式を編集することも、ある程度は想定しなければならない。

　また、そうした技術面の改善と同時に学校教育法や著作権法などの法制度、手続きなどの事務的側面も改変し、デジタル教科書・電子書籍を特別支援教育でより利用しやすいものにしていかなければならない。これまでの法改正によ

＊5　文部科学省「『教育の情報化ビジョン』の公表について」
　　〈http://www.mext.go.jp/b_menu/houdou/23/04/1305484.htm〉〈引用日：2014-10-28〉

り拡大教科書の作成や教科書デジタルデータの提供が可能となってきたが、例に挙げたような立ち読み・プレビュー機能を活用しようと考えると、一冊すべての内容を確認するには著作権問題は避けられない。特別支援教育における利用に限定して全文公開できる特例を設けるなど、なにかしらの方法で折り合いをつけなければならない。加えてデイジーなどのデジタル教科書の製作はボランティア団体によるところが多く、今後はより政府が主体となって取り組むべきである。

　しばしば障害、とりわけ発達障害などを抱える子どもが最新の電子機器を扱うことに対して懐疑的な目が向けられることがあるが、彼らはさまざまな電子機器に囲まれて成長してきたデジタル世代であり、扱いに慣れているものも多い。しかもタブレット端末に関してはパソコンよりも直感的に操作できるため、さほど高度な技術は求められない。むしろ、自分から積極的に触れようとする者もいるほどである。

　しかし、タブレット端末でアプリや電子書籍をダウンロードする際は、IDやパスワードなどのアカウント情報の入力が必要となる。たとえば、iPadではApple IDとパスワードを入力しなければならない。児童生徒の自由な読書・学習活動のためには、それらの個人情報を本人に管理させるのが最善ではあるものの、知的発達段階によってはそれが困難な場合も考えられる。そういった場合には保護者に任せるか学校側が管理するか、慎重に判断するしかない。

　このようにまだまだ改善の余地はあるものの、デジタル教科書や電子書籍は今後より一層教育現場に浸透し、学習・生活面でさまざまな困難を抱える子どもたちの手助けとなるに違いない。

第4節

小・中学校における
タブレット型端末を用いた読書活動

尾崎　理奈

（立命館大学文学部日本文化情報学専攻3回生）

概　要

　iPadが2010年に発売されて以降、タブレット型端末は急速に人々の生活に浸透していった。そしてついに小・中学校でも用いられるようになり、ICT教育は大きく進歩した。

　しかし教育現場では、タブレット型端末を使って授業を行うので精一杯であり、読書活動で活用している小・中学校はほとんどない。小・中学校におけるタブレット型端末導入数は年々増加傾向にあることから、今後タブレット型端末を導入する学校が増えていくだろう。そしてそれに従って、読書活動にタブレット型端末を用いる機会も増えることが予想される。

　本稿では、小・中学校におけるタブレット型端末利用と読書活動の現状を整理した上で、タブレット型端末を用いた読書活動の方法について考察した。

　また、学校内での取組みだけでなく、学校を取り巻く環境での読書教育やタブレット型端末を用いた読書活動の意義についても論じる。

キーワード

　タブレット型端末、読書活動、電子書籍、小・中学校、学校教育

1.　序論
1.1　研究目的・手法

　近年、小・中学校にタブレット型端末が導入されているのに対し、その端末

を有効活用した読書活動はあまり行われていない。タブレット型端末を取り入れた学習はまだまだ手探りの状態であり、読書活動にまで行き届いていないのが現状である。

よって「読書活動におけるタブレット型端末活用の考察」を目的とし、学校で行われている読書活動とタブレット型端末利用の現状を調査する。

1.2 研究対象・定義づけ

電子書籍を読む際は、タブレット型端末以外にもデスクトップパソコンや電子書籍リーダーなどさまざまな媒体が存在するが、学校内外問わず持ち運びができるタブレット型端末での読書活動について調査する。また、研究対象は小・中学校とする。

なお本稿は、以下の3つの用語に関して定義づけをした上で進めていく。
① タブレット型端末：液晶ディスプレイなどの表示部分にタッチパネルを搭載し、指で操作する板状の持ち運び可能な端末。タブレットPCやタブレット端末も含むものとする。
② 小・中学校：公立・私立を含む小学校と中学校。高等学校教育課程も含まれている中等教育学校やさまざまな年齢の児童・生徒が集まる特別支援学校は除外する。また、これらの学校に通う子どもは児童・生徒と称する。
③ 読書活動：本を読む活動及び児童・生徒に本を読んでもらうための活動。

2. 学校教育におけるタブレット型端末の位置づけ

2.1 タブレット型端末とは

タブレット型端末・タブレットPC・タブレット端末の違いはタブレット型情報端末製品の多様化にともない、曖昧になってきている。それぞれの用語について調べてみると、表1のようになった。

このことからタブレットPCという言葉は2000年11月に米マイクロソフト社が発表したタブレットPC構想から誕生したといえる。そしてその後、2002年にマイクロソフト社が「Windows XP Tablet PC Edition [*1]」を発表し、東芝や富士通などのパソコンメーカーがこれを搭載したパソコンを発売したこ

[*1] Windows XPにペン入力パソコンに必要な機能を組み込んだエディション。

表1　タブレット情報端末製品の意味の違い

タブレット PC
◇ Microsoft が規定したモバイル PC の製品群の総称。（BINARY　IT 用語辞典） ◇ 2000 年に米国マイクロソフト社が提唱したタブレットパソコンの規格。または、同規格に基づく一連のパソコンの総称。（デジタル大辞泉） ◇ 液晶ディスプレイを持ち運び可能にしたような薄型の、ペン入力式携帯コンピュータ。（IT 用語辞典　e-Words）
タブレット端末
◇ コンピュータ製品の分類の一つで、板状の筐体の片面が触れて操作できる液晶画面（タッチパネル）になっており、ほとんどの操作を画面に指を触れて行うタイプの製品のこと。また、とくに、そのような製品のうち、スマートフォンと共通の OS やアプリケーションソフトを使用する製品のこと。パソコンと共通の OS などを用いる製品は「タブレット PC」と呼ぶ場合がある。（IT 用語辞典　e-Words）
タブレット型端末
◇ タブレット型端末とは、PC やモバイル端末のうち、タッチインターフェースを搭載した液晶ディスプレイを主な入出力インターフェースとする、板状の、持ち運び可能なコンピュータの総称である。（BINARY　IT 用語辞典） ◇ 液晶ディスプレイなどの表示部分にタッチパネルを搭載し、指で操作する携帯情報端末の総称。（デジタル大辞泉）

出典：BINARY　IT 用語辞典：〈http://www.sophia-it.com/〉（引用日：2014-11-12）
　　　IT 用語辞典 e-Words：〈http://e-words.jp/〉（引用日：2014-11-12）
　　　デジタル大辞泉：〈http://kotobank.jp/〉（引用日：2014-11-12）

とによって、そのパソコンがタブレット PC に分類されるようになった。

　一方でタブレット端末という言葉が周知されたのは 2010 年に iPad が発売されてからであり、タブレット PC がタブレット型のパソコンであるのに対し、タブレット端末はスマートフォンが大型化されたものとして使い分けられている。

　そしてタブレット型端末の意味は、「タブレット型の端末としてタブレット PC とタブレット端末の両方を示す場合」と「タブレット端末と同意義として扱われる場合」の 2 通り存在する。この言葉がタブレット PC とタブレット端末の境界線を曖昧にしているのである。

　スマートフォンを大型化したものは、タブレット端末とも称されているため、タブレット型端末はタブレット型の情報端末ととらえるべきである。よって、タブレット型端末はタブレット PC やタブレット端末を含むタブレット型の情報端末のことを指すと考える。

2.2 学校にタブレット型端末が導入されるようになった経緯

　日本にタブレット型端末が普及し始めたのは、"タブレット端末元年"と呼ばれる2010年のことである。2010年にApple社がiPadを発売したことにより、タブレット型端末は注目を浴びた。iPadの人気は、2010年のタブレット型端末国内出荷台数80万台のうち、88％をiPadが占めていたことからよくわかる。その後iPad以外にもマイクロソフト社のsurfaceやソニーのxperiaなど各社からさまざまなタブレット型端末が発売された。iPadの人気に加えてタブレット型端末の種類も豊富になったことから、タブレット型端末の国内出荷台数は2010年以降年々増加している（**図1**参照）。

　2014年には日本のタブレット型端末市場は、2010年の約10倍となる800万台規模になるという予測が出ているほど、タブレット型端末は急速に人々の生活に浸透している。

　日本でのタブレット型端末の普及に従って、タブレット型端末は教育現場においても注目されるようになった。そして2011年4月28日に文部科学省は、教育の情報化に関する総合的な推進方策である「教育の情報化ビジョン〜21世紀にふさわしい学びと学校の創造を目指して〜」を公示した。この「教育の

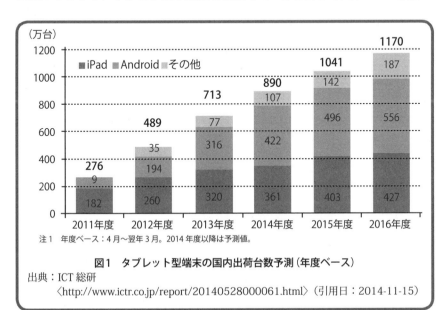

注1　年度ベース：4月〜翌年3月。2014年度以降は予測値。

図1　タブレット型端末の国内出荷台数予測（年度ベース）
出典：ICT総研
　　　〈http://www.ictr.co.jp/report/20140528000061.html〉（引用日：2014-11-15）

情報化ビジョン」の中で、2020年までに小・中学校の児童・生徒1人1人に情報端末を整備するという目標が掲げられていた。

　これにより、情報端末の一種であるタブレット型端末が教育現場で意識され始めた。また同ビジョンに基づき、2011年度から2013年度まで総務省の「フューチャースクール推進事業」と連携の下、「学びのイノベーション事業」が実施された。学びのイノベーション事業とは、1人1台の情報端末や電子黒板、無線LAN等が整備された環境の下で、教科書指導や特別教育においてICTを効果的に活用して、子どもたちが主体的に学習する「新たな学び」を創造する実証研究[*2]のことである。

　この事業により、実証校（小学校10校、中学校8校、特別支援学校2校）には全児童・生徒に1人1台のタブレットPCが整備された。2013年度の事業終了後のアンケートでは、小、中学校共に学習意欲について高い評価が得られ、タブレットPC導入による学習意欲の向上が証明された。

2.3　タブレット型端末導入の現状

　タブレット型端末を導入している学校は年々増加している。それによって2011年度より、文部科学省「学校における教育情報化の実態等に関する統計調査」の項目に、小・中学校（公立）に設置されているタブレット型端末の台数が追加された。

　図2は「小・中学校に導入されているタブレット型端末の台数」のグラフである。これによると2011年度以降、学校におけるタブレット型端末導入数は年々増加していることがわかる。東京都荒川区と佐賀県武雄市では、2014年度4月より市内小中学校の全児童にタブレット型端末が導入されており、このままタブレット型端末を用いた教育が浸透すれば、1人1台所持する日はそう遠くないだろうと考える。

3.　タブレット型端末を用いた教育

3.1　佐賀県武雄市での取組み

　2013年5月9日に武雄市ICT教育推進協議会は樋渡啓祐武雄市長に対し、

[*2]　文部科学省　学びのイノベーション事業実証研究報告書 p.4
　　〈http://jouhouka.mext.go.jp/school/pdf/manabi_no_innovation_report.pdf〉（引用日：2014-11-05）

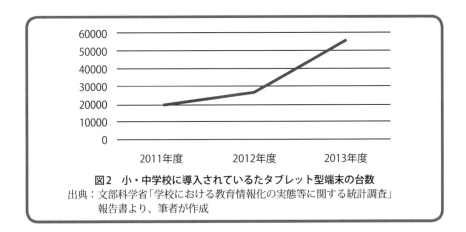

図2 小・中学校に導入されているタブレット型端末の台数
出典：文部科学省「学校における教育情報化の実態等に関する統計調査」
報告書より、筆者が作成

　武雄市立小中学校の児童生徒に整備するタブレットPCについて「小中学校全学年の全児童生徒（約4000名）全員に配布することが望ましい」と答申した。これにより、武雄市では2014年4月からタブレット型端末「KEIAN M716-PS」を市内の全小学生に貸与している。タブレット型端末活用の現状と今後のタブレット端末を用いた読書活動の展望について、2014年7月31日に古賀龍一郎氏（武雄市役所教育部スマイル学習課課長）にインタビュー調査を行った。

　武雄市での学校におけるタブレット型端末の位置づけとして、古賀氏は「武雄市では、タブレット型端末は授業のメインではなく、授業を支えるツールの一つだと考えている」と述べていた。まだ事例の少ないタブレット型端末をいきなり授業のメインとして用いるのはリスクが高く、ツールから試行錯誤を重ねて徐々にメインへと切り替えていく予定である。

　タブレット型端末の活用法として、武雄市は小学校3年生から6年生の算数と小学校4年生から6年生の理科を対象に、反転授業という形をとっている。反転授業とは、授業と宿題の役割を「反転」させ、授業動画を見ることを「宿題」とし、知識確認や問題解決学習を「授業」で行う授業形態のことである。

　タブレット型端末を用いた読書活動に関しては、武雄市図書館に「武雄市MY図書館」という電子図書貸出しアプリがあるため、技術的にそのアプリを活用した読書は可能である。しかし、武雄市の小学校ではタブレット型端末はツールのひとつであり、現段階ではタブレット型端末を用いての読書活動について考えてはいないという。

今後、武雄市の小学校がタブレット型端末で「武雄市MY図書館」の電子図書を利用するようになれば、タブレット型端末を用いた新たな読書活動の形になるのではないかと考える。

3.2　立命館守山中学校での取組み

　立命館守山中学校では、2014年度中学1年生は全員iPadを購入し、7月よりアダプティブラーニング（適応学習）の実践を行っている[*3]。武雄市とは異なる形でタブレット型端末を使用している学校の現状を知るため、立命館守山中学校に2014年10月23日、インタビュー調査を行った。

　インタビューに対応した木村慶太氏（立命館守山中学校・高等学校中学教務部長ICT推進室長）は数あるタブレット型端末の中からiPadを選んだ理由として、「タブレットとしての充実度、アプリケーションの数、教育分野での活用事例（米国）などを見ると、圧倒的にiPadが進んでいたから」と述べていた[*4]。

　学習にはロイロノートに加えて、立命館守山中学校・高等学校と株式会社電通国際情報サービス（ISID）が共同開発したRICS（Ritsumeikan Intelligent Cyber Space）というプラットホームを使用している（**図3**参照）。

　学校現場において、SNSとアダプティブラーニングを用いたICT環境を教育プログラムに取り入れる試みは、全国でも初めての例である。動画を入れられない・復習問題に終わりがない（RICS内の練習問題を解くと、正答数に応じて次の問題を提示してくれるが、その提示に終わりがない）などの課題は残るが、生徒1人1人が自分のペースに合わせて学習できるため、このシステムを読書活動にあてはめれば、自分にあった本を調べるシステムを作ることも可能ではないかと考える。

4.　学校での読書活動の現状

4.1　学校内での読書活動

　学校での読書活動において、最もポピュラーな取組みの一つに「朝の読書」

---

*3　RICSの概要
　　〈http://www.ritsumei.ac.jp/mrc/education/rics/index.html/〉（引用日：2014-10-27）

*4　日経コンピュータDigital　2014年5月16日　SNSで生徒ごとに最適な問題を提示、立命館守山とISIDが「適応学習」
　　〈http://itpro.nikkeibp.co.jp/article/NCD/20140516/557308/〉（引用日：2014-10-27）

第4節　小・中学校におけるタブレット型端末を用いた読書活動

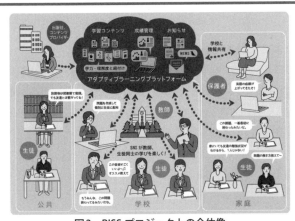

図3　RISSプロジェクトの全体像
出典：電通国際情報サービス（ISID）提供

が挙げられる。「朝の読書」は1988年に船橋学園女子高校（現・東葉高校）の林公・塚笑子両教諭によって提唱・実践された。「みんなでやる、毎日やる、好きな本でよい、ただ読むだけ」というシンプルな活動であることから、全国に広まり、現在では約80%の学校が取り組んでいる[*5]。

　しかし、「朝の読書」は本に親しませることがメインであるため、読書の幅を広げ、読書の質を高める活動もあわせて行う必要がある。そのため各学校はさまざまな工夫を凝らしている。例えば香川県善通寺市の小学校では、児童の読書量を増やすために「エベレスト読書」という活動を行っている。この活動は1ページを1mとして、エベレストの高さにちなんで8848ページ分本を読むことを目標に掲げたものである。

　また愛知県岡崎市立根石小学校では、読書と児童・人と人（児童と担任、児童同士）とのふれあいのために、担任による読み聞かせを行っている。1日20分を読み聞かせの時間に充てており、読み聞かせを通して児童と担任の継続的な心のふれあいを心がけている。

　このように学校内では、「読書のきっかけになる活動」と「発展的な読書をう

[*5] 朝の読書推進協議会推奨ホームページ　「平成26年12月8日現在　朝の読書推進協議会調べ　朝の読書全国都道府県別実施校数」
〈http://www.mediapal.co.jp/asadoku/data/261208.html〉（引用日：2014-12-13）

ながす活動」に力を入れており、その工夫の仕方は学校によって異なっている。

4.2 学校図書館での読書活動

学校図書館での読書活動は、学校司書の有無によって大きく左右される。学校図書館の運営が仕事である学校司書は、学校図書館の活性化を意識し、パネルシアターや紙芝居・ブックリストの作成などさまざまな読書活動を行っている。

このように学校司書の配置は学校図書館に大きな影響を与えている。例えば北海道石狩市立南小学校の図書室では、学校司書着任後、本の貸出し冊数が増加し、2013年度の貸出し冊数は延べ3万5000冊に上った。これは着任前の2010年度より5倍増加した数であり、学校司書の働きは児童・生徒に大きな影響を与えているといえる。

近年、学校司書の存在は重要視されるようになり学校図書館法（昭和28年法律第185号）の一部を改正する法律案が、2014年6月20日に参議院本会議で可決・成立した。これにより、第6条を第7条とし、第5条の次に新たに以下の1条（**表2**）が加えられた。

表2　学校図書館法(昭和28年法律第185号)の一部を改正

第六条
　学校には、前条第一項の司書教諭のほか、学校図書館の運営の改善及び向上を図り、児童又は生徒及び教員による学校図書館の利用の一層の促進に資するため、専ら学校図書館の職務に従事する職員（次項において「学校司書」という。）を置くよう努めなければならない。
　2　国及び地方公共団体は、学校司書の資質の向上を図るため、研修の実施その他の必要な措置を講ずるよう努めなければならない。
　附　則
（施行期日）
1　この法律は、平成二十七年四月一日から施行する。
（検討）
2　国は、学校司書（この法律による改正後の学校図書館法（以下この項において「新法」という。）第六条第一項に規定する学校司書をいう。以下この項において同じ。）の職務の内容が専門的知識及び技能を必要とするものであることに鑑み、この法律の施行後速やかに、新法の施行の状況等を勘案し、学校司書としての資格の在り方、その養成の在り方等について検討を行い、その結果に基づいて必要な措置を講ずるものとする。

出典：衆議院
　　　〈http://www.shugiin.go.jp/internet/itdb_gian.nsf/html/gian/honbun/houan/g18601033.htm〉
　　　（引用日：2014-12-03）

第4節　小・中学校におけるタブレット型端末を用いた読書活動

ゼミ発表「小・中学校におけるタブレット型端末を用いた読書活動」

　各学校への学校司書の配置が努力義務として定められたことにより、2015年以降の学校図書館は、さらに活性化していくと考えられる。

4.3　タブレット型端末を用いた読書活動

　タブレット型端末を用いた読書活動は、まだ普及していない。しかし、実証実験や読書体験として取り組んでいる学校は存在する。

　例えば香川県小豆島町立安田小学校では、朝の読書の時間に紙の本だけでなく、学校が購入した電子書籍での読書も可能になっている。また、札幌市立福住小学校では、電子書籍「広報さっぽろ」を用いて調べ学習を行ったところ、電子書籍が使いやすいと答えた児童は全体の90%にものぼった。

　このように、タブレット型端末を用いた読書活動は、各地で始まっている。現状では、紙の本で行っていた読書活動をタブレット型端末で行うだけだが、タブレット型端末だからこそできる読書活動が誕生すれば、今後さらに読書の幅は広がるであろう。

5.　学校を取り巻く読書環境

5.1　武雄市図書館の読書教育

　公共図書館では、児童・生徒に対してどのような読書サービスを行っているのか調査するため、2014年7月31日、杉原豊秋館長（武雄市図書館館長）と髙橋聡氏（カルチュア・コンビニエンス・クラブ株式会社図書館カンパニー

カンパニー長)にインタビュー調査を行った。

　武雄市図書館は幼い頃から図書館に親しめる環境づくりを心がけているため、児童・生徒に対する講座・イベントが盛んに行われている。自由参加型のイベントには読み聞かせや作家が来館するブックフェアなどが行われており、申込制の講座には、子ども読書会や図書館子ども講座・子ども司書講座などが開催されている。

　また、本棚には蔵書検索用のiPadが設置されており、タブレット型端末に触れる機会がある。それだけではなく、インターネット利用のために借りられるiPadも用意されており、図書館に行けば自然にタブレット型端末の使い方が身につくようになっている。

　ほかにも電子図書貸出しアプリ「武雄市MY図書館」から電子書籍を借りることができるため、タブレット型端末の活用や電子書籍を用いた読書活動はほかの図書館に比べて活発に行われている。しかし、児童・生徒に対しては武雄市MY図書館のPRを積極的に行っていない。なぜならば、武雄市MY図書館の電子書籍は郷土史や武雄市の広報などが多く、児童・生徒が読めるような本はまだ整備されていないからである。今後、武雄市MY図書館の蔵書が充実するにつれて、武雄市MY図書館を利用する児童・生徒の数も増加していくのではないかと考えられる。

5.2　企業と学校図書館の連携

　現在公共図書館で電子書籍貸出しサービスは導入され始めている。株式会社図書館流通センターの電子図書館「TRC-DL」は2014年10月の時点ですでに24館もの公共図書館に導入されている。

　その電子図書館を公共図書館だけでなく、学校図書館にも取り入れようとしている企業がある。そのうちの1つが「株式会社日本電子図書館サービス(略称:JDLS)」である。JDLSは学校・公立図書館向けの電子図書館システムのサービス提供のために、講談社・KADOKAWA・紀伊國屋書店の3社が設立した合弁会社である。JDLSは、2015年度からの電子図書館システムのサービス提供に備え、2014年10月14日より山中湖情報創造館にて実証実験を行っている(2015年3月31日終了予定)。このサービスが成功すれば、学校図書館での電子書籍貸出しサービスの可能性は大きく広がるだろう。

学校図書館に電子図書館が取り入れられることによって得られる最大のメリットは、いつでもどこででも学校の本が読めるということだ。学校に通えない不登校児や入院している児童・生徒にとっては、電子書籍が娯楽や教科書の役割を果たすに違いない。また電子書籍は紛失や汚損、本の延滞がないため、図書館司書の修理業務や督促業務の負担をなくすことができる。

6. 考　察

すでにタブレット型端末で電子書籍を読むことは実現されており、学校図書館のための電子書籍貸出サービスや電子図書館なども誕生しているため、システム的に学校でタブレット型端末を用いて読書活動を行うことは可能である。

タブレット型端末を用いて読書活動を行うにあたり、ポイントとなってくるのは費用が確保できるかどうかである。電子書籍に詳しい学校司書の配置や電子図書館の整備にかかる費用を確保できれば、学校でタブレット型端末を用いて読書活動をすることは容易である。

タブレット型端末を用いた読書活動は、児童・生徒の荷物の重さ負担の軽減につながる。小学校低学年のための児童書は文字が大きいため、本のサイズが分厚かったり大きかったりする場合がある。教科書にプラスして本を持ち歩くのは小さい体の負担となるが、タブレット型端末であれば、何冊本を持ち歩いても重さは変わらないため、登下校時の児童・生徒の荷物の負担を軽減できる。

また、学校図書館の開館時間外でも本の貸出し・返却ができるため、部活動などで図書館へ来館する時間がない児童・生徒や不登校児童に対する読書機会の提供も可能となる。武雄市図書館でのインタビューの際、杉原豊秋館長も中・高校生は忙しくて本を読む機会がないと述べていた。しかし、タブレット型端末で本の貸出し・返却ができれば、図書館へ行かずとも、図書館の本を読むことができる。

一方で健康の問題などの不安も残る。タブレット型端末での読書となると長時間画面を見続けなければならない。これにより、頭痛や視力低下など健康に関する被害が現れるだろう。児童・生徒の健康を考えるとタブレット型端末を用いての長時間に及ぶ読書は望ましくない。これをふまえて考えると、タブレット型端末を用いての読書は、朝の読書や授業の一部などで短時間活用することが望ましいといえる。

7. 結　論

　小・中学校においてタブレット型端末の導入数は年々増加しており、今後も増加していくことが予想される。今は電子教科書や副教材として扱われることが多いが、今後電子図書館や電子書籍が普及すれば、将来的にタブレット型端末での読書活動も普及すると考えた。

〈参考文献（図書・雑誌）〉
1. 『ニュースの索引』48巻8号、2014年8月25日「読書推進　学びを広げる学校図書館」p.46-47
2. 五十嵐絹子『夢を追い続けた学校司書の四十年〜図書館活用教育の可能性に挑む〜』国土社、2006.7
3. 笠原良郎・編著『シリーズ　いま、学校図書館のやるべきこと4　読書の楽しさを伝えよう　知と心を育てる読書の教育』ポプラ社、2005.3
4. 澤利政『学びを豊かにする学校図書館』関西学院大学出版会、2004.2
5. 塩見昇・編著『教育を変える学校図書館』風間書房、2006.12
6. 第34回全国学校図書館研究大会（びわこ・くさつ大会）事務局・編『今日の学校図書館びわこ・くさつ』第34回全国学校図書館研究大会（びわこ・くさつ大会）事務局、2004.12
7. 増田信一・編著『21世紀型授業づくり122　豊かな人間性を育てる読書活動と図書館の活用』明治図書館出版、2006.11

第4節　小・中学校におけるタブレット型端末を用いた読書活動

インタビュー

佐賀県・武雄市図書館館長
杉原　豊秋さんを訪ねて

武雄市図書館インタビュー　インタビュー日：2014年7月31日
語り手：杉原豊秋氏（武雄市図書館館長）
　　　　　高橋聡氏（カルチュア・コンビニエンス・クラブ株式会社図書館カンパニーカンパニー長）
　　　　　（紙面の都合により、高橋聡氏の概要プレゼンは割愛させていただきます）
聞き手：尾崎理奈（立命館大学文学部日本文化情報学専攻3回生）
（インタビューの文中敬称略）

尾崎　現在、小・中学校でのタブレット型端末を用いた読書活動について調査しており、その過程で今年から武雄市の小学校の全児童に1台ずつタブレット端末が導入されたことを知りました。そして武雄市図書館では、小学校やその児童に対してどのような読書活動を行っているのか興味を持ち、本日訪問させていただきました。まずは具体的に小・中学生のためにどのようなイベントを図書館で行っているのか教えていただけますか？

杉原　イベントは、一言で説明できないほどたくさん行っています。中・高校生向けのイベントはまだまだできておらず、そこは課題となっていますが、幼児から小学生までのイベントはたくさん開催しています。まず、講座は小学生対象に読書感想文の書き方と読書感想画の書き方を教える図書館子ども講座というのを開講しています。それから、子ども読書会というのも行っています。これは年10回の活動で、図書館の見学や紙芝居づくり、市内の歴史探訪などの調べ学習もしています。

尾崎　面白そうな活動ですね。図書館のイベントだといろんな学校の子どもが集まるので、他校と交流できる点がよいと思います。

杉原　そうですね。他校の友達ができるというのはよいことだと思います。ま

た9月から12月の土曜日に子ども司書講座も開講しています。これは主に本の貸出し・返却やレファレンスなどのカウンター業務が体験できます。講座では、子どもが地域の方々と関われる機会を大切にしています。普段は学校と家庭などのいつも限られた人としか接しない子どもたちが、講座に参加してカウンターの仕事をすることによって、地域の方々と交流ができることは貴重な経験になると思っています。

尾崎　では、これらの講座に参加する前と後で子どもたちに何か変化はありましたか？

杉原　講座に参加した子どもたちは、学校図書館のリーダーになって、友だちを連れて自分たちの学校の図書室の仕事を積極的に手伝いに行くようになりました。また、子どもたちが土日の空いたときに武雄市図書館に来てボランティアをしてくれることもあります。

尾崎　本だけでなく、図書館も子どもたちは好きになってくれているようですね。

杉原　そうですね。あとは講座だけでなく、イベントも開催しています。毎週土曜日の午後は幼児から小学校低学年対象の読み聞かせをしています。これは主に市内の読み聞かせボランティア団体の活動の場所となっています。読み聞かせの部屋は、昔は定員15名でしたが、指定管理者制度を導入してから部屋をオープンな形に変えたので、これまで部屋に入れなかった父親も参加できるようになりました。父親の参加が見られるとオープンにしてよかったと思います。参加者も増え、多いときでは70名ほど参加してくれます。

尾崎　土曜日は、子ども司書講座や読み聞かせなどたくさんイベントがあり、とくに人が多く集まりそうですね。

杉原　そうですね。土日は来館者数が多いです。さらに今年から、図書館司書が赤ちゃん向けの絵本を読み聞かせする赤ちゃん読み聞かせというのも始めました。他にも指定管理者制度の導入によって、著名な作家を呼んでイベントができるようになりました。図書館で実際に本を書いた人に会える機会ができたのは、指定管理になった良さだと思います。著名な絵本作家が来た時は、どの小学校にもその絵本が入っていたので、学校で子どもが本を借りることにもつながりました。作家だけではなく、着ぐるみを呼んでイベントを開くこともあります。それから図書館内にあ

るスターバックスではキッズバリスタというイベントを開催しています。コーヒーの産地などを図書館の本を使って調べ学習しようという図書館の機能を使ったイベントです。小学生以下に対してのイベントは充実しているのではないかと思います。

尾崎 そうですね。イベントの多さに驚きました。

杉原 もちろん子どもだけでなく、大人に向けたイベントも開催しています。あとは、学校図書館の人との関わりも大切にしています。学校図書館司書に向けた研修会を年2回開催しています。ほかにも学校図書館司書の情報共有の場を設けていたり、学校の図書館づくりにここ（武雄市図書館）の司書を派遣したりしています。新築の武雄小学校にはうちの司書が行き、除籍や配架などの業務を教えました。

尾崎 図書館司書が図書館で受身の姿勢で待っているのではなく、支援を必要としているところへ赴くという姿勢が素敵ですね。

杉原 図書館や学校との連携は大切だと思います。大人のためだけでなく、子どもたちのために派遣することもありますよ。今度、中学生が小学生に読み聞かせをするので、うちの図書館司書とボランティアが中学校に行って、中学生に選書や読み聞かせの仕方などを教える予定です。子どもの時期に本の良さを伝えておけば、将来的に必ず図書館に戻ってくると思っています。ただ、冒頭にもいったように中・高校生に対して今後どのように関わっていくかが問題ですね。読書量に差があるというか…本を読んでいる子が少ないと思います。たまに何の本を読めばいいのかわからないって子も来たりしますね。図書館では高校生のための本のコーナーを作ったりさまざまな工夫を凝らしていますが、なかなかうまくいきません。

尾崎 中・高校生は本というと小説のイメージしかないので、小説を読むのが苦手な子どもが読書離れしてしまうのではないかと思います。私も大学生になって新書や実用書・自己啓発本などを読むようになり、小説以外の本の面白さを初めて知りました。

杉原 そうですね、読書というとパッと思い浮かぶのは小説ですが、実は雑誌などを読むことも読書になると思います。ここの図書館には600タイトルの雑誌がありますが、その雑誌を読みながらもう少し詳しく内容を知

りたいと思った時に雑誌コーナーの隣にある本を読めばよいと思います。
尾崎　その考え方は大切ですね。武雄市図書館ではiPadの貸出しを行ってらっしゃいますが、電子書籍を読むことはできるんですか？
杉原　武雄市MY図書館のアプリを使えば、250冊ほどの電子書籍が読めますが、貸出し用のiPadにアプリは入れていません。
尾崎　そうなんですね。では、子どもたちに武雄市MY図書館の使い方を説明するイベント等は行っているんですか？
杉原　いや、今のところはしていませんね。武雄市MY図書館には子どもたちが読むような電子図書はまだ充実していないので。
尾崎　今後タブレット型端末での読書が子どものために役立つことがあると思いますか？
杉原　ありますね。デジタルな読書も広げていかないとなあとは思っています。
尾崎　そうですね。例えば北海道の札幌市福住小学校学校では電子版の「広報さっぽろ」を使って調べ学習をして発表する授業を行っていました。
杉原　武雄市でも、山内東小学校とかは自分のタブレット型端末を使ってそういうことをやっていますよ。
尾崎　武雄市内でも、学校によってタブレット型端末の使い道は違うんですね。
杉原　そうですね。先生たちは今後どのようにタブレット型端末を活用していくか、必死になって勉強をしています。
尾崎　ほかにも武雄市図書館には備えつけのiPadがありますが、蔵書検索などはその端末で行うのですか？
杉原　職員にいってもらえれば、こちらでも調べます。端末を使う場合は、備えつけのiPadを13台、貸出し用を17台用意しているので、それを使っての検索になります。
尾崎　例えば、買いたい本があった場合、本を取り寄せすることはできますか？
杉原　武雄市図書館は本の販売もしていますので、カウンターでいっていただければできます。図書館は、どんな人気本でも2冊までしか入れないので、人気本などを早く読みたい時は便利だと思います。
尾崎　本日は貴重なお話をどうもありがとうございました。

第4節　小・中学校におけるタブレット型端末を用いた読書活動

インタビュー
佐賀県・武雄市役所
古賀　龍一郎さんを訪ねて

武雄市役所インタビュー　インタビュー日：2014年7月31日
語り手：古賀龍一郎氏（武雄市役所教育部スマイル学習課課長）
聞き手：尾崎理奈（立命館大学文学部日本文化情報学専攻3回生）
（インタビューの文中敬称略）

尾崎　立命館大学文学部3回生の尾崎と申します。現在タブレット型端末を用いた読書活動について調査をしており、その中で武雄市の小学校はタブレット型端末を導入されたことを知りました。本日は、タブレット型端末を学習面でどのように活用されているのか、また、今後その端末を読書活動に生かすことができないか教えていただけたらと思います。

古賀　それでは、概要から説明したいと思います。武雄市では今、市内の全小学生にタブレット型端末を貸与しており、基本は反転授業という形で使っています。反転授業というのは、事前にタブレットに入っている動画を家庭で見てから授業に臨む学習のことです。翌日の授業で知識が全くない状態ではなく、ある程度の知識と自分の考えを持って授業を受けられるのが、メリットだと思いますね。この端末では動画を見ることだけではなく、家で小テストを受けることもでき、小テストの結果は、先生の端末で見られるので、児童の理解度によって授業の進め方を決めることもできます。授業もどちらかというと講義型ではなく、先生はファシリテーターとして授業を進めています。端末自体は、授業での教えあい・学びあいを充実させるものであって、IT機器の使えるところを使いましょうという考えで使用しています。要はタブレット型端末はツールの一つということです。

尾崎　教科書や参考書としてメインでは使用していないということですか？

古賀　はい、授業の道具の一つとして使っています。
尾崎　主に何の科目で使用しているのですか？
古賀　反転授業自体は小学校3年生から6年生の算数と小学校4年生から6年生の理科で使っています。
尾崎　タブレット型端末導入の前後で成績などの変化はありましたか？
古賀　5月上旬から始めてやっと動き出した感じですので、その検証はこれからといったところです。反転授業は全国平均を上げるというよりも、落ちこぼれをなくしたいという気持ちで行っているので、数字としては出にくいかもしれません。ですが実際に2校をモデル校にして反転授業を行ったとき、結果的に成績は右肩上がりになりました。
尾崎　そうだったんですね。児童は最初の頃は、興味本位で真面目に授業をやるかと思うんですが、慣れてくるとタブレット型端末に飽きて反転授業の動画を家で見てこなくなるのではないでしょうか？
古賀　それは今後可能性としてはありますね。しかし4年前から導入しているモデル校でも、まだ児童の意識は高いです。それは、必要なとき以外は使わせないなどの先生たちの工夫があるからだと思います。今のところ、持ち帰り動画で予習をしてこない児童はほとんどいません。反転授業は動画を見てこないと、授業で自分だけ発言できなくなってしますので、それを避けるためにも児童は家できちんと勉強すると思います。
尾崎　確かに子ども同士のコミュニティで発言できないのは困るので、講義型の授業よりも真面目に家で勉強する児童は増えるかもしれませんね。
古賀　タブレット型端末のよいところは、児童が動画を見てきたかどうかを先生がこっそりチェックできるところです。本当にやってない児童のケアもできるので。
尾崎　この反転授業の動画や問題はどのようにして作られているのですか？
古賀　これは武雄市オリジナルのアプリで、各小学校の先生と企業が協力して作っています。オリジナルですが、小学校の授業の動画なので、武雄市に限定せず、全国で使うことが可能です。
尾崎　では、今年作ってしまえば、来年は作る必要がなくなりますね。
古賀　マイナーチェンジはあるとしても、基本は作る必要はないので、来年以降、先生方の負担はかなり減ると思います。

尾崎　このタブレット型端末を用いて今後読書活動を行う予定はありますか？
古賀　実はこれを入れるにあたって保護者の方からさまざまな意見をいただきました。その中で2番目に多かったのは、視力の低下などの健康被害についてです。読書となるとどうしても、長時間画面を見ることになってしまうので、今後可能性はあるとしても、今すぐには難しいかもしれません。
尾崎　保護者の方の不安はどのようにして解消されたのですか？
古賀　全ての小学校で説明会を開きました。
尾崎　私もこのタブレット型端末を扱う際の不安に関しては気になるんですけど、情報モラルなどはあらかじめ児童に指導しているのですか？
古賀　指導していますが、武雄市の小学校では自由にタブレットを触れないようにしているので、そこまで心配する必要はないかと思います。
尾崎　例えば、武雄市の図書館に「武雄市MY図書館」という電子図書館がありますが、その使い方を学校で説明することは実現可能でしょうか？
古賀　技術的には問題ないのでやろうと思えばできます。しかし、今はまだそのようなことをする予定はありません。いずれはそうなっていくだろうと思いますけどね。
尾崎　タブレット型端末に触れて、操作が難しいように思ったのですが、小学生でも扱えるのですか？
古賀　一見難しそうに思えますが、そう難しくはありません。児童たちたちが誰に教わることなく触って操作できるほど簡単です。
尾崎　私が小学生の頃は学校でタブレット型端末を使うなど考えてもいなかったので、今日のお話を聞いて驚きました。
古賀　これから全国でタブレット型端末を導入する学校は増えていくのではないかと思います。
尾崎　やはり今はどこの地域に関しても、タブレット型端末について模索している段階なんでしょうか？
古賀　どこも今はそうですね。
尾崎　そういう意味では、武雄市は最先端を行っているのではないかと思います。佐賀県自体もICT教育に積極的なので。
古賀　そうですね、市だけでなく県もICT教育に積極的です。
尾崎　これからの武雄市の動向が楽しみです。本日はありがとうございました。

インタビュー
立命館・守山中学校
木村 慶太さんを訪ねて

立命館守山中学校インタビュー　インタビュー日：2014年10月23日
語り手：木村慶太氏（立命館守山中学校・高等学校 中学教務部長 ICT推進室長）
聞き手：尾崎理奈（立命館大学文学部日本文化情報学専攻3回生）
（インタビューの文中敬称略）

尾崎　2014年度からiPadを導入したそうですが、学校ではどのように活用しているのでしょうか？

木村　主にRICSとロイロノートを活用しています。ロイロノートでは簡単に自分で写真を撮ってプレゼンができます。そして、生徒がiPad上で何をしているかなどの情報も教師が把握できるようになっています。ほかに、1年生の生徒たちは文化祭で自分が取材した画像やテキストを電子新聞や動画新聞のような形式にして、iPadを壁にかけて掲示したりしていました。まだまだ1人1台タブレット型端末の時代は始まったばかりなので、方針や活用法について全国的にも模索しているところでしょうが、本校はその中でもアダプティブラーニングというのを取り入れています。RICSというのはプラットホームであり、まだ開発途中なので動画などは入れられないですが、PDFなどは取り込みや配信ができます。安全に、健全にそして完全に使いこなすことを目標としています。それから情報モラルについても指導してはいるんですが、やはりトラブルは起きますね。誹謗中傷やゲーム等の問題です。指導していますが生徒は守れない。ゲームで時間を無駄にしてしまいます。

尾崎　それは授業中にゲームで遊んでしまうということですか？

木村　そうですね。自宅だけではなく授業中にしてしまうこともありました。家でゲームは1日30分くらいにしましょうとルールを作っても、守れ

ない生徒が複数出てきたので、本校では現在生徒の iPad 上の AppStore を非表示にしています。ゲームについては全面禁止とし、できない環境を作りました。アプリのインストールについては、各学期の最初の1週間だけ AppStore を表示し、ゲーム以外の必要なアプリについては保護者の了解のもと、その期間だけインストールできるようにしています。これはこれでまた、タブレット型端末を用いた新たな学習モデルの一つにならないかなと思ったりするんですけどね。あと、遠隔で生徒の端末について管理や規制をしています。クレオテックという業者にAppStore の非表示や、RICS のヴァージョンアップのインストールなど MDM を使用し遠隔で行っています。どの生徒がどんなアプリをインストールしたかの情報も管理できます。

尾崎 明らかにゲームとわかれば、遠隔操作で削除もできるんですか？

木村 できないです。ゲームだとわかった時点で指導し生徒本人に削除させます。MDM でインストールしたものは MDM で削除できますが、個人のアップル ID でインストールしたものはその個人にしか削除できません。

尾崎 そうなんですか。RICS についてもう少し詳しく教えていただけますか？

木村 RICS の正式名称は Ritsumeikan Intelligent Cyber Space といいます。RICS はプラットホームであり、この中にさまざまなコンテンツを入れていきたいと思っています。（写真を見せて）RICS はこのように、先生から問題が配信されて、それを生徒が解くんですね。それだけではなく、配布資料として PDF の資料や学級通信、連絡なども配信できます。生徒が数学などの配信された問題を解くときは、この再生ボタンをタップすると画面が明るくなり、タイムのカウントが始まります。問題を解き終わると、答え合わせ・自己評価を行います。ここで肝になるのが、画面の左下に出てくる RICS からのオススメです。これがアダプティブラーニングのシステムです。自分の自己評価によって、正答率が高ければ難度の高い問題、低ければもう少しやさしい問題が RICS から提案されます。ただ、現在 RICS は開発初期段階であり、果てしなく問題を解き続けるシステムとなっているという弱点があります。RICS からのオススメを解いたらまた次のオススメが出てきて、それが無限に繰り返されてしまいます。「これ、いつ終わんねん」という風に無限なんで、次のバー

ジョンアップでは、問題を解くとジグソーパズルのようにピースが埋まっていき、ピースが全部埋まったら、その単元については全部クリアしましたよという形にしたいと考えています。あとはその様子を保護者の方からも見えるようにしたいと思っています。

尾崎　タブレット型端末の導入は、どのような経緯で実現されたのですか？

木村　昨年度、立命館大学情報理工学部教授の亀井且有が本校の学校長に就任しました。学校長は立命館守山のタブレット型端末活用のスタイルを模索しており、いくつかの提案の中からISID（電通国際情報サービス）の提案するアダプティブラーニングが採用になりました。このRICSはISIDと立命館守山の共同開発なんです。

尾崎　タブレット型端末を導入してから思った以上に大変だったことをお話いただきましたが、逆に思ったよかった点や成功した点はありますか？

木村　中学生の中で、おもしろい・もっとやりたいという生徒が多かったことですね。紙の問題集よりおもしろいと感じてくれているようです。iPad自体にも神通力のようなものがあるのではないかと思ったりします。

尾崎　今タブレット型端末を導入しているのは1年生ですが、タブレット型端末を持っていない学年の保護者から不公平だなどの意見はありますか？

木村　持っていない学年の保護者から不公平だという意見はないです。iPadを使用している高校1年生の保護者の方から「せっかく買ったものなのでもっと使用して欲しい」との意見が出ているので、すべての先生がなるべく授業で使用できるような環境を作ることが必要だと思っています。

尾崎　私は学校でタブレット型端末を用いた読書活動ができたら良いなと思っているのですが、それについてなにかご意見はありますか？

木村　コンテンツがあって、生徒が読みたい本をすぐ出せるような仕組みがあればよいですね。その中に、生徒が興味持ちそうな本、ベストセラー的な本、あと教師が生徒に薦めたい本と、3種類を上手に組み合わせていけばよい取組みになるでしょうね。その組み合わせって案外大事だと思います。その上で生徒がまたiBooksで本を買うようになったりするといいですね。さまざまな教育的効果をあげられるよい使い方を模索したいですね。

尾崎　貴重なお話をありがとうございました。

第5節

デジタル教科書が変える学校教育

早川育実
（立命館大学文学部日本文化情報学専攻3回生）

― 概　要 ―

　デジタル教材を導入するにあたって重要なのは、メリットやデメリットを論じることではなく、実際に使ってみてどのように学校教育に生かしていくかである。しかしながらデジタル教材を導入しても、教育を受ける環境や関わる教員によって、その効果に差が生じてしまう。

　そこで、デジタル教材が実際の教育現場でどのように活用されているかを検討し、デジタル教材導入の現状と問題を明らかにし、デジタル教材を使う側である教師の視点から、教育者側はどのようにデジタル教材と関わっていくのが望ましいかを考察する。またデジタル教材と紙の教材、それぞれのメリットとデメリットを踏まえた上で、実際に教育を受ける子どもたちにとって、この二つをどのように使い分けていくのが望ましいかも考察する。

― キーワード ―

デジタル教科書、デジタル教材、紙の教材、学校教育、教師

1．はじめに―研究目的―

　近年、デジタル教科書や電子黒板、iPadなどの電子端末を使用して授業を行う小中学校が増加している。これらの教材は、従来の紙の教材だけではできなかったような学習方法で子どもたちの教育に役立っている。

　もちろんこれらのデジタル教材の登場にともなって、紙の教材とデジタルの

教材、どちらのほうが子どもたちにとって有用か、デジタル教材が子どもたちに与える悪影響はないのかなどさまざまな議論もある。しかしここで問題にしたいのは、デジタル教材が子どもたちの教育にとって有効か有効でないかではなく、実際の学校教育の現場でデジタル教材がどのように活用され、普及しているかということである。

デジタル教材が普及するようになって数年経つものの、すべての学校・子どもたちにデジタル教材が行きわたり、平等に同じ教育を受けているとは言い難い。やはり教育を受ける環境や教師によって差があるのが現状だ。ここではそのような問題の現状を明らかにし、デジタル教材をどのように学校教育に取り入れていくべきかを考察したい。また、今回研究するにあたって中学校、高等学校のデジタル教科書を発行する数研出版の木津さおり氏にインタビューを行った。その内容も踏まえて論じていく。

2. デジタル教材の活用

2.1 デジタル教科書とは

デジタル教科書は、「デジタル機器や情報端末向けの教材のうち、既存の教科書の内容と、それを閲覧するためのソフトウェアに加え、編集、移動、追加、削除などの基本機能を備えるもの」[*1]であり、主に教員が電子黒板等により子どもたちに提示して指導するためのデジタル教科書と、主に子どもたちが個々の情報端末で学習するためのデジタル教科書に分けられる。ネットワークやアプリケーションソフトウェアなどのあらゆるデジタル技術を使用しており、iPadなどの電子端末やパソコンなども含まれる。

これらの情報技術通信技術（ICT）を使った教育は、ICT教育と呼ばれている。単に紙媒体の教科書の内容がそのまま表されるだけではなく、音声、動画の再生、画像の拡大等の機能がある。これらの機能は学習内容をわかりやすく説明したり、子どもたちの学習への興味関心を高めたりすることができる。また、繰り返し学習によって子どもたちの知識の定着や技能の習熟を図ったり、子どもたちが情報を収集・選択・蓄積し、文書や図・表にまとめ、表現したりする場

[*1] 文部科学省「学びのイノベーション事業　実証研究報告書」第5章、p.157
〈http://www.mext.go.jp/component/b_menu/shingi/toushin/__icsFiles/afieldfile/2014/04/11/1346505_06.pdf〉
（引用日：2014-12-9）

合や、教員と子どもたちが相互に情報伝達を図ったり、子どもたち同士が教え合い学び合うなど双方向性のある授業等を行ったりする場合にも有効である。

そのほかにも、インターネットを活用することによるネットワークを介した書き込みの共有、教員による子どもたちの学習履歴の把握、子どもたちの理解度に応じた演習や家庭・地域における自学自習などもすることができる。

このことからデジタル教科書は、基礎的・基本的な知識・技能の習得、これらを活用して課題を解決するための思考力・判断力・表現力等を養う、主体的に学習に取り組むなどの学習効果を期待されている。

実際、平成25年度の全国学力・学習状況調査（調査対象：国・公・立の小学校第6学年、特別支援小学部第6学年、学びのイノベーション事業実証校小学校10校）のデータを見てみても、国語科、算数科ともに全国の小学校よりも実証校のほうが上回っており、さらに「生活や学習環境等に関する質問紙調査」では、「本やインターネットを使ってグループで調べる活動をよく行っている」「コンピュータや電子黒板を使った授業はわかりやすい」「『総合的な学習の時間』では、自分で課題を立てて情報を集め整理して、調べたことを発表するなどの学習活動に取り組んでいる」の項目で実証校が大きく上回り、全国の小学校と実証校での差が大きくみられている[2]。

2.2　デジタル教科書を使用した授業

デジタル教科書を使用した授業の実践事例を教科別に見てみると、平成24年度までの調査によれば、小学校119事例の中では、国語（23.5％）と算数（21.8％）の割合が高く、デジタル教科書やデジタル教材を用いた活用例が多い傾向にある[3]。また25年度の、授業で活用したデジタル教科書の機能を見てみると、「画面を大きくしてみること」「画面上に線や文字をかくこと」は国語科、算数科、社会科、理科で約60％以上使用されており、「アニメーションや動画をみること」は理科や外国語活動で、「紙の教科書にはない写真、絵、

---

[2]　文部科学省「学びのイノベーション事業　実証研究報告書」第6章
〈http://www.mext.go.jp/component/b_menu/shingi/toushin/__icsFiles/afieldfile/2014/04/11/1346505_07.pdf〉
（引用日：2014-12-9）

[3]　平成24年度文部科学省委託　国内のICT教育活用好事例の収集・普及・促進に関する調査研究事業　「教育ICT活用事例集」
〈http://www.javea.or.jp/eduict/h24jirei/02.pdf〉（引用日：2014-12-9）

資料などを見ること」は社会科、理科、外国語活動で約60％以上も使用されている。そのほかにも、「画面への書き込みを保存し、また、見ること」は国語科、算数科で約60％以上使用されており、他の教科よりも比較的よく使用されている。「外国語活動の「詩や文章の読み上げなどを聞くこと」や、算数科の「画面上で図を動かしたり、数を変えて調べたりすること」では、他の教科よりも数値が高く、教科等の特性に応じた数値の傾向が見られる[*4]。

　このようにデジタル教科書にはさまざまな機能があるが、紙とデジタルの教科書の違いは何なのだろうか。その違いを木津氏にお聞きしたところ、「紙とデジタルの教科書では教科書の収録内容が異なる。デジタル教科書はベースとなる紙の教科書を電子化しているためページ数的な意味でいえばその情報量は同じであるが、ページ数が同じでも、デジタル教科書の場合は＋αでより多くの情報を組み込むことができる。」とのお答えをいただいた（2014年11月19日、筆者によるインタビュー）。

　例えば指導者用のデジタル教科書では、教師が詳しく説明したい部分を、自作のテキストをあらかじめ作って組み込んでおいたり、英語では音声、理科では映像といった形で音声や動画を補足資料として組み込んだりすることができる。従来そういった補足資料は別売りという形であったが、デジタル教科書の場合には最初から機能として組み込まれているため利便性が高い。クリック一つで、英語の音声資料は別売りのCDを頭出しで流す手間もなく流れ、理科の実験は静止画ではなく動画で流すことができる。

　そのほかにも、書き込み機能によって書いた情報が残るため、教師側はほかの生徒たちに同じ授業をするときや、授業理解の遅れている生徒に対する反復授業にも役立てることができ、省力化につながる。また自分自身でもその日の授業をふり返ることができる。黒板の授業では授業が終われば消してしまうため情報が残らず、こういったことはなかなかできない。

　このように、指導者用のデジタル教科書には教師が授業しやすい形で教科書をカスタマイズできる機能があり、収録内容の同じ教科書でも、従来の紙の教科書よりもより発展的な授業をすることができるのだ。

[*4]　文部科学省「学びのイノベーション事業　実証研究報告書」第6章
〈http://www.mext.go.jp/component/b_menu/shingi/toushin/__icsFiles/afieldfile/2014/04/11/1346505_07.pdf〉
（引用日：2014-12-9）

3. デジタル教材の整備率

　デジタル教科書が学校教育に普及して数年、その配備状況は年々高まる傾向にある。平成25年度の「学校におけるICT環境の整備状況」調査によれば、以下の項目でそれを読み取ることができた[5]。
- 教育用コンピュータ1台当たりの児童生徒数
- 教員の校務用コンピュータ整備率
- 普通教室の校内LAN整備率
- 超高速インターネット接続率
- 電子黒板の整備状況
- 実物投影機の整備状況
- 教育用コンピュータのうちタブレット型コンピュータ台数

　これらの項目はいずれも上昇傾向にあり、デジタル教材の配備率が年々増加していることがわかる。しかしながら、別の角度から詳しくデジタル教材の配備率を見ていくと、問題点も浮かび上がってくる。

　以下の項目を都道府県別に配備率を比べたところ、47都道府県の中で配備率の高い県と低い県の差がはっきりと現れた。各項目で、平成25年度までにICT環境の整備率が平均値に届いていない県の数をまとめた[6]。
- 教育用コンピュータ1台当たりの児童生徒数…9県
- 教員の校務用コンピュータ整備率…14県
- 普通教室の校内LAN整備率…17県
- 超高速インターネット接続率…25県
- 電子黒板の整備状況…22県
- デジタル教科書の配備状況…22県
- 校務支援システム（従来型ネットワーク・クラウドコンピューティング）のある学校の割合…19県

　この結果を見てみると、生徒・教員用のコンピュータ整備率は比較的どの都道府県も充実してきているといえるが、そのほか、校内LANや超高速インター

---

[5] 文部科学省　平成25年度学校における教育の情報化の実態等に関する調査結果（概要）
　〈http://www.mext.go.jp/a_menu/shotou/zyouhou/__icsFiles/afieldfile/2014/09/25/1350411_01.pdf〉
[6] 同上

ネット、電子黒板、デジタル教科書の整備率は約半数の都道府県が平均値に届いておらず、その整備率の差の大きさがうかがえる。

つまり、全国的な ICT の整備率は増加傾向にあっても、都道府県によってその配備率には偏りがあり、どの子どもも等しく ICT 環境を享受できているとはいえない。

4. デジタル教材と教師

4.1 教師の ICT 活用指導力

デジタル教材を使って授業をする教師の ICT 活用指導力について、平成25年度の調査によると以下の項目で増加傾向がみられた[*7]。記載の数値は平成19年3月から平成26年3月までの7年間で増加した値である。

- 教材研究・指導の準備・評価などに ICT を活用する能力…69.4%→80.9%
- 授業中に ICT を活用して指導する能力…52.6%→69.4%
- 児童の ICT 活用を指導する能力…56.3%→64.5%
- 情報モラルなどを指導する能力…62.7%→76.1%
- 校務に ICT を活用する能力…61.8%→77.0%

こうして見てみると、「授業中に ICT を活用して指導する能力」や「校務に ICT を活用する能力」は大きく伸びているが、「児童の ICT 活用を指導する能力」の伸びはその約半分である。つまり、デジタル教材の普及によりデジタル教材を使う機会が増えたり ICT 環境の整備率が上がったりしたため、教師自身が授業中や校務に ICT を活用する能力は上がったが、教師自身が使う以外、例えば子どもたちに ICT の活用方法を指導するなどの場面では、指導することができる水準にまでは ICT を使いこなせてはいないのではないだろうか。

デジタル教材を使った授業によって子どもたちの積極性やコミュニケーション能力を引き出すといった効果が期待されているが、それもいかに教師がそれを引き出す授業を行うことができるかにかかっている。実際の教育現場にはさまざまな年齢層の教師がおり、すべての教師が同じように ICT 機器を使いこなすことができるわけではない。しかし、問題の核心は、年齢よりもむしろ ICT

[*7] 文部科学省　平成25年度学校における教育の情報化の実態等に関する調査結果（概要）
〈http://www.mext.go.jp/a_menu/shotou/zyouhou/__icsFiles/afieldfile/2014/09/25/1350411_01.pdf〉
（引用日：2014-12-9）

第5節　デジタル教科書が変える学校教育

ゼミ発表「デジタル教科書が変える学校教育」

スキルが高いか低いかという点にある。デジタル教材をこれから先さらに普及させていく上では、こうしたICT機器の活用の困難な教師はICT機器とどうつきあっていくべきかということも考えなければならないだろう。

4.2　国からの教師のサポート制度

　教師のICT指導力不足が問題に挙がるが、やはり新しいデジタル教材を使う側も、サポート体制がなければなかなか使いこなすことは難しい。実際、授業におけるICT活用が進まない理由について「ICT活用をサポートしてくれる人材がいない」「授業でICTを活用するための準備に時間がかかりすぎる」との回答が大幅をしめている。そこで導入が急がれているのが、教育の情報化を計画的かつ組織的に進めるための統括責任者（CIO：Chief Information Officer）として「教育CIO」と「学校CIO」を設置し、また、学校において教員の授業支援等を行う人材として「ICT支援員」を積極的に活用する体制である。

　CIOは民間企業をはじめ、政府・地方公共団体、大学などさまざまな分野で導入が進められてきており、教育の現場でも取り入れられ始めている。学校のICT化については、学校におけるICT環境整備の遅れや地域間格差が顕著であるとともに、教員のICT活用指導力も全国的には十分でない状況にあることから、教育の情報化の理念に沿った学校のICT化のビジョンを構築し、それに必要なマネジメントや評価の体制を整備しながら統括的な責任をもって学校のICT化を推進する人材として、教育の情報化の統括責任者であるCIOの位置づ

129

けを確立し、それぞれ「教育CIO」「学校CIO」としてその機能を発揮させていくことが求められている。

　ICT支援員の機能としては、授業のほか教員研修や校務にわたって教員と相談したり依頼を受けたりしながら、また、学校からの要望も受けながらICT活用の支援を行うことである。ICT支援員を積極的に活用することで、ICT活用の促進に効果を上げている事例が国内外で見られている。

　その業務としては、①授業におけるICT支援、②教員研修におけるICT支援、③校務におけるICT支援であり、主に①の業務に重きを置いている。

　ICT支援員のこのようなサポートは、教員にとってICT活用をなじみやすいものにし、教員がICT活用に困ったときに相談ができ、安心して指導に当たることのできる環境づくりに役立っている。また、身近にある機器・ソフトウェアや素材を使って簡単にできる活用のコツやノウハウをつかむこと、慣れることでICT活用指導力を高め、利用のきっかけを与えてICT活用の良さへの教員の気づきを生むことにもつながっている。

　しかし、こうしたニーズに対し、学校における外部のICT人材の活用状況は、平成19年3月時点で、授業支援のために外部人材を活用している学校、研修支援のために外部人材を活用している学校とも、小中学校全体の2割にも満たない（外部ICT専門家を授業支援のために活用している小中学校は約15％、研修支援のために活用している小中学校は約19％）。その数値は決して高いと言い難いものだ。デジタル教材活用を活発にしていくため、ICT支援員制度をより強化していくことが求められるだろう。

4.3　企業からの教師のサポート制度

　デジタル教科書の普及には整備面でのサポートももちろん大切だが、筆者が行った出版社へのインタビューでは整備面以外からもデジタル教科書を普及させていく糸口があることがわかった。

　デジタル教科書のサポート体制としては、デジタル教科書のご案内で学校を回るときにいろいろな質問や要望を聞き、その場でお答えするほか、電話やメールによる問い合わせにも、きめ細かく対応を行っているという。

　一方、教師側も、教員のために定期的に行われる研修の一環として講習会を開いてデジタル教科書の活用法や、使用している地域の事例の紹介を出版社に

申し込むといった動きがあり、積極的にデジタル教科書を取り入れようとしている。しかしデジタル教科書に対する現場の意識を高めていかない限り、こういったものは開かれない。そこで出版社側も、積極的に講習会の要望に応えたり、デジタル教科書の使用法についてのアドバイスをしたりして、デジタル教科導入の促進に努めているそうだ。このように、出版社側と学校側の協力体制のようなものも徐々に築かれ始めている。

　出版社へのインタビューによって明らかになったことは、デジタル教科書については、教材や回線の整備もさることながら、むしろ教員が授業を変えていく意欲があり、出版社からの協力もうまく引き出せるかどうかにも関わっているということである。

　このような教育CIOや学校CIO、ICT支援員、企業のサポート体制は一例だが、こうした教師を支援する制度があれば、教師自身のICT活用技術のスキルアップを目指すことができ、それがICTを活用した授業を活発にしていくことにつながっていく。デジタル教材を教育現場に浸透させていくには、このような教師に対するサポート体制が必要不可欠と考える。

　しかし、そうはいってもすべての教師がデジタル教科書導入に賛成しているわけでもなく、すべての教師がデジタル教科書を使いこなせるというわけでもない。やはり使わない教師もおり、それはどうしても仕方のない部分でもある。デジタル教科書を使わない授業も生徒が授業理解できていればよいのだ。教師のICT活用指導力を上げていくためには、これから教師になろうとする学生に対するサポート体制をしっかりと組み、デジタル教科書について説明していくことで、デジタル教材を使える人材を養成することが重要だろう。

5. デジタル教材と紙の教材の使い分け・先行研究

　ここまで主にデジタル教材の利便性や優位性を挙げてきたが、もちろんデジタル教材にもデメリットや課題はまだ多くあり、紙の教科書の方が勝っている点も多くある。今の段階でのデジタル教科書は紙の教科書があってこそ成り立っているのが現状だ。

　これらの点を踏まえた上でデジタル教科書の在り方を考えると、従来の紙の教科書にプラス、または補完という形でデジタル教科書を使用していくのが今現在の学校教育では一番よい方法ではないかと私は考える。

先行研究として、紙の教科書とデジタル教科書、それぞれの特性と学習効果について赤堀侃司氏らは次のように述べている[*8]。

決められた範囲における学習内容を知識として覚えたり理解したりする学習活動においては、紙が最も優れている。ただし、勉強するという動機づけがないと飽きやすいので、学習が継続しにくい。一方、iPadは自分の考えや判断や総合的に述べるような問題に適しており、かつ継続的に学習したいという特性がある。PCは、特に際立った特長が見られなかった。さらに、紙は教材内容のすべてを閲覧できるという一覧性の特徴がある。iPadやPCでは画面という限られた範囲だけで教材内容を見ているので、全体の内容を把握するという点で劣っている。この意味で、教材に記述された内容を忠実に覚えたり理解したりという点で、紙の方が優れていると考えられる。一方、iPadやPCでは、紙には含まれていない地図や動画などがあり、被験者が判断するための情報量が多く、総合的に考えを述べるという点で優れていると考えられる。

このように紙の教科書とデジタル教科書にはそれぞれに優位性がある。ふたつの教材を並行して使い、補い合い、教科ごとに使い分けていけば、よりよい学習効果につながるのではないだろうか。

ただし先ほども述べたように、デジタル教科書は単体での使用が難しい。紙の教科書とデジタル教科書を併用するべきかどちらかを単体で使用するべきかという問題は、ふたつの教科書の役割が関わっている。やはり一覧性の面では紙の教科書が勝っているのだが、教科の特性の面からみると、教科によってデジタル教科書に求められるものは異なってくる。

前述のデータ数値からもわかるように、デジタル教科書では教科ごとに使用される機能、つまり求められる機能が異なる。例えば数学は本文を朗読するよりも、図やグラフを見ながら授業をするためそちらの見やすさが求められ、国語では本文を繰り返し朗読したりするため文章の見やすさが求められる。

このように教師の求めるもの、デジタル教科書と紙の教科書の役割の違いは教科の特性によって分かれてくる。紙とデジタルを併用するかしないかは、ど

[*8] 赤堀侃司　和田康宜「学習教材のデバイスとしてのiPad・紙・PCの特性比較」
〈http://ci.nii.ac.jp/naid/110009432642〉（引用日：2014-12-9）

ちらのほうが子どもたちの授業にとってよいのかという教師側の判断に委ねられそうだ。

6. おわりに

　デジタル教材の登場によって現代の教育は大きく変わり、その有用性によって紙の教科書だけでは得られなかった学習効果も上がっている。デジタル教材はコミュニケーション能力や創造性を養う学習効果もあり、これからの情報化社会で生き残る実力、日本だけでなく海外でも活躍できる力を子どもたちに身につけさせることも期待されている。

　しかしデジタル教材を取り巻く問題や課題は、研究上でも実際の教育現場でもまだまだたくさんある。デジタル教材の有用性を断言し全面に押し出していくには、まだ研究資料も統計データも少なく、紙の教科書を主に使用すべきだ、デジタル教材は子どもたちにとってよくない、という声も少なくない。実際にデジタル教材を導入している教育現場でも、学校のICT整備状況や教師のICTスキルによって差異が生じていることは否めない。

　学習者用、指導者用共にデジタル教科書はメリットの高いものではあるが、それと同時に教師の指導力も問われ、それが課題となっている。単純にインターネット回線が整っていたり、デジタル教材がそろっていたりするだけでは子どもたちの学習能力を高めることはできないのだ。デバイスをうまく活用し、子どもたちによりよい指導をする人材を育てることも、デジタル教科書の普及につながるのではないだろうか。

〈参考文献・URL〉
1. リアルタイムレポート　デジタル教科書のゆくえ　西田宗千佳　TAC出版、2011
2. ほんとうにいいの？デジタル教科書　新井紀子　岩波書店、2012
3. デジタル教科書革命　中村伊知哉　石戸奈々子　ソフトバンククリエイティブ、2010
4. 文部科学省「学びのイノベーション事業　実証研究報告書」
　　〈http://www.mext.go.jp/b_menu/shingi/chousa/shougai/030/toushin/1346504.htm〉
5. 文部科学省　平成25年度学校における教育の情報化の実態等に関する調査結果（概要）
　　〈http://www.mext.go.jp/a_menu/shotou/zyouhou/__icsFiles/afieldfile/2014/09/25/1350411_01.pdf〉
6. 文部科学省　平成25年度学校における教育の情報化の実態等に関する調査結果（概要）
　　〈http://www.mext.go.jp/a_menu/shotou/zyouhou/__icsFiles/afieldfile/2014/09/25/1350411_01.pdf〉
7. 文部科学省　「学校のICT化のサポート体制の在り方に関する検討会」
　　〈http://www.mext.go.jp/b_menu/houdou/20/07/08072301/001/001.htm#top〉

第6節

日本語学習における
デジタル教材の有効性

安原　里美
（立命館大学文学部英米文学専攻3回生）

概　要

　多文化社会化が進む中で、日本においても外国にルーツを持つ子どもたちが増加している。その子どもたちが、デジタル教材を使用することで日本語学習がより進むかどうか、つまり、日本語教育においてデジタル教材が有効かどうかを考察する。まず、外国にルーツを持つ子どもたちが日本語学習においてどのような問題を抱えているのかを指摘し、その問題を解決しうるような教材とはなにかを考え、現在行われている支援の例を挙げてその機能の有効性について考察する。その後、それ以外の日本語教育におけるデジタル教材についても言及し、語学教育にデジタル教材は有効か、有効だとすれば、今後どのような教材が望まれ、どう使用されていくのかについて考える。

キーワード

　デジタル教材、外国にルーツを持つ子どもたち、日本語教育、異文化間教育

1.　はじめに　研究目的

　21世紀に入り、日本においても外国からの人の流入にともない、日本以外の国のルーツを持った外国人の子どもたちの数が増加し、「多文化社会」化が進展している。その子どもたちは、日本で生活をするうえで日本語を習得しなければならない状況にあるが、実際多くの問題に直面している。本稿では、日本語を習得する際のさまざまな問題を取り上げ、デジタル教材を使うことは有

効であるかどうかを考察する。ここで、「外国人の子どもたち」とは、「就職や進学のために来日した在留外国人の家族や配偶者の子ども」と定義し、とくに就学年齢の子どもたちを指す。この場合、外国籍か日本籍かは問わないこととする。また、デジタル教材とは、学校教育及び学校外の学習で使用できるデジタルコンテンツを指す。

2. 外国人の子どもたちを取り巻く現状

　人が国境を越えて行き来する時代になり、2013年末には日本の在留外国人の数は208万人を超え[*1]、多文化社会へと突入している。その中で外国の子どもたちも国境を越えて移動している。その理由はさまざまであるが、例えば、親が日本への就職するため家族で来日、在留する場合や中国やブラジルからの日系帰国者として日本に帰ってくる場合が挙げられる。また、国際結婚によって生まれた子どもたちも外国にルーツを持つ外国の子どもといえる。

　文部科学省の調査によると、日本の公立小学校、中学校、高等学校、中等教育学校及び特別支援学校（以下、日本の学校とする）へ就学している児童の数は2012年時点で7万1545人[*2]、そのうち、日本語指導が必要とされる外国人児童生徒は2万7013人であり、また日本国籍の児童生徒は6171人である[*3]。

　こういった子どもたちは、日本の学校に通学する場合、日本語ですべての授業を受けることになる。しかし、学校で授業を受ける以前に日本語を学習している子どもたちは必ずしも多くなく、学校の授業と並行して言語面でのサポートが必要になる。現在、日本語指導が必要とされている外国人の子どものうち、日本語の支援を受けている子どもは80％以上であり、その具体的な支援内容としては、担当教員の配置や研修、児童生徒の母語を話せる相談員の派遣などが挙げられる[*4]。

[*1] 法務省、在留外国人統計、月次、2014年6月。在留外国人の人数は208万6603人、内、中長期滞在者が172万2710人、特別永住者が36万3893人である。
[*2] 文部科学省「学校基本調査」24年度版より。「日本語指導が必要な児童生徒の受け入れ状況等に関する調査」が平成24年度版のため、比較するために24年度版を使用している。
[*3] 『日本語指導が必要な児童生徒の受け入れ状況等に関する調査（平成24年度）』の結果について」より。「日本語指導が必要な児童生徒」とは「日本語で日常会話が十分にできない児童性」及び「日常会話ができても、学年相当の学習言語が不足し、学習活動への参加に支障が生じており、日本語指導が必要な児童生徒」を指す。
[*4] *3と同資料。

また、2014年1月14日には、「特別の教育課程」についての省令が公布され、同年4月1日から施行となった[*5]。つまり、日本語指導を教育課程の一部として行うことが可能になったということである。その目的としては、日本語教育の質を一定水準以上に保つことと、児童生徒の実態に応じて臨機応変に教育課程を編成し、より実態に合った教育が行えるようにすることが挙げられる。

　上記のような状況の中で、外国人の子どもたちはどのような問題に直面しているのかを次に挙げる。

　第1に、日本語を第二言語として習得する難しさが挙げられる。日本語はそもそも、ひらがな、カタカナの表音文字に加えて漢字という表意文字がある文字が多い言語であり習得が難しいとされている。また、英語表記圏と違い、単語ごとに分かち書きがされることがないため、意味のまとまりをつかみにくく、そういった日本語を短期間で身につけることは難しい。この、日本語習得ができないことで、学習そのものに支障をきたしていることも挙げられる。つまり、生活レベルの言語とは違い、授業で使われる学習言語は日々の生活の中では習得することが難しいために、日本語の授業の内容がわからず、学習が進まないということである。それがもとで、学校に行くことをやめてしまったり、高校進学で不利になったりする児童も存在する。

　第2に、日本の文化、特に学校の文化になじめず、また母国の文化も喪失してしまい、自信やアイデンティティの喪失につながることが挙げられる。その理由を『異文化間教育―文化間移動と子どもの教育―』で佐藤郡衛が以下のように指摘している[*6]。

　　外国人の子どもの教育は、独自にそのシステムを構想するのではなく、(中略)「国民教育」の一環として位置づけられ、「母語教育」や(中略)「民族教育」は後退してしまった。(中略)既存の枠のもとで施策を展開することは現実に即応できるという利点を持つ反面、国民形成という教育の枠組みに外国人の子どもの教育を位置づけることになり、既存のシステムへの適応が強調されることになる。

[*5] 学校教育法施行規則の一部改正する省令の施行について（通知）より。「学校教育法施行規則の一部を改正する省令（平成26年文部科学省令第2号）」及び「学校教育法施行規則第56条の2等の規定による特別の教育課程について定める件（平成26年文部科学省告示第1号）」と同資料。
[*6] 佐藤郡衛『異文化間教育―文化間移動と子どもの教育―』明石書店、2010.8、p.134

このように、出身国と日本の社会の仕組みの違いに順応できず、「既存のシステムへの適応が強調され」[*7]てしまうと、自身を否定してしまったり、すべて日本に同化してしまったりということが考えられる。特に、学校の中は集団行動が強いられる場所であり、排他的作用が働きやすい場所であるといえる。言い換えれば、母国の文化や母国語の発達がないまま日本語を学ぶことによって、日本語学習の理解が進まないという事態に加えて、母国語の喪失や自身の喪失まで引き起こしてしまうということである。

第3に、子どもたちの母語はポルトガル語・中国語・フィリピノ語（タガログ語）・スペイン語など多岐にわたっており、教員側の統一した指導が難しいことも挙げられる。また、インドネシア語などは指導できる教員もほとんどいないという問題点もある。

3. 求められる教育

以上の事から、求められる教育は次の条件を満たしているものと考える。
①日本語学習において課題となる、漢字・分かち書きなしを工夫して学習できるものであること。
②日本の文化と母国の文化の両方の理解が進むものであること。
③日本語学習と共に、母国語の学習も下支えするものであること。
④多様化する言語に対応できるもの、である。

4. 日本語教育におけるデジタル教材と取組み

実際に日本語教育でデジタル教材が使われている例を参照する。さまざまな教材があるなかで、学校現場の教育において使用できる可能性があると判断したものについて挙げている。

4.1 「にほんごをまなぼう」

「にほんごをまなぼう」[*8]は、文部科学省が日本語指導教材研究会に委託し制作された教材であり、マルチメディア版としてインターネット上で利用可能

[*7] *6と同書。p.134
[*8] 文部科学省、日本語指導教材研究会「にほんごをまなぼう」
〈http://www.tokorozawa-stm.ed.jp/d_base/nihongo/〉（引用日：2014-12-1）

にもなっている。今回扱うのは、このマルチメディア版である。ぎょうせいオンラインによれば、「外国人労働者の子どもたちや海外からの帰国子女などを対象に、日本の学校生活や日常生活に早くなじめるよう会話の習得などを中心とした」[*9]教材である。

この教材には以下の特徴がある。

1つ目は、多言語に対応している点である。全ての学習事項が日本語・英語・韓国語・朝鮮語・中国語・ポルトガル語・スペイン語に対応、一部がベトナム語・カンボジア語に対応しており、多言語的であるといえる。

2つ目は、日本の学校で使われる言葉を中心に、学習内容が構成されている点である。

3つ目は、操作が比較的簡単という点である。絵をクリックすれば音声が流れるという仕組みであり、また、自分の声を録音させて何回も繰り返し聞くことのできる機能や、マウスやタブレットを使用して画面上に文字を書くことのできる機能もある。

前述した特徴を考えると、この教材は、学校で使われる日本語に対応しており、仕組み自体は簡単なので言語自体がわからない状態でも感覚的に操作が可能であるという利点がある。3.で挙げた求められる教育の条件に照らし合わせると、9言語に対応しているため、④は比較的クリアしているといえる。

また、録音したり画面上に書き込んだりという作業が可能なため、児童からの発信にも対応している。しかし、問題点も多い。まず、母語の補助が少なく、日本や母国の文化を理解するようなトピックは見られないので条件に照らし合わせれば、②と③はクリアしていない。また、漢字、分かち書きに配慮した仕組みはなく、ひらがなの表記が中心になっているので、①にも対応しているとはいえない。そして、生徒からの発信に対応している一方で、その発信が正しいのかどうかを判断する機能は備わっていない。あくまでも、教員などがそばにいて判断する必要がある。

このマルチメディア版の「にほんごをまなぼう」は、教員の補助教材にはなりえるが、児童自身が自学自習で使う場合、メインの教材としても補助の教材

[*9]　ぎょうせい「にほんごをまなぼう‐文部科学省／著　ぎょうせいオンライン」
〈http://shop.gyosei.jp/index.php?main_page=product_info&products_id=3174〉
（引用日：2014-12-1）

としても使うには難しく、その意味では、教材としての有効性は低いといえる。

4.2 「まるごと＋」

「まるごと＋」とは、「JF日本語教育スタンダード準拠の教科書『まるごと―日本のことばと文化―』の内容に沿って、日本語や日本文化が学べるウェブサイト」[10]である。日本語・英語・スペイン語に対応しており、「入門」「初級」「生活と文化研究所」「まるごとのことば」の4つの項目に分かれている。

「まるごと＋」には項目ごとに特徴がある。

「入門」「初級」の学習方法としては、日常場面をトピックとし、そのトピックごとに使われる言葉や表現などを分かち書き・ローマ字付き（音声表記）・英語付き・音声付き・動画付きで学ぶことが可能である。また、ローマ字や英語は理解の程度によって表示するかしないかを選択できる。そして、トレーニングとして選択式のドリルとタイピングがあり、項目は限られているが教材と児童の間に双方向のやり取りがあるといえる。

「生活と文化研究所」では、研究員と呼ばれる人々が投稿したさまざまなトピックを日本語と英語で読むことが可能である。それらは、日常生活の中でありうる場面を実際に研究員が体験として書いており、生活に即したものだといえる。

「まるごとのことば」では、英語・スペイン語の補助があり、自分で日本語の語彙を選んでリスト化し印刷して利用することや日本語のメールなどで使える例文の検索も可能である。

上記のことから考えると、この教材は3.の求められる教育の条件で挙げた①はクリアできているが、②については日本の文化に特化しているので半分、③、④はクリアできていない。そもそも、子どもたちが必要とする学習場面での日本語についてはあまり触れられておらず、日本語学習の初心者向け、生活編向けであるといえる。

しかし、この仕組み自体は言語学習の自学自習の部分においては有効であるといえる。視覚・聴覚を使う学習はもちろんの事、場面・文脈の確認や文字の確認が学習者自身ですることが可能であり、なおかつ自分の理解度に応じて教

---

[10] 独立行政法人　国際交流基金関西国際センター「まるごと＋（まるごとぷらす）―関西国際センター」〈http://www.jfkc.jp/ja/material/marugotoplus.html〉（引用日：2014-11-26）

材の難易度を変えることができるという点は自学自習に向いている。また、ウェブサイト自体がカラフルでキャラクターが動いたり説明をしてくれたりするため、子どもたちが親しみやすいことも利点として挙げられる。

　以上のことをまとめると、内容は学校教育の中で使っていくには不十分であるが、仕組みのうえでは利点が多くあるといえる。もし、学校教育の中で利用するならば、この利点を活かし、多言語化に対応すること、場面を増やす、特に学校現場で使う表現や、日本語で外国のことを学ぶトピックを増やすことを今後可能にしていけば、利用の幅は大きく広がる。

4.3　Rits-DAISY とその取り組み

　Rits-DAISY とは立命館大学 DAISY 研究会を指している。DAISY とは、「Digital Accessible Information System の略で、文章・音声・画像を統合したデジタルテキスト作成のための世界規格のこと」[11]である。日本では、2008年9月から、以下の「障害のある児童及び生徒のための教科用特定図書等の普及の促進等に関する法律」(通称、教科書バリアフリー法)[12]が施行された。その目的は「教育の機会均等の趣旨にのっとり、障害のある児童及び生徒のための教科用特定図書等の発行の促進を図るとともに、その使用の支援について必要な措置を講ずること等により、教科用特定図書等の普及の促進等を図り、もって障害その他の特性の有無にかかわらず児童及び生徒が十分な教育を受けることができる学校教育の推進に資すること」[13]である。

　この法律によって、読み書きに困難をともなう子どもには、ボランティアたちが作成協力した DAISY 版教科書が配布されるようになった。Rits-DAISY は、この DAISY のユニバーサルデザイン性に着目し、外国人の子どもや成人の日本語・母国語学習支援に応用していくことを目指して活動している[14]。

　DAISY 教材には以下の特徴がある。

　1つ目は、視覚・聴覚を同時に使った学習ができることである。デジタルテ

---

[11] 立命館大学 DAISY 研究会「〈活動説明〉」
〈http://rits-daisy.com/?page_id=14〉(引用日：2014-12-1)
[12] 文部科学省「障害のある児童及び生徒のための教科用特定図書等の普及の促進等に関する法律」
〈http://www.mext.go.jp/a_menu/shotou/kyoukasho/kakudai/houritsu/08092210.htm〉
(引用日：2014-12-1)
[13] [12]と同資料。第1章総則(目的)第1条(引用日：2014-12-14)
[14] [11]と同資料。(引用日：2014-12-12)

キストデータであるため、音声で読み上げることができる。読み上げ中に、読むスピードを変えたり、読み上げる部分をハイライト表示できたりと、読み上げ機能を自分にあったようにカスタマイズすることもできる。また、分かち書きの表示をすることもできる。

　2つ目は、多言語に対応していることである。DAISY はもともと世界規格であり、約20の言語でデジタルテキストの作成が可能になっている。現在、Rits-DAISY で共有している言語は、英語・中国語・スペイン語・ポルトガル語・タガログ語・インドネシア語であるが、さらに国際化が進み、子どもたちの母語が多様化しても対応していけるだけの機能はある。

　3つ目は、オリジナルテキストが比較的簡単に作成可能である点である。ボランティアの手を借りて、テキストを増やしていくことも可能であるし、子どもたちが自己表現の一環として学習している言語でテキストを作るという学習をすることも可能である。

　4つ目は、自宅のパソコンやタブレットなどにソフトやアプリケーションをインストールすれば使用できる[15]点である。設置に膨大な費用と時間がかかるわけではないので導入しやすく、自宅学習にも役立てることができる。自宅で使うことができれば、親と子のコミュニケーションの手段として使うことも考えられる。

　上記の特徴は 3. で挙げた求められる条件の①と④をクリアしており、使い方次第では②と③もクリアできる。しかし、この DAISY の使用に関してはまだまだ問題点も多い。この点について、Rits-DAISY の代表である、立命館大学の小澤亘教授にインタビューを行った[16]。それをまとめると以下の2点である。

　第1に、DAISY 教材が読むことの補助を目的とする教材であるため、インタラクティブな活動ができないことが挙げられる。インタラクティブな活動とは、たとえば、ユーザーが打ち込み、書き込み、発音などをしたものが正確かどうかを判断できるような双方向的な仕組みのことである。現在の DAISY にはこういった仕組みがないため、教材から人への一方的な情報伝達のみにとどまっており、相互的コミュニケーションを必要とする語学学習の核となるには不十分である。補助教材としての役割は十分に果たすことができるが、DAISY 単体

---

[15] Windows では無料ソフトがあるが、App 製品（Mac、iPhone）では有料。
[16] インタビューは2014年11月14日13:00〜14:30立命館大学衣笠キャンパスにて行ったものである。

ゼミ発表「日本語学習におけるデジタル教材の有効性」

で言語学習すべてを補えるわけではない。

　第2に、子どもたちを取り巻く環境が、とくに学校においては、デジタル教材の使用には向いていないことが挙げられる。特別の教育課程の実施もその一部といえるが、学校制度の硬直化や現場にそぐわない政策や人員の問題によって、デジタル教材を活用していく余裕がない。また、子どもたち自身も日常会話は可能であるためか、さらなる日本語学習への動機がないことが多い。子どもたちの学習動機がなければ、いくら教材があったとしてもそれを使って学んでいこうという姿勢にはならない。つまり、現段階では学校でデジタル教材を使って学習を補うということに限界があるといえる。

　また、次のような指摘もあった。現在、デジタル教材の開発・使用は過渡期にあり、これから機能が追加、より改善されていくことになる。しかし、そこに社会的マイノリティーになってしまっている外国の子どもたちおよび日本語学習者の意見が反映される可能性は低い。というのも、マイノリティーの人々が、そういった意見を出し反映させていく場がとても少ないといえるからである。国際化社会のなかで、日本と外国に関わりを持ち、日本と外国をつなぐ可能性のある人材を育成するためにも、学習の場、教材をともに作り上げていくことは必要不可欠である。

　以上、DAISYの特徴と小澤教授が挙げた問題点を踏まえて、DAISY教材の有効性についてまとめる。前述したように、求められる条件を備えているDAISY教材は、子どもたちの学習で中心的に利用していくには不十分であるが、補助する

という点では有効であるといえる。しかし、使う際には、制度や子どもたち自身の学習動機がないなどの問題点があり、今のところ最適であるとはいえない。

5. おわりに

　ここまで、外国人の子どもたちが日本語習得の際に直面する問題を挙げ、求められる教育を考え、今ある教材がそれに当てはまる有効な教材であるかどうか、具体的な例を三つ挙げて考察してきた。その中で以下のような結論に至った。

　外国人の子どもたちは、ただ単に日本語を学ぶだけでなく、自身の母国のアイデンティティを身につけながら、日本で暮らしていくために必要な知識とともに日本語を学習していく必要がある。そのためには、現在ある教材は完全なものであるとはいえない。というのも、機能が不完全であったり、内容が実際の学習とはそぐわないものであったりと欠けている部分が多いからである。補助的な教材だとしても、中心になる教材だとしても、どの機能と内容が日本語学習に有効なのかを調査し、各々の利点を持ち寄ってより向上させていくことが必要である。

　また、機能面の問題だけでなく、制度・環境的な問題もあるなかで、本当のニーズをくみ上げていく必要がある。そのためには、いまあるデジタル教材でどれだけ外国の子どもたちの日本語学習の補助・向上ができるのかを実証していく必要がある。作る側、教える側の都合ではなく、使う側の都合に合わせていくには、実際使ってもらい、問題点を指摘してもらうほかない。そういった実証実験が行われない限り、教材自体の有効性が向上していくことはないのである。

〈参考文献・資料〉
1. 新井紀子『ほんとうにいいの？デジタル教科書』(岩波書店、2012)
2. 山内祐平『デジタル教材の教育学』(東京大学出版、2010)
3. 国際交流基金『世界の日本語教室から―日本を伝える30ヵ国の日本語教師レポート』(アルク、2009)
4. 田尻英三「2014年度よりはじまる『特別教育課程』としての日本語指導」『龍谷大学国際センター研究年報　23』(龍谷大学国際センター、2014) p.3-20
5. 公益財団法人　滋賀県国際協会「外国にルーツをもつ子どもの教育関連WEBサイト」
〈http://www.s-i-a.or.jp/tabunka/gakusyu/kanren.htm〉(引用日：2014-7-16)
6. CSS「CSS 世界の子どもと手をつなぐ学生の会」
〈http://www.ccs-ngo.org/〉(引用日：2014-7-16)

> 第3章　ゼミ生がとらえた電子出版ビジネスと図書館

資料1　障害のある児童及び生徒のための教科用特定図書等の普及の促進等に関する法律（抜粋）

第一章　総則
（目的）
第一条　この法律は、教育の機会均等の趣旨にのっとり、障害のある児童及び生徒のための教科用特定図書等の発行の促進を図るとともに、その使用の支援について必要な措置を講ずること等により、教科用特定図書等の普及の促進等を図り、もって障害その他の特性の有無にかかわらず児童及び生徒が十分な教育を受けることができる学校教育の推進に資することを目的とする。

（定義）
第二条　この法律において「教科用特定図書等」とは、視覚障害のある児童及び生徒の学習の用に供するため文字、図形等を拡大して検定教科用図書等を複製した図書（以下「教科用拡大図書」という。）、点字により検定教科用図書等を複製した図書その他障害のある児童及び生徒の学習の用に供するため作成した教材であって検定教科用図書等に代えて使用し得るものをいう。
　2　この法律において「検定教科用図書等」とは、学校教育法（昭和二十二年法律第二十六号）第三十四条第一項（同法第四十九条、第六十二条及び第七十条第一項において準用する場合を含む。）に規定する教科用図書をいう。
　3　この法律において「発行」とは、図書その他の教材を製造供給することをいう。
　4　この法律において「教科用図書発行者」とは、検定教科用図書等の発行を担当する者であって、教科書の発行に関する臨時措置法（昭和二十三年法律第百三十二号）第八条の発行の指示を承諾したものをいう。
　5　この法律において「電磁的記録」とは、電子的方式、磁気的方式その他人の知覚によっては認識することができない方式で作られる記録であって、電子計算機による情報処理の用に供されるものをいう。

（国の責務）
第三条　国は、児童及び生徒が障害その他の特性の有無にかかわらず十分な教育を受けることができるよう、教科用特定図書等の供給の促進並びに児童及び生徒への給与その他教科用特定図書等の普及の促進等のために必要な措置を講じなければならない。

（教科用図書発行者の責務）
第四条　教科用図書発行者は、児童及び生徒が障害その他の特性の有無にかかわらず十分な教育を受けることができるよう、その発行をする検定教科用図書等について、適切な配慮をするよう努めるものとする。

第二章　教科用特定図書等の発行の促進等
（教科用図書発行者による電磁的記録の提供等）
第五条　教科用図書発行者は、文部科学省令で定めるところにより、その発行をする検定教科用図書等に係る電磁的記録を文部科学大臣又は当該電磁的記録を教科用特定図書等の発行をする者に適切に提供することができる者として文部科学大臣が指定する者（次項において「文部科学大臣等」という。）に提供しなければならない。
　2　教科用図書発行者から前項の規定による電磁的記録の提供を受けた文部科学大臣等は、文部科学省令で定めるところにより、教科用特定図書等の発行をする者に対して、その発行に必要な電磁的記録の提供を行うことができる。
　3　国は、教科用図書発行者による検定教科用図書等に係る電磁的記録の提供の方法及び当該電磁的記録の教科用特定図書等の作成への活用に関して、助言その他の必要な援助を行うものとする。

（以下省略）

出典：文部科学省「障害のある児童及び生徒のための教科用特定図書等の普及の促進等に関する法律」
〈http://www.mext.go.jp/a_menu/shotou/kyoukasho/kakudai/houritsu/08092210.htm〉
（引用日：2014-12-14）

資料2　「障害のある児童及び生徒のための教科用特定図書等の普及の促進等に関する法律改正」に伴う著作権法改正について

1．「障害のある児童及び生徒のための教科用特定図書等の普及の促進等に関する法律」(以下「教科用特定図書等普及促進法」という。)が議員立法により第169回国会において成立し、平成20年6月18日に公布され、平成20年9月17日に施行されました。法律の詳細は以下のとおりです。

2．「障害のある児童及び生徒のための教科用特定図書等の普及の促進等に関する法律」
　教科用特定図書等普及促進法は、教育の機会均等の趣旨にのっとり、障害のある児童及び生徒のための教科用特定図書等（※）の発行の促進を図るとともに、その使用の支援について必要な措置を講ずること等により、教科用特定図書等の普及の促進等を図り、もって障害その他の特性の有無にかかわらず児童及び生徒が十分な教育を受けることができる学校教育の推進に資することを目的としています(第1条)。
※教科用特定図書等とは、教科用拡大図書、教科用点字図書その他障害のある児童及び生徒の学習の用に供するため作成した教材であって検定教科用図書等に代えて使用し得るものをいうものとされています(第2条第1項)。
　同法では、教科用特定図書等の供給等に関する国及び教科用図書発行者等の責務の他、教科用図書のデジタルデータの提供に関すること等について定められており、これに伴い、著作権法についても必要な改正が行われています(附則第4条)。詳細については、3．を参照。

2．著作権法の一部改正
① 教科用拡大図書等の作成について（著作権法第33条の2第1項関係）
　教科用特定図書等普及促進法では、視覚障害のある児童及び生徒のための拡大教科書や点字教科書のほか、音声教科書や、発達障害のある児童及び生徒のための拡大教科書なども含めて教科用特定図書等として普及を促進することとしています。これに伴い、著作権法の拡大教科書の作成のための権利制限規定について所要の規定の整備が行われています。
(ⅰ) 対象の拡大
　従来、著作権法第33条の2第1項では弱視の児童・生徒のための複製のみが権利制限の対象となっていましたが、今回の改正で、弱視を含む視覚障害を有する児童・生徒に加え、発達障害その他の障害により教科用図書に掲載された著作物を使用することが困難な児童・生徒のための複製も対象となりました。
(ⅱ) 複製方式の多様化
　従来、著作権法第33条の2第1項では教科用図書に用いられている文字、図形等を拡大して複製することについてのみが規定されておりましたが、今回の改正で、拡大の他、児童・生徒が使用するために必要な方式での複製も権利制限の対象となりました。これにより、例えば、録音図書やマルチメディアデイジー図書等の作成についても、児童・生徒の必要に応じて、この規定の対象となることが考えられます。
② 教科書のデジタルデータの提供に（著作権法第33条の2第4項関係）
　教科用特定図書等普及促進法第五条により、教科用図書の発行者から、文部科学大臣又は文部科学大臣が指定する者を通じて、教科用特定図書等の発行をする者に対して、教科書のデジタルデータを提供する仕組みが設けられました。この規定に基づくデータ提供に必要と認められる限度で行われる著作物の利用については、今回の著作権法の改正（第33条の2第4項）により、権利侵害とならないことが明確化されています。なお、このデータ提供は、障害のある児童及び生徒のための教科用特定図書等の普及の促進等に関する法律施行規則により、光ディスクで行うこととされています(第1条)

＊　文化庁ホームページ
　〈http://www.bunka.go.jp/chosakuken/tokuteitosyo_fukyu.html〉（引用日：2014-12-12）

第 3 章　ゼミ生がとらえた電子出版ビジネスと図書館

第 7 節

公共図書館における電子書籍を活用した多文化サービス

野木　ももこ
（立命館大学文学部日本文化情報学専攻 3 回生）

概　要

　近年、公共図書館における電子書籍サービスが少しずつではあるが導入されつつある。一方、少子化などによる労働人口問題の解決に向けた移民政策の浮上により、多文化サービスの必要性も喫緊の課題となっている。しかし多文化サービスは、日本の公共図書館で積極的に行われているとは言い難い現状がある。それにはさまざまな課題があり、その解決は現状では難しい。本論では、電子書籍がもつさまざまな可能性を、公共図書館における多文化サービスの発展に活かす方策について考察した。

キーワード

　多文化サービス、電子書籍サービス、公共図書館、多言語化、国際化

1.　はじめに

　本稿では多文化サービスを取り扱っているが、図書館にとっての多文化サービスとはどういったものであるのか最初に定義しておきたい。「IFLA 多文化社会図書館サービス分科会ガイドライン」では、「多文化サービスとは、すべての利用者に多文化情報の提供をすること。これまで十分なサービスを受けてこなかった民族的・文化的集団を対象とした図書館サービスの提供をすること」と定義されている[*1]。現在、図書館で多文化サービスと呼ばれているものは、どちらかといえば後者の意味合いが強いだろう。つまり、日本語以外の言語で

情報提供や図書館サービスをするといった活動が主である。

　多文化サービスは、日本語を使うことが困難な外国人向けのサービスという側面が強かった。実際、日本では多言語化のようなサービスは遅れており、まず必要とされるものだろう。しかし、本来は多文化サービスは双方向的に行われるものであり、日本人に対しての多文化を理解してもらうための活動も多文化サービスに含まれるのである。今まで、行われてきた活動が主に外国人向けの多文化サービスであったため、本稿でもこの意味での多文化サービスを扱うことになる。ただ、日本人向けの多文化サービスというものも視野に入れ、電子書籍によって、新しい可能性がないかということを含めて考察する。

2.　研究目的・手法

　近年、公共図書館に導入されつつある電子書籍と、少子化などによる労働人口等問題解決のために考えられている移民受け入れ政策、それによって必要性が高まるのではないかと思われる多文化サービスをテーマとした。電子書籍サービスは停滞気味である公共図書館の多文化サービスを変えていく可能性をもっていると考えられる。本稿の研究目的は、以下の2点である。
（1）電子書籍サービスは公共図書館の多文化サービスの高度化を促進することができるのか。
（2）もし電子書籍による多文化サービスの高度化が可能ならば、実用に向けての課題はなにか。

　研究手法は、多文化サービスの現在の課題について、統計や図書館の現活動を調査し、電子書籍サービスの導入による多文化サービスの高度化について考察する。これまでの課題解決とともに、導入しやすい新しいサービスも考えていきたい。そのため電子書籍サービスを行っている図書館の現状を先行研究やWeb上の情報資料を用いて分析し、課題とその解決方法を考察する。

3.　多文化サービスの必要性と公共図書館の多文化サービスの現状

3.1　多文化サービスの流れ

　日本の公共図書館において多文化サービスが広く普及したのはそれほど昔の

＊1　IFLA多文化サービス分科会「IFLA国際図書館連盟ガイドライン」
　　〈http://archive.ifla.org/VII/s32/pub/s32Raison-jp.pdf〉（引用日：2014-12-05）

ことではない。多文化サービスという概念が少しずつ知られていくのは1960年から1970年以降のことであり、本格的な普及にはもう少し年代が下る。村岡和彦「日本の多文化サービス：現状と課題」(『図書館界』59巻6号、2008)は、日本の多文化サービスの展開を4期に分けて概観している。この論を参考にしつつ、大まかに多文化サービスの現状までをつかみたい。

(a) 多文化サービスへの意識

1960年から1970年以降、北米やヨーロッパなどで多文化サービスは発展した[2]。日本の図書館では「和漢書」と「洋書」に本を分けることはあったが、近代アジアの資料や外国人が利用する洋書の利用は想定されていなかった。迫田けい子「外国人サービスの原点を探る─図書館は何ができるか」(『図書館雑誌』84巻8号、1990)も、この分け方の概念に詳しい。村岡和彦は、この概念とは違い、多文化的な概念で「アジア資料」を収集した東京都立図書館の例を挙げ、1972年からを「覚醒の時代」としている。

1980年代の後半に入るまでは、東京都立図書館の例を除いて、日本の図書館で多文化サービスという概念はほとんど知られていなかったと考察される。しかし、小林卓 高橋隆一郎「図書館の多文化サービスについて―様々な言語を使い、様々な文化的背景を持つ人々に図書館がサービスする意義とは―」(『情報の科学と技術』59巻8号、2009)によると、この都立図書館の活動や、「関西の韓国・朝鮮関係の施設図書館の優れたサービス」、さらに60年代後半以降の日本の公共図書館発展の中ですべての住民にサービスを保証する必要性と責任、そういった概念が根づいてきたこと、がその後の多文化サービス発展の基礎になったという。まだ、概念の普及としてはとらえられないが、この頃から多文化サービスの芽生えが感じられる。

(b) 多文化サービスの普及

多文化サービスが広く知られるようになった契機は1986年にIFLAの東京大会で、日本の公共図書館でのサービスが欠けていることが挙げられ、その改善や発展のための決議がされたことである。また、深井耀子の活動もそれを広げた。

決議を受けた2年後、大阪市立生野図書館の「韓国・朝鮮図書コーナー」[3]

---

[2] 「図書館の多文化サービスについて―様々な言語を使い、様々な文化的背景を持つ人々に図書館がサービスする意義とは―」、『情報の科学と技術』58巻8号、2009年、p.397-402

[3] 大阪市立図書館〈http://www.oml.city.osaka.lg.jp/〉〈引用日：2014-12-05〉

や神奈川県厚木市立図書館の「国際資料コーナー」[*4]が設けられた。この頃から、地域にいる外国人やその人々のための資料収集といった多文化サービスが作られていく。また、「多文化サービス実態調査（1988）」も行われ、公共図書館は多文化サービスを意識し、活動が考えられるようになった。

(c) サービスの拡大と課題

　1990年になると「出入国管理及び難民認定法」の改正により、南米などからの外国人労働者数が増える。また、1991年に「むすびめの会」や「多文化・識字ワーキンググループ」が発足した[*5]。多文化サービスの必要性が増していき、図書館の多文化サービスに対する意識も高くなっていることがうかがえる。また、村岡和彦は、1960年頃に福岡市、大阪府などの中央図書館が拡大新規開館し従来に比べ、約1万冊単位の大規模な多文化サービスコーナーができたことも指摘している[*6]。1998年には「多文化サービス実態調査（1998）」が実施され1980年代の調査と比べるとやはりサービスを実施する図書館は増えたようだ[*7]。しかしここから言語の問題などの課題が顕著になり、質的な変化は乏しくなっていく。

(d) 情報社会と変化

　2000年代に入り、近年ではデバイスの発展やスマートフォンの普及が進んでいる。出版の世界でも、デジタル化が進むようになった。インターネットの普及により、たくさんの電子情報があふれている。図書館でも、電子書籍を導入する動きが出始めた。そして、こういった電子書籍は音声読み上げ機能や翻訳機能を有しているものもある。そういった機能を使用した「新しい障害者サービス」も近年注目されている。こうした機能は、障害者サービスだけでなく、多文化サービスにも活かすことができるだろう。

3.2　外国人に対する政策

　多文化サービスは外国人を対象としたものが中心であるが、近年では日本に

---

*4　厚木市立中央図書館〈http://www.city.atsugi.kanagawa.jp/shiminbenri/kosodatekyoiku/toshokan/〉
　　（引用日：2014-12-13）
*5　むすびめの会（図書館と在住外国人をむすぶ会）
　　〈http://www.musubime.net/〉〈引用日：2014-12-13〉
*6　「日本の多文化サービス：現状と課題」、『図書館界』59巻6号、2008年、p.339-344
*7　『10年を映す「多文化サービス実態調査1998」―取り組みの増加と変わらぬ課題―』、『図書館雑誌』93巻4号、1999年、p.290-291

おける外国人受け入れの様子に変化が見られる。少子化を背景に、労働人口の減少などが進み、それに対する政策としての移民受け入れが考えられ、政府は積極的にその政策を進めようとしている。平成20年に出された「第4次出入国管理基本計画」では「本格的な人口減少時代が到来する中、我が国の社会が活力を維持しつつ、持続的に発展するとともに、アジア地域の活力を取り込んでいくとの観点から、積極的な外国人の受入れ施策を推進していく」と記述されている[8]。

　また、新しい在留管理制度も2012年度から始まり、外国人の在留期間は最長5年に伸びた。さらに、2014年の4月から施行された「学校教育法施行規則の改正」では、外国人生徒の日本語指導が教育課程に位置づけられるようになった[9]。このように政府が積極的に受け入れるようであれば、これから移民、外国人労働者が増えてくる可能性が考えられる。将来に向けても多文化サービスは必要であり、より高度にしていくべきではないかと考えられる。

3.3　公共図書館の多文化サービスの現状

　日本図書館協会の「多文化サービス実態調査1998」によると、「公共図書館の外国語図書の所蔵冊数」は全体の72％ほどが外国語図書を所蔵しているとの回答があり、しかしその回答の6割が200冊以下の所蔵でしかない[10]。多文化サービスの実態について広く調査した統計はかなり古いものが多い。一番新しいものでも1998年に出されたもので、その後、簡易的なものが2002年に出されている。古いものではあるが、当時の回答率は90％ほどあると考えられるのでここでは資料として参考にした。

　この結果は2002年の調査でもあまり変わっていなかった[11]。

　また、「95年以降の購入実績」では、外国語図書を購入している館は8割近く、新たに外国語図書の導入を始める図書館はかなり少ないという結果になった。多文化サービスを行っている具体的な図書館名を挙げると、大阪市立図書

---

[8]　法務省「第4次出入国管理基本計画」
　　〈http://www.moj.go.jp/content/000054439.pdf〉（引用日：2014-12-05）
[9]　文部科学省「学校教育法施行規則の一部を改正する省令等の施行について（通知）」
　　〈http://www.mext.go.jp/a_menu/shotou/clarinet/003/1341903.htm〉（引用日：2014-12-05）
[10]　日本図書館協会『多文化サービス実態調査1998』1999.3.
[11]　「多文化サービスについて―2002年図書館調査ミニ付帯調査結果報告―」、『図書館雑誌』97巻2号、2003年、p.106-107

館や埼玉県立図書館などが挙げられる。この図書館がある大阪、埼玉は在留外国人数が特に多い府県である。大阪市立図書館では、図書13言語5万3000冊、雑誌12言語100誌、新聞15言語26紙の所蔵があり、統計を参考にしても日本の中では高い水準のサービスを提供している[*12]。特に、生野図書館の「韓国・朝鮮図書コーナー」はよく知られている。埼玉県立図書館でも図書1万6042冊、雑誌63タイトル、新聞14紙を所蔵しており、「にほんごをまなぶ」[*13]資料コーナーの設置や「海外資料コーナー」[*14]の設置が行われている 。こうした多文化サービスは、在留外国人が特に多い都道府県では見られる事例だが、地域によってはあまり実施されていないところもあり、図書館によってかなりサービスに差があると考えられる。

3.4　日本の公共図書館の電子書籍サービス導入状況

　多文化サービスを電子書籍によって、高度化できるのかという問いを立てる前に、現在、日本の公共図書館ではどれほど電子書籍サービスを導入しているかが問題となる。また、図書館はどれほど電子書籍サービスに対して関心を寄せているのかも重要になる。

　現在日本にある公共図書館で電子書籍サービスを導入しているのは36館だけである[*15]。これは米国や韓国と比べるとまだまだ普及していない。また、電子書籍サービスとしての内容も、ほぼ地域資料や地域書籍等をデジタル化したものだけといった図書館も多い。

　電子出版制作・流通協議会の「公共図書館の電子図書館・電子書籍サービス」調査によると公立図書館の中央館では、電子書籍サービスへの取組み状況について、「電子書籍サービスの導入を検討している」図書館では、「具体的な予定

[*12] 大阪市立図書館
　　〈http://www.oml.city.osaka.lg.jp/〉（引用日：2014-12-05）
[*13] 「埼玉県立図書館の多文化サービス」、『医学図書館』60巻4号、2013年、p.409-412
[*14] 埼玉県立図書館　海外資料サービス・海外資料コーナーのご案内
　　〈https://www.lib.pref.saitama.jp/stplib_doc/kaigai/multicultural.html#annai〉（引用日：2014-12-13）
[*15] 電子出版制作・流通協議会『電子図書館・電子書籍貸出サービス』の記述による（ポット出版、2014.11、p.48）。うち「生駒市立図書館」と「岩見沢市立図書館」はサービス終了、「松坂市立図書館」は2017年秋開始予定である。電子出版制作・流通協議会の「公共図書館の電子図書館・電子書籍サービス」表記から30館、筆者の調査により「小野市立図書館」「筑西市立図書館」「原村図書館」が追加されている。

がある」また「具体的ではないが導入する予定がある」を合わせて22％という結果である。取組みの様子では、まだまだ数は少ない。しかし、公共図書館全体では関心は高いように思われ、少しずつではあるが数を増やしている。

　また、電子書籍サービスの提供方法として、「図書館内利用」が49％であるとともに「利用者の所有するタブレットで利用」、「利用者の所有するパソコンで利用」が各41％、「利用者のスマートフォンで利用」33％である。館内利用以外にも利用者自身の所有物を使うサービスも多いことがわかる。これは多文化サービスで、外国人の図書館利用を考えると使いやすい形になると思われる。このアンケートの電子書籍提供の対象として、「非来館者」に続いて「ビジネスパーソン」、「図書館利用に障害のある人」などが上位に挙げられていた。

　さらに、「電子書籍で提供したいと考えている分野について」では、「洋書」は挙げられていなかった。電子書籍と洋書との掛け合わせは、すでに検討されるものであるようだ。ただ、現在、公共図書館で洋書関係の本が電子書籍で提供されていることが、ホームページ上で確認することができるのは、1館のみであった。

　その大阪市立図書館では、ホームページ上で、外国語図書リストを公開している。もともと、日本の公共図書館の電子書籍コンテンツは少ない。分野などもかなり限られている状態だと考えられる。洋書は、地域資料などと比べると実際購入されることは少ないだろう。

　これらの結果から、電子書籍サービスによる新しいサービスの開拓は図書館でも考えられてきていることがわかる。しかし、現在の状況では日本の公共図書館で電子書籍サービスはほとんど普及していない。導入している館も少なく、提供されるコンテンツの数や種類もかなり少ない。公共図書館全体で普及するのにはもう少し時間がかかりそうである。普及の上ではさまざまな問題があるが、図書館が関心をもっているのは確かである。これまで図書館を利用しなかった住民へのサービスとして注目されているのである。

3.5　書籍サービス活用による図書館の多文化サービス例

　電子書籍サービスはまだ、日本の公共図書館では定着していない。そのため、電子書籍を活用して図書館の多文化サービスを展開している例は、公共図書館ではほとんど見られない。そこで大学図書館や国外の図書館の例も含めて、電

子書籍を活用した多文化サービスの例を挙げていきたい。

　前述のホームページ上で電子書籍の外国語図書リストを公開している「大阪市立図書館」では、電子書籍の外国語図書3500点をそろえている。多くは、英語とフランス語である。大阪市立図書館が紀伊国屋のNetLibrary、現在正式にはEBSCO eBook Collectionに契約したことから、著作権フリーの作品の3500点が無料で利用できるようになった。そのため、とくに選書された本ではないが、新しい利用者層にも働きかけるということもあって導入されたという。大阪市立図書館は、電子書籍以外の外国語図書や雑誌を多く提供している図書館でもあり、多文化サービスに力を入れている図書館でもある。こういった図書館が、電子書籍と多文化サービスとの新しいサービスの可能性を現実的なものにしてくれるだろう。

　また、大学図書館の立命館大学図書館では、「Library Press Display」といった海外新聞ディスプレイが置かれている。このディスプレイでは、100ヵ国、60言語、2200紙の新聞を読むことができる[16]。タイムラグは数時間であり、リアルタイムで各国の新聞を読むことが可能である。また、自動翻訳機能もついており、各国語に翻訳してその場で読むことができる。これは、海外との資料のやり取りをする上で、タイムラグを少なくできる利点があり、収納スペースの確保も不要である。さらに、翻訳が各国語でできることによって、外国人も日本人も利用することができる。多文化サービスの課題を、電子書籍サービスを活用して解消した例であると思われる。

　海外では、コンテンツは35言語928冊を提供する子どもの本の国際電子図書館の計画があり、パソコンから誰でも利用することができる[17]。子ども用の本を主に集めており、子どもの多文化理解も目的である。

　このように、図書館の多文化サービスと電子書籍サービスを融合させたサービスを展開する図書館もあり、日本の公共図書館でもさまざまな新しいサービスの可能性があることが明らかになった。

---

[16]「タッチパネルディスプレイによる海外新聞閲覧」
　〈http://www.ritsumei.ac.jp/acd/mr/lib/news/20121203.html〉〈引用日：2014-12-05〉
[17] カレントアウェアネス「ICDL(子どもの本の国際電子図書館)の活動と子どもの異文化交流」
　〈http://current.ndl.go.jp/ca1594〉

4. 電子書籍導入による多文化サービスの変化
4.1 電子書籍の可能性
　公共図書館における多文化サービスについては1980年代以降に広く導入されており、それ以降の活動はあまり積極的に広がってはいない。近年では、必要性は認識されつつも、図書館の予算の縮小傾向や言語能力、サービス方法がわからないといった問題から、今の図書館では多文化サービスの提供は停滞気味である。
　一方、電子書籍サービスも近年注目されつつあるものの、公共図書館でのサービスの普及は現在の時点ではあまり進んでいない。
　多文化サービスを有効に提供していくためには、電子書籍サービスと融合すれば、より高度なサービスが提供できるだろう。これまでの多文化サービスや電子書籍サービスを踏まえ、電子書籍サービスと多文化サービスの融合はサービスとして有効なのか、そして実現するのは可能なことなのか。具体的にはどんなことができるのか、考察していきたい。まずは、これまでの多文化サービスを行う上で障害になっていた問題を取り上げていき、それらの問題が電子書籍サービスによって改善することができるのか検証したい。
　まず、多文化サービスをする上では資料が必要になる。その資料を手に入れる方法や時間などの問題があった。海外で発行される新聞資料や雑誌は購入頻度や物理的な距離の問題でタイムラグが生じる。一部、地方紙などでも、タイムラグが生まれる。電子書籍サービスは、そういった時間差を埋めることができる。先に挙げた立命館大学の海外新聞ディスプレイの例がそのことを明確に示している。発行後は数時間という速さで読むことができる。書籍も電子化されれば、地理的に資料の運搬頻度が高くない図書館でも、新しい洋書やもちろん新しい一般書をより早く読むことができるだろう。また、書籍資料の装丁には1週間から3週間ほどかかることがある。多文化サービスの資料だけにいえることではないが、そういった装丁の時間やコストを減らしていくことができるだろう。
　さらに、1998年の「多文化サービス実態調査」アンケートでは、場合によっては洋書店がわからず、洋書の入手が困難であり、そのために多文化サービスがしにくいという意見が多数あった[*18]。電子書籍であれば、例えば、OverDriveなどと契約すれば日本語のコンテンツよりも海外のコンテンツ方が手に入れやすい環境をもてる可能性もある。実際、2012年1月から大阪市立図書館が始めた

第7節　公共図書館における電子書籍を活用した多文化サービス

ゼミ発表「公共図書館にける電子書籍を活用した多文化サービス」

「NetLibrary」では、当時和書コンテンツ350点に対して、著作権フリー洋書タイトルは約3500だった。現在では、和書コンテンツは1400点となっている[19]。

またOverDriveでは、購入する書籍を選ぶ際に、人気順位などのデータを見ることもできるので洋書を購入する際に難点となる選書がしやすくなる[20]。または、選書を洋書店などに頼まず、行うことができるだろう。

電子書籍サービス導入によるコストの削減の可能性もある。個人で購入する際、大体の場合に紙の書籍と電子化された書籍では電子化されたものの方が安くなる。図書館で購入する場合というと、残念ながら購入金額が紙の書籍よりも安いわけではない。電子書籍を図書館で購入する際の支払い方法はさまざまである。購入金額が紙の書籍の5～6倍のものや使われる回数によって支払われるもの、人気の作品に対しては複数分のライセンス料を支払う方法などが存在する[21]。

多文化サービスをなかなか推進できない、または行えないという図書館は理由の一つとして、財政的な負担が大きいことを挙げている。図書館の予算は減少しているため、他の業務のコストや負担を減らすことで、多文化サービスや障害者サービスなどにその予算を回しやすくなるのではないかと考えられる。

さらなる電子書籍サービス導入のメリットとして、多言語の補助ができるこ

---

[18] 前記 [10] に同じ
[19] 前記 [15] に同じ
[20] メディアドゥ〈http://www.mediado.jp/corporate/1040/〉（引用日：2014-12-13）
[21] Douglas County Libraries Report Pricing Comparison as of October 31, 2012
　　〈http://evoke.cvlsites.org/files/2012/10/DCLPriceReportOct-31-12.pdf〉（引用日：2014-12-13）

とにある。多文化サービスを阻害する課題としては、言語の壁が大きい。先ほどの選書をする際にも、字が読めないことはかなりの負担になる。また、案内表示やパンフレットの作成も困難だ。そこで、活用が期待されるのが翻訳機能である。「海外新聞ディスプレイ」のように、その場で複数の言語に翻訳がされるような機能だ。この機能によって、さまざまな言語の資料を多言語化することができる。日本にいる外国人が利用できるだけでなく、日本人が海外の資料や情報に触れる機会も作ることができるようになる。また、司書が海外の本の内容を詳しく把握することもでき、レファレンスにも役立つ可能性がある。

　さらに、もう一つの音声機能との複合利用も考えられる。テキストの読み上げ機能は東芝などが開発している。読み上げ機能だけでも、日本語教育の面で活用されることも考えられる。さらに翻訳機能と複合することで、あらかじめ日本語で作成したパンフレットをデジタル化して読み上げができれば、外国人への対応も可能になる。翻訳機能は高精度のものと精度があまり高くないものと両方可能であると考えられ、新聞やすぐに利用したい資料など時間の短縮が求められるものには精度が高くないものですぐに読むことを優先させることも可能だろう。これらの翻訳機能や音声読み上げの機能によって、多文化サービスはかなり高度化できるのではないだろうか。逆に、洋書に日本語の翻訳をすることも可能になることで日本人に対する多文化サービスを同時に行うことができるようになり、双方の手に取れるコンテンツを増やすこともできるだろう。

　さらに、電子書籍サービスはどこからでも利用できるというメリットがある。地元の地域資料を電子化すればそれは特徴ある資料になる。そういった資料の相互利用などを広げられる可能性がある。例えば、必要な資料の一部コピーなどを送り合うのが簡単になる。国内だけでなく、海外との相互協力のネットワークを築くことができるようになるかもしれない。そうなれば、国内にいる外国人利用者が国外の図書館からの資料を受け取ることができることになる。海外の日本研究者にとっても、日本の資料に触れる機会が増える。

　ほかにも多文化サービス推進のコスト面と同じくらい問題であった収納スペースの確保ができないという問題も解決できる。多文化サービスのために本を増やすことになると、新たに収納するスペースがないといった問題が、多文化サービスの妨げになっていたが電子書籍サービスは収納スペースを必要としないか、端末やディスプレイならば場所をそれほど必要としない。

電子書籍による多文化サービスの活性化について検討してきた。そこで明らかになったことは、今の多文化サービスが抱える課題を解決し、新しいサービスを展開させることができる可能性は十分にありえるということである。

4.2　新しい多文化サービスへの課題

このように多文化サービスが電子書籍サービスによって改善や推進されることは期待されてよいだろう。しかし、実際にこのような新しいサービスは公共図書館で可能なのだろうか。また、電子書籍サービス導入のメリットは活用されるのだろうか。今まで挙げた新しいサービス実現への課題を考察していきたい。

第1に、こういった電子書籍サービスと多文化サービスを融合させた新しい多文化サービスへの現在の一番の障害は、公共図書館の電子書籍サービスの導入率の低さである。電子書籍が図書館に導入されないことには、多文化サービスと融合させることはできない。現在の公共図書館での導入は、36館といったようにまだまだ進んでいない。また、電子書籍サービスの案内で洋書について書かれていたのは、大阪市立図書館のみであった。さらに、電子出版制作・流通協議会の「公共図書館の電子図書館・電子書籍サービス」調査の結果を見てもわかるとおり、電子書籍サービスの導入によって、向上させたいサービスの一つとして意識されているとは考えられない。

電子書籍サービスと多文化サービスの両方を意識したサービス導入が必要である。しかし公共図書館では電子書籍はあまり使われていないものの、海外や大学などでは新しいサービスが行われている。サービスが実際に有効であると考えられているのだ。

第2に、現在の電子書籍サービスでは日本語のコンテンツがあまり充実していないことである。そこには出版社側の意向が大きく関係しており、今後、電子書籍が発展していく上では解決していくべき課題である。日本語のコンテンツが少なければ、電子書籍サービスが市民になじみにくい。図書館が導入を検討する機会も減ってしまう。あくまで、図書館のサービスの一つとして、電子書籍サービスが広く使用されなければ、多文化サービスに応用できない。また、現在の電子図書館は郷土資料をデジタル化しただけの図書館が少なくない。そこでサービスが止まってしまうと多文化サービスなどほかのサービスまで到達しない。また洋書のコンテンツが少ない電子図書館サービスと契約してしまえ

ば、多文化サービスと融合したサービスは行いにくいといった面もある。

　第3に、電子書籍サービスでは電子書籍を読むための端末デバイスに、さまざまな形態がある。図書館が、電子書籍サービスを始めた場合、タブレットなどの端末を図書館に設置するのか、さらには貸し出せるようにするのか。PCがもともと図書館に設置されているならば、まだ導入しやすい。しかし、図書館によってはインターネットに接続できるPCが置いていないところもある。

　自宅にPCやタブレット、もしくはスマートフォンなどを所有していない世帯は、図書館に端末やPC自体がなければサービスを受けられない。さらに、多文化サービスとして利用できるようにするには、端末などの操作方法を多言語化して提示することや扱いに関して注意することを伝えなければいけない。翻訳機能がついた端末などを利用できれば、多言語化は難しくないかもしれないが、それにはそういった機能のついた端末を購入するか、もともとあるものにそういった機能をつけなくては実現しない。今ある図書館は、翻訳機能がある端末などを所持していないまま、電子図書館を始めるため、その負担は大きい。洋書がある電子図書館でも、それに付属する翻訳機能や音声読み上げ機能サービスがなければその可能性を活かしきれない。

　多文化サービスと電子書籍サービスとを合わせて導入することを念頭に置かなければ、新しいサービスが行いにくい場合もある。電子書籍を自宅で使用する場合、ダウンロードのために必要なビューワやビューワが必要ないTRC-DLによっては、翻訳機能などをどうするのか考えなければならない。ビューワに必要な機能としてつけ加えることはできるのか。ビューワがない場合、文字の拡大や音声機能なども加えどう提供されるのか。こういった問題もある。

　しかも、電子出版制作・流通協議会の「公共図書館の電子図書館・電子書籍サービス」調査で「電子書籍サービスに期待する機能について」では、文字拡大や音声読み上げは例に挙がっていたものの、翻訳機能についてはそれに比べて期待されていないようだ[*22]。翻訳機能を導入することで、多文化サービスはもちろん図書館のサービスの幅は広がると考えられるが、その認知はされていない。

　また、翻訳機能に関しての問題もある。すでに、完成度の高い形で翻訳がされているものを提供する場合などではなく、その場で簡易翻訳するような機能は著作権の関係で問題が起きてくるかもしれない。簡易翻訳では、誤変換など

＊22　前記＊15に同じ

も多く、意味がわかる程度といった表現も多くなるだろう。それが著者にとっては大きな問題であることも考えられる。場合によっては、翻訳を拒否する著者もいるだろう。そういった翻訳機能を使用する上でも、著作権者に配慮したシステムが必要であろう。

　さらに、新しいサービスの中の一つであるネットワークや相互協力でも課題がある。例えば、海外から利用するというときに日本の出版社のコンテンツがある場合である。「千代田Web図書館」では外国から利用したいという要望もあるが利用者の制限は出版社との契約で決められており、ライセンスのあるコンテンツに関しての一般利用は、困難であるという。自館が所蔵する地域資料などを使った相互協力などには起こらない問題かもしれないが、相互協力をしていく場合にはライセンスのあるコンテンツをある程度利用できるシステムが必要かもしれない。このように、新しいサービスを進めていくためにはさまざまな課題がある。しかし、地域の情報拠点としての公共図書館において、多文化サービスと電子書籍の可能性を検証し、積極的に推進していく必要があるだろう。

5. 結論

　これまでの考察で、現在の公共図書館の多文化サービスは、電子書籍サービスによって向上または改善することができると考えられる。しかし実際の導入には、電子書籍サービス自体の普及率や多文化サービスへの応用の認知が低いことが大きな課題となっている。ただ電子書籍の普及が進めば解決される問題も多くあり、翻訳機能などの問題も認知度が十分にないことで進んでいない可能性も高い。実際に公共図書館以外の図書館で、電子化した資料を新しいかたちで提供していることもあり、公共図書館でもこれからの活用が期待される。

〈参考文献〉
1. 日本図書館協会『多文化サービス入門』2004.10
2. 『「図書館利用に障害のある人々」へのサービス』、『図書館界』61巻5号、2010年1月、p.476-494
3. 「公共図書館の多文化サービスを進めるために－情報ニーズ調査の必要性－」、『カレントアウェアネス』296号、2008年、p.2-4
4. 「図書館と多様性－多文化サービスの視点から－」、『図書館界』57巻4号、2005年、p.240-249
5. 「外国人サービスの原点を探る－図書館は何ができるか」、『図書館雑誌』84巻8号、1990年、p.475-477
6. 「在住外国人と図書館－多文化社会のインフラストラクチャーとしての図書館」、『図書館雑誌』84巻8号、1990年

第3章 ゼミ生がとらえた電子出版ビジネスと図書館

第8節

デジタル時代の学校図書館

田草川　みなみ
（立命館大学文学部日本文化情報学専攻3回生）

― 概　要 ―

電子書籍の流通に伴い、その特性を活かした電子教科書も開発され、すでにいくつかの学校で試験的に導入されている。しかしながら、学校が電子教科書を扱うようになっても、学校図書館で電子書籍を収集しているところは管見の限りはない。紙の本だけでなく電子の本も存在するこれからの時代に、学校図書館はどう対応するべきか、またどういった役割を求められるのか。

本稿では、まず学校図書館の定義や教育機関内での役割と、司書教諭の立ち位置・仕事について整理する。そして、これからの学校図書館・司書教諭に求められることについて考察する。

― キーワード ―

デジタル時代、学校図書館、司書教諭、情報活用能力、電子書籍

1. 学校図書館

1.1. 法的位置づけ

学校図書館とはどのような場所だろうか。学校図書館法[*1]の第2条には、
　「学校図書館」とは、小学校（盲学校、聾学校及び養護学校の小学部を含む。）、

[*1]　文部省「学校図書館法」1953.8.8
　　〈http://www.mext.go.jp/a_menu/sports/dokusyo/hourei/cont_001/011.htm〉〔引用日：2014-10-14〕

160

中学校（中等教育学校の前期課程並びに盲学校、聾学校及び養護学校の中学部を含む。）及び高等学校（中等教育学校の後期課程並びに盲学校、聾学校及び養護学校の高等部を含む。）（以下「学校」という。）において、図書、視覚聴覚教育の資料その他学校教育に必要な資料（以下「図書館資料」という。）を収集し、整理し、及び保存し、これを児童又は生徒及び教員の利用に供することによつて、学校の教育課程の展開に寄与するとともに、児童又は生徒の健全な教養を育成することを目的として設けられる学校の設備と定義されている。また、同法の第3条には「学校には、学校図書館を設けなければならない。」と設置義務も定められている。つまり、全国のすべての小中学校に学校図書館は設置されており、その設置目的である「学校の教育課程展開に寄与する」活動を全国どの小中高等学校にも学校図書館は設置されていて、その設置目的である「学校の教育課程の展開に寄与する」活動をしていることになる。

「児童又は生徒及び教員の利用に供する」方法についても、同法の第4条に規定されている。

1　図書館資料を収集し、児童又は生徒及び教員の利用に供すること。
2　図書館資料の分類排列を適切にし、及びその目録を整備すること。
3　読書会、研究会、鑑賞会、映写会、資料展示会等を行うこと。
4　図書館資料の利用その他学校図書館の利用に関し、児童又は生徒に対し指導を行うこと。
5　他の学校の学校図書館、図書館、博物館、公民館等と緊密に連絡し、及び協力すること。

1.2　現状と問題点

以下、現在の学校図書館の主な活動とそれらが内包する問題点についてまとめる。

(a) 貸出しサービス

学校の中の「図書館」として、児童生徒の求める資料の貸出しを行う。学校図書館は主たる利用者を児童生徒、教員に定めているため、児童書や子ども向けの図書、授業の参考になる資料が取りそろえられている。この貸出しサービスが全国の学校図書館で最も一般的な活用のされ方である。しかしながら、同

時に生徒の自主的な活動でもあるため、学校図書館の利用には個人差もある。
　貸出しサービスの要である「図書館資料」は、印刷資料と非印刷資料に大別できる。印刷資料は図書、逐次刊行物、紙芝居や地図等がある。非印刷資料は地球儀、模型、視聴覚資料として写真、CDやマイクロ資料が挙げられる。これに加えて、電子資料（あるいはネットワーク情報資源）の存在がある。具体的には、CD-ROMやDVD-ROM、電子書籍のことである。CD-ROMは一般的に広く浸透していることもあり、学校図書館でも所蔵している館がある程度存在することが予想されるが、その所持・貸出しについては調査されていないため、あくまでも予想である。昨今市場を拡大している電子書籍についても同様に調査がされていないが、残念ながらこちらはほとんどの学校図書館が収集していないだろう。公共図書館もそうであるが、図書館関係者には紙の本へのこだわりが強いからである。電子資料の収集の不十分については、設置目的の観点から、問題があるだろう。

(b) レファレンスサービス

　まず、レファレンスサービスについて説明しておく。レファレンスサービスとは、「何らかの情報ないし情報源の要求を満たすと思われる情報ないし情報源を提供し、あるいはその入手方法を指導（援助）することを目的とする人的サービスであり、かつ、それを直接支援する諸業務」[*2]である。

　学校図書館では「レファレンスサービス」と明確に呼ばれていないことが多いが、生徒が「～について知りたい」「～に関する資料が読みたい」といった要望を教師―特に学校図書館司書教諭や学校司書―に投げかけることは多いだろう。これは立派なレファレンスサービスの業務であり、学校図書館を預かる者は確実にこの質問に答えなければならない。レファレンスサービスとしての認知はないが、生徒が自分の興味のあること、学習のために司書教諭等に尋ねていることを鑑みれば、レファレンスサービスはよく利用されているといえる。もちろん、先に示している通り、学校図書館は児童生徒に限らず教員にも開かれた場所である。教員の質問に答えることもレファレンスサービスの一環である。

　一般的に、公共図書館では受けた質問・要望は記録をとって保存し、自館の

[*2] 長澤雅男『レファレンス・サービスの創造と展開』日外アソシエーツ、1990. p.10

ホームページに掲載するところが多い。近年では、国立国会図書館が「レファレンス協同データベース」[*3]を立ち上げた。「公共図書館、大学図書館、専門図書館等におけるレファレンス事例、調べ方マニュアル、特別コレクション及び参加館プロファイルに係るデータを蓄積し、並びにデータをインターネットを通じて提供することにより、図書館等におけるレファレンスサービス及び一般利用者の調査研究活動を支援することを目的」として2005年に開始し、2014年10月21日時点で参加館は634館まで増加。多くの公共図書館、大学図書館や専門図書館が参加している。一方、学校図書館はというと、その学校図書館内でのレファレンス事例は保存しているかもしれないが、他の学校図書館と共有する段階に至っているところは少ない。上記のレファレンス協同データベースでは2013年度から学校図書館も参加できるようになっているが、参加館は12館に留まっている。学校図書館プロジェクト「SLiiiC(スリック:School Libraries Communication, Collaboration, and Combination)」[*4]も「子どもレファレンス事例集」をそのホームページ内に設けて、各学校図書館のレファレンス事例を収集しているが、20件程度しか登録されていない。レファレンスサービスの向上のためにも、他の学校図書館や公共図書館とのレファレンス事例を共有できるフォームを整えることが求められる。

(c) 総合的な学習の時間

1998年の学習指導要領改訂により新設され、数年の移行期間を経て2000年に導入された「総合的な学習の時間」は、自ら課題を見つけ、自ら学び、考え、主体的に判断し、問題解決する能力等を育て、「生きる力」を育むことをねらいとしている。小中高等学校の学習指導要領には「学校図書館を計画的に利用しその機能の活用を図り、児童の主体的、意欲的な学習活動を充実すること」[*5]という文言が記載されている。このため、教師の間で横断的・総合的な学習や子どもたちの興味関心等に基づく学習など、創意工夫を凝らした教育活動を行うことになり、学校図書館を活用する気運が高まった。しかしながら、各学校において目標や内容を明確に設定していない、必要な力が児童の身につ

---

*3 　国立国会図書館「レファレンス協同データベース」
　　〈http://crd.ndl.go.jp/reference/〉(引用日:2014-11-10)
*4 　SLiiiC(学校図書館プロジェクト)〈http://www.sliiic.org/〉(引用日:2014-12-13)
*5 　文部科学省「子どもの読書活動推進ホームページ　学習指導要領(抜粋)」
　　〈http://www.mext.go.jp/a_menu/sports/dokusyo/hourei/cont_001/017.htm〉(引用日:2014-10-28)

いたかについて検証・評価を十分に行っていない、教科との関連に十分配慮していない、適切な指導が行われず教育効果が十分に上がっていないなど、総合的な学習の時間の実施の困難が目立った。これを承けて文部科学省は2003年に学習指導要領を一部改正し、「各教科や道徳、特別活動で身に付けた知識や技能等を関連付け、学習や生活に生かし総合的に働くようにすること、各学校において総合的な学習の時間の目標及び内容を定めるとともにこの時間の全体計画を作成する必要があること、教師が適切な指導を行うとともに学校内外の教育資源の積極的な活用などを工夫する必要があること」を明記した。

現在、導入されてから時間が経過し、現場の教員たちも徐々に総合的な学習の時間に慣れてきている。2008年度の全国一斉学力調査の結果では、学校図書館を計画的に授業で活用した学校では、成績集団の低・高層ともに学力の向上が見られたことが大きく報道[*6]された。このように、学校が学校図書館を計画的に活用して授業を展開する事例も見られるようになってはきている。その実践が、一部の学校が行うだけのものでなく、今後はどの学校においても自校の学校図書館を効果的に利用することが課題である。

(d) 公共図書館との連携

読書活動の推進を担う施設である公共図書館や学校図書館は、それぞれ独自に事業・サービスを行うだけでなく、お互いが連携し事業を進めることが期待される。

法的にもその連携が規定されており、「図書館法」[*7]には、

第3条　図書館は、図書館奉仕のため、土地の事情及び一般公衆の希望に沿い、更に学校教育を援助し、及び家庭教育の向上に資することとなるように留意し、おおむね次に掲げる事項の実施に努めなければならない。

（中略）

4　他の図書館、国立国会図書館、地方公共団体の議会に附置する図書室及び学校に附属する図書館又は図書室と緊密に連絡し、協力し、図書館資料の相互貸出しを行うこと。

（中略）

[*6]　「図書館活用で学力アップ」『朝日新聞』2008年12月16日 朝刊
[*7]　文部省「図書館法」1950.4.39.
　　〈http://www.mext.go.jp/a_menu/sports/dokusyo/hourei/cont_001/005.htm〉〈引用日：2014-10-28〉

9　学校、博物館、公民館、研究所等と緊密に連絡し、協力すること。

と明記されている。

同様に、「学校図書館法」の第4条5項においても、

5　他の学校の学校図書館、図書館、博物館、公民館等と緊密に連絡し、及び協力すること。

と規定されており、公共図書館に限らず幅広い連携が求められている。本稿においては、この連携については公共図書館との連携に重点を置く。なぜならば、ほかの機関と連携して学校図書館として不十分な部分を補うという目的のためだけでなく、本来の学校図書館の機能をよりよく発揮して児童生徒への読書や学習の支援を行っていくためには、学校図書館が公共図書館と連携していくことが望ましいからである。

では実際に、学校図書館と公共図書館はどのような連携を行っているのか。学校図書館と公共図書館の連携の現状については、岩崎（2011）[*8]の論文が詳しい。それによると、「資料・人的資源・設備の貧弱な学校図書館を公共図書館が全面的にバックアップしている事例が圧倒的に多く、連携というより支援という方がふさわしい」状況である。中には一方的な支援に終わらずに相互連携を図っている例もある。具体的には、静岡県浜松市が挙げられる。市では、公共図書館に学校図書館支援センターを設置し、司書教諭・教育委員会指導主事・市立図書館職員などで構成される「学校と市立図書館連携のための検討委員会」を置き、支援の方法として、資料の貸出しのほか、利用ガイダンス、児童生徒のための学校図書館利用のための手引きの作成、学校図書館担当者の研修を実施しており、公共図書館が深く関わっている事例といえる。

したがって、学校図書館と公共図書館の連携は、地域によって差が大きい。上述した静岡県は「読書県しずおか」を標榜し、県全体で学校図書館の活用に力を注いでいる。一方で、貧弱な学校図書館資料を補うために、公共図書館が学校図書館に団体貸出しを行うだけのところも存在する。こうした中で、まずは学校図書館が地域の公共図書館との連携を「支援」の形から脱し、相互連携の在り方を模索していくべきである。

---

*8　岩崎れい「CA1755-研究文献レビュー：学校図書館をめぐる連携と支援：その現状と意義」『カレントアウェアネス』No.309、2011.9.20
〈http://current.ndl.go.jp/ca1755〉（引用日：2014-12-13）

2. 司書教諭とは

2.1 司書教諭の定義

　司書教諭について、学校図書館法ではその役割等については明記していないが、文部科学省はその役割について、「司書教諭は、教諭として採用された者が学校内の役割としてその職務を担当し、学校図書館資料の選択・収集・提供や子どもの読書活動に対する指導等を行うなど、学校図書館の運営・活用について中心的な役割を担う」[*9]としている。

2.2 司書教諭の設置

　司書教諭の立場や資格は、学校図書館法第5条に定められている。
　　第5条　学校には、学校図書館の専門的職務を掌らせるため、司書教諭を置かなければならない。
　　2　前項の司書教諭は、主幹教諭（養護又は栄養の指導及び管理をつかさどる主幹教諭を除く。）、指導教諭又は教諭（以下この項において「主幹教諭等」という。）をもつて充てる。この場合において、当該主幹教諭等は、司書教諭の講習を修了した者でなければならない。
　　3　前項に規定する司書教諭の講習は、大学その他の教育機関が文部科学大臣の委嘱を受けて行う。
　　4　前項に規定するものを除くほか、司書教諭の講習に関し、履修すべき科目及び単位その他必要な事項は、文部科学省令で定める。

　項目2より、学校図書館には司書教諭を置くものと定めていることがわかる。しかしながら、附則に「2　学校には、平成15年3月31日までの間（政令で定める規模以下の学校にあつては、当分の間）、第5条第1項の規定にかかわらず、司書教諭を置かないことができる。」と補足されていることから、多くの学校が司書教諭を置かずにいた。その実情を受けて、1997年に、2003年4月1日以降は、12学級以上の学校には必ず司書教諭を置かなければならないと学校図書館法が一部改正された。**表1**は文部科学省が実施した、「学校図書館の現

[*9]　文部科学省「司書教諭　よくある質問集」
　　　〈http://www.mext.go.jp/a_menu/shotou/dokusho/sisyo/1327733.htm〉（引用日：2014-10-28）

表1　司書教諭の発令状況

<司書教諭の発令状況>	全体の状況	12学級以上の学校における発令状況
小学校	64.6%（62.7%）	99.6%（99.5%）
中学校	61.2%（59.3%）	98.4%（98.2%）
高等学校	83.2%（81.0%）	95.9%（94.4%）
<学校図書館担当職員（いわゆる「学校司書」）の配置状況>	配置学校数	全体に占める割合
小学校	10,037校（9,612校）	47.8%（44.8%）
中学校	5,056校（4,913校）	48.2%（46.2%）
高等学校	3,387校（3,528校）	67.7%（69.4%）

＊調査における学校図書館担当職員とは、専ら学校図書館に関する業務を担当する職員をいい、教員を除いている。また、ボランティア（無償で活動を行う者）についても除いている。（同資料より抜粋）
＊数字は2012年5月時点、（　）内は2010年時点の数値である。

状に関する調査」[10]の結果である。

　表1から、全体的に数値は増加傾向にあるが、学校図書館担当職員を配置している割合は小中学校が半分以下、高等学校は減少して約7割であり、十分とはいえない。また、司書教諭が必置になった12学級以上の学校における発令状況は100％に近いが、実際に12学級以上の学級がどの程度担当職員を配置しているのかについては明記されていなかったため不明である。

　また、司書教諭は配置されても大抵の場合は一校に一人である。学校司書が配置されている場合は協力して学校図書館を運営することができるが、司書教諭が配置されている場合は学校司書を置かない学校が多く、司書教諭と学校司書を両方配置しているという学校は稀だろう。すなわち、司書教諭は一人で図書館の運営をしなければならないのである。これは学校司書にもいえることであるが、児童生徒に関心を持ってもらえるような工夫をすること、蔵書の点検や貸出し作業を一人でこなすことは大変なことである。加えて、司書教諭であれば、調べ学習の指導や教科担任との連携が求められる。すべての準備を一人で行うことは大変な負担であり、経験者からのサポートがあるわけではないため、手探りでの業務になる。こうした実情から、「一人職場」とも形容されている。

＊10　文部科学省「平成24年度　学校図書館の現状に関する調査（報告）」2013.3.28.
　　〈http://www.mext.go.jp/a_menu/shotou/dokusho/link/index.htm〉（引用日：2014-12-1）

2.3　学校司書との違いとそれぞれの役割

　ここまで、「司書教諭」について説明をしてきたが、学校図書館担当職員の中には「学校司書」も存在する。司書教諭と学校司書の違いについては文部科学省がホームページ上で詳しく記載しているが、**表2**はそれを参考に簡潔にまとめたものである[*11]。

　また、司書教諭と学校司書のそれぞれの業務については、全国学校図書館協議会の規定を以下に示す。

＜司書教諭＞

　司書教諭は主に学校図書館の経営及び指導面を担当します。学校図書館の経営方針や経営計画を立て、年間運営計画等を作成します。また、学校図書館の機能を活用する学習指導、読書指導、情報活用能力の育成指導等に協力、支援したり、自ら指導したりします。学校司書が配置されていない場合には、学校図書館の運営、学校図書館メディアの整備、学校図書館の整備等行います。主な活動としては**表3**のものがあります。

＜学校司書＞

　学校司書は、主に学校図書館サービスと技術的な面を担当します。学校図書館メディアの紹介、提供、情報サービス、広報、学校図書館メディアの整

表2　司書教諭と学校司書の違い

	司書教諭	学校司書
設置根拠	学校図書館法第5条第1項より必置。	制度上の設置根拠なし。
位置づけ	【業務】学校図書館の専門的職務。【職種】主幹教諭、指導教諭又は教諭をもって充てる（学校図書館法第5条第2項より）。	【業務】制度上の業務の定めなし。【職種】学校事務職員（学教法第37条第1項・第14項）。
資格	司書教諭の講習を修了した者。	制度上の資格の定めなし。
給与等の負担	公費負担。	公費負担及び一部私費負担。
国による定数措置	教諭等について定数措置。※司書教諭のための特別の定数措置はなし。	学校事務職員の複数配置により、一定規模以上の学校（の一部）について定数措置。
勤務形態	常勤。	常勤又は非常勤。

＊学校司書とは、専門的な知識・経験を有する学校図書館担当事務職員
出典：文部科学省ホームページより

[*11] 文部科学省「司書教諭といわゆる「学校司書」に関する制度上の比較」
〈http://www.mext.go.jp/a_menu/shotou/dokusho/meeting/08092920/1282905.htm〉
（引用日：2014-11-24）

表3　司書教諭の主な仕事

学校図書館経営の方針 年間運営計画の立案 研修計画の立案 学校図書館組織の編成 規則・基準類の作成	学校図書館評価 読書指導への協力・支援 学習指導への協力・支援 情報活用能力育成指導への協力・支援 児童生徒図書館委員会の指導

出典：全国学校図書館協議会,「新任司書教諭の方へ」「新任学校司書の方へ」より抜粋
〈http://www.j-sla.or.jp/〉（引用日：2014-11-24）

備等です（**表4**）。学校図書館を活用する学習活動が円滑に行われるように支援も行います。

3. 学校図書館に求められること

ここまで、学校図書館と司書教諭の現状や問題点について述べてきたが、それらの展望についてまとめる。

3.1　電子化

昨今は公共図書館の電子図書館化が求められているが、学校図書館も同様に電子化が求められる。学校図書館の電子化とは、蔵書のデータベース化や情報機器の導入することである。平成24年における「蔵書のデータベース化の状況」、「児童生徒が使用可能なコンピュータを整備している学校図書館の割合」は**表5**の通りである。

表4　学校司書の主な仕事

貸出・返却 予約 リクエスト 館内整備 掲示・展示 レファレンス・サービス	情報の提供 図書の紹介 広報紙の作成 ホームページの作成・更新 コンピュータ等の管理 データ入力

出典：全国学校図書館協議会,「新任司書教諭の方へ」「新任学校司書の方へ」より抜粋
〈http://www.j-sla.or.jp/〉（引用日：2014-11-24）

表5　蔵書のデータベース化とコンピュータを整備している学校図書館の割合

	蔵書のデータベース化の状況	コンピュータを整備している学校の割合
小学校	64.1%（51.2%）	38.7%
中学校	65.1%（50.7%）	35.5%
高等学校	87.2%（84.3%）	69.1%

出典：「平成24年度学校図書館の現状に関する調査」文部科学省、2013

蔵書のデータベース化は50％以上であるものの、十分とは言い難く、また情報社会においてインターネットが有用なメディアでありながらその整備状況が小中学校で半分以下、高等学校においても70％未満という状況は学校図書館の意義を考えると憂慮すべき事柄である。学校図書館にコンピュータを整備し、学校図書館情報をデータベース化し、他校の学校図書館や公共図書館とオンライン化することは、地域全体での読書活動の推進につながり、図書の共同利用や各種類の検索、多様な興味・関心に応える図書の整備等が可能になる。また、コンピュータ教室に留まらず、学校図書館、普通教室、特別教室等を校内LANで接続し、学校内のどこであってもさまざまな情報資源にアクセスできる状態が理想的である。近年、探求型の調べ学習が推奨されているが、そうした学習活動には紙の資料だけでなく、電子資料も必要であることから、引き続き整備を促進すべきである。

学校図書館のメディアを構成するのは、既存の図書や雑誌、新聞のような紙媒体だけでなく、現在注目を集めている電子書籍も含む。学校図書館は、多様なメディアを児童生徒、教員に提供し、児童生徒が利用できる機会を積極的に作っていくべきである。

3.2 センター機能

文部科学省は、学校図書館の機能を次の4つに分類している。
（1）読書センター機能
（2）学習・情報センター機能
（3）情報センター機能
（4）その他の機能

これらの機能については、これまで言及されてこなかったわけではない。例えば、「学習情報センター機能」は、早くには1994年の文部科学省の「児童生徒の読書に関する調査研究協力者会議」で用いられた。しかしながら、これまでこれら機能について言及されていながら、充分にその機能を引き出せていないのが現状であるために、近年においても、なお提唱され続けている。また、各機能のさらなる発展の可能性も期待されるところである。

(a) 読書センター機能

読書センター機能とは、「児童生徒の想像力を培い、学習に対する興味・関

心等を呼び起こし、豊かな心をはぐくむ、自由な読書活動や読書指導の場」としての機能のことである。学校という教育機関内の図書館として、児童生徒に読書をする場を提供すること、また読書活動の推進を担うべきであるとする考え方によるものである。

現状としては、学校種によって違いはあるものの、全校一斉読書や、読み聞かせ、ブックトークのような取組みは多くの学校で行われている。有名なものでは、「朝の読書」*12と呼ばれる取組みがあるが、これは1988年に千葉県の私立高校で始まり、以降全国に波及し、2014年12月時点では小学校で1万6940校（80.1％）、中学校で8632校（80.9％）、高等学校で2204校（44.0％）が実施している。また、従来からの取組みとして読書感想文も引き続き行われ、読書活動の推進を図っている。しかしながら、読書感想文はそれを書くための読書にもなりえ、本の内容に入り込めず、十分に楽しんで読むということができないという弊害もあるため、一概に読書感想文が優れた読書活動とは言い難い。一部では、読書マラソン*13、読書会・読書討論会、読書ゆうびん*14、読書のアニマシオン*15、ビブリオバトルといった特色ある活動も行われている。しかしながら、上記の取組みがなされていながらも、一定時間以上の読書をしている児童生徒は中学生で減少し、いわゆる「不読者」になる傾向がある。これは、中学生以降は部活動や塾といった習い事により、読書をする時間が確保できなくなることが原因と分析できる。

この読書センター機能は、学校図書館の最も基本的な機能であるがために、見落とされがちな機能である。読書センター機能が求められるようになった背景には、**表6**のような国の政策が関わっている。

学校図書館は、これからも学校内の中心となって、子どもの読書活動を推進していくべきである。本と子どもをつなぐには、子どもに多様な読書体験をもたらすことも重要だろう。他校種・異年齢を横断して、中高生が小学生へ、あるいは小学校高学年が低学年へ、読み聞かせを行うほか、学級担任・司書教諭・学校司書・図書委員の児童生徒による読み聞かせを行うことによって、子ども

---

*12 朝の読書推進協議会「広げよう『朝の読書』」
　〈http://www.mediapal.co.jp/asadoku/index.html〉（引用日：2014-12-2）
*13 例えば「1年間に1万ページ」、「卒業までに100冊」といったように、読書量の目標を定め、目標達成に向けた継続的な読書を奨励する取組み。
*14 本を読んだ印象や感動をもとに、読書のすすめを「ゆうびんはがき」に文章と絵で表現する取組み。

表6　読書センター機能に関する国の政策

1990年代	社会全体の「読書離れ」「活字離れ」に警鐘が鳴らされる。
2000年	「子ども読書年」「子ども読書の日」(4月23日)提唱。読書に対する機運が高まる。
2001年	「子どもの読書活動の推進に関する法律」が議員立法により制定される。
2002年8月	「学校図書館図書整備5カ年計画」(毎年130億円の図書費)。
2002年8月	「第1次子どもの読書活動の推進に関する基本的な計画」発表。全ての都道府県においては、「子ども読書推進計画」が策定され、市町村レベルでも「推進計画」を策定して推進活動を行う動きも見られる。
2004年	OECD「PISA 2003」調査結果発表。持っている読解の知識や技能を、実生活の様々な場面で直面する課題においてどの程度活用できるかを評価する「読解力」(注1)の項目が低下傾向にあることが示される。
2005年	「文化・活字文化振興法」制定。国・地方公共団体は「学校教育における言語力の涵養」のための施策を講ずべきことが明記される。
2007年	「新学校図書館図書整備5カ年計画」(毎年200億円の図書費)。
2007年12月	OECD「PISA 2006」調査結果発表。
2008年3月	「新学習指導要領」告示。
2008年3月	「第2次子どもの読書活動の推進に関する基本的な計画」。
2010年	「国民読書年」制定。国会決議が衆議院及び参議院において行われ、子どもも含め、国民全体における読書への意識を更に目指し、真に躍動的なものにしていくため、「政官民が協力し、国をあげてあらゆる努力を重ねること」(注2)が宣言される。
2010年12月	OECD「PISA 2009」調査結果発表。
2013年5月	「第3次子どもの読書活動の推進に関する基本的な計画」閣議決定。

注1：PISAにおける「読解力」は、「自らの目標を達成し、自らの知識と可能性を発達させ、効果的に社会に参加するために、書かれたテキストを理解し、利用し、熟考評価する能力」と定義されており、我が国の国語教育等で従来用いられていた「読解」ないし「読解力」という語の意味する所とは大きく異なる。
出典：文部科学省「これからの学校図書館の活用の在り方等について（報告）」2009. p.8)
注2：参議院本会議「国民読書年に関する決議」2008.6.6.
出典：〈http://www.sangiin.go.jp/japanese/gianjoho/ketsugi/169/080606-1.html〉
（引用日：2014-12-7）

に読書への興味を持ってもらいやすくなるだろう。加えて、地域のボランティアや保護者にも参加してもらい、多様な読書環境を整備することで、読書だけでなく地域の人との交流も図ることができる。生涯学習の視点からも、子ども時代に読書の楽しさを学ぶことは、その後一生を通じての読書活動を推進することにもつながる。学校図書館を生涯学習の一拠点と見なして、活動を展開するべきである。

(b) 学習・情報センター機能

　学習情報センター機能とは、「児童生徒の自発的、主体的な学習活動を支援

＊15　子どもたちに読書の楽しさを伝え、子どもが生まれながらに持つ「読む力」を引き出すための効果的な読書指導手法。

するとともに、情報の収集・選択・活用能力を育成して、教育課程の展開に寄与する」機能のことである。具体的には、図書やそのほかの資料を使った授業、教科等の日常的な指導における学校図書館の「学習の場」としての活用に加えて、紙媒体の資料以外にインターネット等の電子資料も含めて学習ができるよう、多様なメディアを提供して、資料の収集・選択・活用能力を学ぶ授業の展開に寄与する、あるいは司書教諭がメディアを活用した利用指導等の取組みを通じて児童生徒の情報活用能力を高めるための授業を企画・実施する「情報センター」としての役割を担うと考えられている。なお、2014年3月に発表された「これからの学校図書館担当職員に求められる役割・職務及びその資質能力の向上方策等について」においては、それぞれ「学習センター」「情報センター」と分けて述べられている。

「学習情報センター」という言葉は、早くには1994年の「児童生徒の読書に関する調査研究協力者会議」において用いられている。1998年に出された、情報化の進展に対応した初等中等教育における情報教育の推進等に関する調査研究協力者会議（旧文部省）の最終報告「情報化の進展に対応した教育環境の実現に向けて」でも、「学校図書館については、コンピュータやインターネット利用環境を整え、司書教諭の適切な指導の下に子どもたちの主体的な学習を支援し、読書センターとしての機能に加えて、「学習情報センター」として機能を強化していく必要がある」と述べられている。その後も度々これら機能については提言されてきてはいるが、コンピュータの整備やインターネットの導入は現在においてもまだ十分とはいえない状況である。学校図書館にコンピュータの設置がなされないのは、予算の都合もあるだろうが、教室やパソコン室にコンピュータが配置されているためそれで十分と認識されていることもある。しかしながら、図書館とは利用者にあらゆるメディアの情報へのアクセスを保障することを理念としていることから、学校図書館も児童生徒や教職員に対して、あらゆるメディアの情報へのアクセスを保障し、効率的な情報提供を行うべきであり、そのためにもコンピュータの整備は急ぐべき問題である。

(c) 教員のサポート機能

学校図書館法の2条に「児童又は生徒及び教員の利用に供する」と定められていることから、学校図書館は教員のための図書館資料を収集・整理・保存しなければならない。また、総合的な学習の時間の項でも示したが、学習指導要

領の総則には小中高等学校のいずれにおいても「学校図書館を計画的に利用しその機能の活用を図り、児童の主体的、意欲的な学習活動を充実すること」と記されているため、各教科を通じて、どの教員もこれを実現しなければならない。教科等の授業研究のための研究文献や教員向けの指導資料、教材として使用可能な図書を収集したり、こうした図書資料のレファレンスやほかの図書館から資料を取り寄せる等のサービスを行ったりする教員のサポート機能も、学校図書館が本来担うべき役割の一つである。

　総合的な学習の時間の導入により、確かに教員も学校図書館の活用を意識し、創意工夫を凝らした授業を展開しようとしている。教員向けの資料の収集に関しては、学校により差があるだろう。一例として大阪府の箕面市立西南小学校を挙げると、教員が授業を計画する上で必要な資料は、市の教育センターや公共図書館から学校図書館が貸出しを受けている[16]。学校図書館は、公共図書館と比較するとほとんどが小規模であり、所蔵できる図書や資料に限りがある。そのため、市の教育センター、公共図書館との連携を試みることが肝要だろう。

　教科等の授業を改善し、充実させる上で、学校図書館が教員サポート機能を発揮していくことは、特に大切である。既述のとおり、学校図書館法において明確に教員のサポート機能を規定されていながら、これまで長年にわたりその機能が発揮されてこなかった背景は、以下のような事情が考えられる[17]。

（1）学校図書館の蔵書整備においては、児童生徒の読み物（とりわけ文学作品等）の購入が最優先され、教師用の指導資料や、授業研究のための文献資料等までは、整備が行き届かない現実があること。

（2）学校図書館法附則の規定により、本来置かれるべき司書教諭の配置が長年にわたり猶予された経緯があり、学校図書館を活用した教科等の指導内用・方法等について、他の教師に指導・助言できるような人材を、校内に得られなかったこと。

（3）教員の間で、児童生徒の自主性・主体性を尊重した指導の重要性に対する認識が十分に浸透せず、そのため、それぞれの教師自身も、学校図書館活

---

[16] 高木京子「箕面市における学校図書館と公共図書館との連携―学校図書館からの報告―」2009.3.31.
〈http://www.library.pref.osaka.jp/central/harappa/takagi.html〉（引用日：2014-12-4）

[17] 文部科学省『これからの学校図書館の活用の在り方等について』（審議経過報告）2008年9月
〈http://www.mext.go.jp/a_menu/shotou/dokusho/〉（引用日：2014-12-4）

ゼミ発表「デジタル時代の学校図書館」

用への意欲・動機づけに乏しいといった状況が、長くあったこと。

しかしながら、近年においては、学校図書館図書基準の達成を目指した計画的な地方財政措置や、12学級以上の全学校への司書教諭配置義務づけと未配置校における発令の促進、「生きる力」を育む教育についての理念の共有など、上記のような背景事情にも変化が生じており、各学校・教育委員会等の努力により、学校図書館の教員サポート機能を格段に向上させることが可能な状況となってきている。教育指導の専門職たる教員にとって、もとより情報資料等のサポート環境は不可欠であり、学校図書館においても、学校図書館法の規定に基づき、そのための相応の役割を果たしていくことが、当然に求められる。また、とりわけ最近では、個々の教員の創意工夫による教育活動の充実がますます重要となる一方、それぞれの教員について見れば、その業務は一般に多忙となっており、子どもたちへの指導の準備に要する時間も含め、子どもと向き合う時間の確保に困難を抱えている実状がある。こうした中にあって、教員に最も身近な情報史両拠点である学校図書館を、教材研究や授業準備等の支援に有効に活用していけるようにすることは、もはや猶予を許されない課題であると考える。

以上を踏まえ、学校図書館が本来有するべき教員サポート機能を発揮するよう、あらためて、必要な取組みを促進していく必要がある。

(d) そのほかの機能
(i) 子どもたちの「居場所」の提供

そのほかの機能の一つは、「子どもたちの「居場所」の提供」である。学校は基本的に集団生活である。そうした中で昼休憩や放課後は集団から離れ、児童生徒が自分の時間を過ごしたり、年齢の異なる人々と交流できる場でもある。クラスとは違った環境で過ごすことができる学校図書館を「心の居場所」としている児童生徒もいるだろう。子どもたちが生き生きとした学校生活を送れるようにするため、また生徒指導上の観点からも学校内に児童生徒の「心の居場所」となる場を設けることは重要であり、その点学校図書館は放課後も開放されており、安全であり、自由に読書活動をしたり、勉学に勤しむこともできる場所でもある。このように、学校図書館の「心の居場所」としての機能も期待されている。

(ii) 家庭・学校における読書活動の支援

もう一つは、「家庭・学校における読書活動の支援」である。生涯学習に対する国民の関心が高まっている昨今においては、学校図書館を地域住民全体のための文化施設として開放すべきという要請も多い。地域における読書活動の核として、学校図書館の施設や機能を地域住民に供することも重要である。「地域開放型」の図書館として、地域住民に対する施設としてより明確に位置づけを行い、その機能に応じられる蔵書や設備を整え、地域住民や子どもたちに開放することもよいだろう。

4. 司書教諭のこれから―情報活用能力の育成

情報活用能力とは何か。日本では、臨時教育審議会の「教育改革に関する第2次答申」[18]において行政文書として初めて用いられた。この答申では、「情報活用能力（情報リテラシー―情報および情報手段を主体的に選択し活用していくための個人の基礎的な資質）」と定義されている。情報化の進展に対応した初等中等教育における情報教育の推進等に関する調査研究協力者会議の第1次報告「体系的な情報教育の実施に向けて」において、情報教育で育成すべき情報活用能力の内容を挙げているが、以下がその三つの観点である。

(1) 情報活用の実践力…課題や目的に応じて情報手段を適切に活用することを含めて、必要な情報を主体的に収集・判断・表現・処理・創造し、受けて

---

*18 臨時教育審議会「教育改革に関する第2次答申」文部科学省、1986

の状況などを踏まえて発言・伝達できる能力
(2) 情報の科学的な理解…情報活用の基礎となる情報手段の特性の理解と、情報を適切に扱ったり、自らの情報活用を評価・改善するための基礎的な理論や方法の理解
(3) 情報社会参画する態度…社会生活の中で情報や情報技術が果たしている役割や及ぼしている影響を理解し、情報モラルの必要性や情報に対する責任について考え、望ましい情報社会の創造に参画しようとする態度

　以上の3観点をバランスよく育成することを重視している。
　情報活用能力の育成は情報化の進展した現代の社会では急務であり、学習指導要領にも情報教育に関する内容を充実させ、小中高等学校で段階的に学習することを明記した。2003年には高等学校に教科「情報」が新設され、全国的な未履修問題や科目としての存続を疑問視する要望書が提出[19]され、存続が危ぶまれたものの、2009年告示の新学習指導要領で大幅に改善され、引き続き教科として残ることとなった。
　教科「情報」があることから、司書教諭が必ずしも児童生徒の情報活用能力を直接育成する必要はないかもしれない。しかしながら、「学習・情報センター」を司る者として、「図書館資料を活用して児童生徒や教員のニーズに対応することや児童生徒に対する情報活用能力の育成を目的とした指導が円滑かつ効果的に行われるよう、必要な機材・機器や授業構成等について、教員と事前の打合せ行うこと」[20]が求められる。
　すなわち、司書教諭は直接児童生徒に関わることはなくとも、学校内で情報活用能力の育成が効果的に行われるように、児童生徒や教員をサポートする必要がある。

5. おわりに

　学校図書館はこれまで読書の好きな一部の生徒のみが利用し、閑散としたイメージを抱かれがちであったが、この20年間でさまざまな措置が講じられ、

---

[19] 教育マルチメディア新聞「教科「情報」を選択教科に」教育家庭新聞、2007.4.
〈http://www.kknews.co.jp/maruti/2007/news/070413.html〉（引用日：2014-12-13）

探求型学習における活用、「学習・情報センター」としての利用、司書教諭の必置促進等、発展に向けた取組みが国・地方公共団体で行われてきた。

しかしながら、本稿で指摘していたように十分でない部分も多く、また今後の情報社会の発展、家庭環境における情報デバイスの変化による子どもを取り巻く情報環境の変化が予想されることから、司書教諭や学校図書館に携わる多くの教育者は日々日本の情報教育の体制や実状について理解を深め、現状の改善をなさなければならない。

本稿では、便宜上学校図書館と司書教諭に分けて、それぞれの法的位置づけ、現状や問題点、展望について論じたが、本来であれば、学校図書館と司書教諭は切り離して考えることはできない。学校図書館を取り巻く環境は司書教諭を取り巻く環境でもあり、司書教諭に求められる役割は学校図書館で行われることにもつながる。

それぞれが密接に関連し合って成り立っているのである。今後は学校図書館、司書教諭を結びつけるとともに、多角的な視野からの研究を行いたい。

＊20　学校図書館担当職員の役割及びその資質の向上に関する調査研究協力者会議「これからの学校図書館担当職員に求められる役割・職務及びその資質能力の向上方策等について（報告）」文部科学省、2014.3.31、p.9

〈参考資料〉
1. 渡辺重夫『学校図書館概論』勉誠出版、2002
2. 中村百合子「学校図書館の電子化に向けて」高度映像情報センター、2003
〈http://www.dvd.ne.jp/d-sigoto/d-01/06/d-01-06.html〉（引用日：2014-12-13）
3. 根本彰『インターネット時代の学校図書館　司書・司書教諭のための「情報」入門』東京電機大学出版局、2003
4. 足立正治「CA1671-「探究」を促進する学校図書館」カレントアウェアネス No.297、2008.9.
〈http://current.ndl.go.jp/ca1671〉（引用日2014-12-13）
5. 志村尚夫『学習指導・調べ学習と学校図書館　改訂版』青弓社，2009
6. 志村尚夫『情報メディアの活用と展開　改訂版』青弓社，2009
7. 森田盛行「CA1698-これからの学校図書館―新学習指導要領と教育の情報化をめぐって」カレントアウェアネス No.302、2009.12.20
〈http://current.ndl.go.jp/ca1698〉（引用日：2014-12-13）
8. 子どものサポーターズ会議「これからの学校図書館の活用の在り方等について（報告）」文部科学省、2009
9. 日本図書館協会『情報リテラシー教育の実践　すべての図書館で利用教育を』、2010
10. 岩崎れい「CA1755-研究文献レビュー：学校図書館をめぐる連携と支援：その現状と意義」カレントアウェアネス No.309、2011.9.20
〈http://current.ndl.go.jp/ca1755〉（引用日：2014-12-13）
11. 志村尚夫『読書と豊かな人間性の育成　改訂版』青弓社、2011
12. 文部科学省「第3次子どもの読書活動の推進に関する基本的な計画」、2013.5.17
〈http://www.mext.go.jp/b_menu/houdou/25/05/1335078.htm〉（引用日：2014-12-13）
13. 文部科学省「平成24年度　学校図書館の現状に関する調査（報告）」、2013.3.28．
〈http://www.mext.go.jp/a_menu/shotou/dokusho/link/index.htm〉（引用日：2014-12-1）
14. 河西由美子「CA1722-研究文献レビュー：学校図書館に関する日本国内の研究動向―学びの場としての学校図書館を考える」カレントアウェアネス No.304、2014.6.20
〈http://current.ndl.go.jp/ca1722〉（引用日：2014-12-13）
15. 小野永貴「CA1832-教科「情報」と図書館」カレントアウェアネス No.321、2014.9.20
〈http://current.ndl.go.jp/ca1832〉（引用日：2014-12-13）
16. 学校図書館担当職員の役割及びその資質の向上に関する調査研究協力者会議「これからの学校図書館担当職員に求められる役割・職務及びその資質能力の向上方策等について（報告）」文部科学省、2014.3.31
〈http://www.mext.go.jp/b_menu/shingi/chousa/shotou/099/houkoku/1346118.htm〉
（引用日：2014-12-13）

第9節

電子コミックの収集
―新たなアーカイブの構築

村井　燦
（立命館大学文学部日本文化情報学専攻3回生）

― 概　要 ―

　近年、スマートフォン、タブレット型端末の普及により電子書籍市場が拡大している。その中で市場を最も支えているのがコミックの分野である。出版社も紙媒体で販売されていたコミックや既存のマンガ雑誌の電子化に積極的に取り組んでいる。多くの電子コミック等が配信される一方で、電子コミックの収集・保存が追いついていないという事実も存在している。国立国会図書館は、2013年7月にオンライン資料収集制度（eデポ）を開始し、オンライン資料の収集に取りかかった。本稿では、オンライン資料の中でも電子コミックを取り上げ、収集の現状と課題について考察する。

― キーワード ―

電子コミック、オンライン資料、制度的収集、国立国会図書館、アーカイブ

1.　はじめに

　電子コミック市場規模は、年々拡大し、右肩上がりの傾向がある。

　電子コミックは、2011年度に携帯電話の主流がいわゆるガラケーからスマートフォンへと移行する際、移行が遅れ、停滞したものの、紙と電子のコミックの同時発売（サイマル配信）や各出版社が優先的にコミックコンテンツの電子化を行ったことでタイトルが充実し、その結果、2013年度のスマートフォン等の新プラットフォーム向けのコミック市場は611億円[*1]、と電子書籍市

場936億円のうちの大きな割合を占めている。

　また最近では2014年10月8日、スマートフォン向け通話アプリ（ソフト）のLINEと講談社・小学館等が日本のマンガを海外に配信する合併会社を設立し、日本のマンガを翻訳し英語圏や台湾向けに配信することを発表した[2]。日本のマンガは海外でも人気だが、無断で翻訳されてネットで公開される海賊版が問題となっていたこともあり、正規版として配信することを決定したことによって日本だけでなく海外にまで範囲が広がり、ますます電子コミック市場は拡大されていくことが推測できる。

　一方で、多数の電子コミックが販売・配信され、ユーザーが利用している中で収集が追いついていないという問題がある。そこで、国立国会図書館は2013年7月、国立国会図書館法の改正施行により、私人（民間の出版社、個人等）がインターネット等で公開しているオンライン資料（電子書籍・電子コミック等を含む）を収集する「オンライン資料収集制度」（愛称：eデポ）を開始した。この制度は、出版社への配慮から当面無償・DRMなしのオンライン資料を対象としていることから、電子コミックに関しては全く手がつけられていないというのが現状である。本稿では、電子コミックの収集について取り上げていく。本稿では、オンライン資料について「オンライン資料とは、インターネット等により出版（公開）される電子情報で、図書または逐次刊行物に相当するものであり、電子書籍・電子コミック・電子雑誌等を指す」[3]という国立国会図書館の定義を踏襲する。調査目的・方法は、電子コミックの収集、および今後の展開・課題について文献による調査とともにインタビュー調査を行う。

2. オンライン資料収集制度について

2.1　オンライン資料収集制度ができるまでの経緯

　オンライン資料収集制度が開始されるまでに国立国会図書館はさまざまなことに取り組み、資料を収集してきた。**表1**は、国立国会図書館の資料収集の歴史をまとめたものである[4]。日本における唯一の国立図書館として、国立国

---

[1]　インプレス総合研究所編『電子書籍ビジネス調査報告書2014』インプレス、2014、p.26
[2]　『読売新聞』2014年10月9日付け朝刊12面
[3]　国立国会図書館「オンライン資料収集制度」
　　〈http://www.ndl.go.jp/jp/aboutus/online/index.htm〉（引用日：2014-12-07）

表1　国立国会図書館における資料収集の歩み

1948年5月	納本制度による資料収集開始
2000年10月	パッケージ系電子出版物（CD-ROM等）の納本制度による収集開始
2002年11月	インターネット資料収集保存事業（WARP）開始（許諾による収集）
2010年4月	公的機関のインターネット資料収集制度開始
2013年7月	オンライン資料収集制度（eデポ）開始（無償かつDRMのない民間オンライン資料）

出典：藤原誠「国立国会図書館におけるオンライン資料収集制度について」
『現代の図書館』Vol.51 No4 2013.10 p231 より筆者作成

会図書館は納本制度により国内で刊行される出版物を網羅的に収集してきた。これは、国立国会図書館法（昭和23年法律第5号）によって定められている。

しかし、オンライン資料は納本制度の対象外であった。2000年にはインターネットが普及し、情報がウェブサイトに集まるようになっていた。当時は、発信者の許諾を受けウェブサイトを収集していた。そこで、2010年の4月に国立国会図書館法および著作権法の改正により国の公的機関等が発信するネット資料の収集が可能になったが、民間のウェブサイトの収集は法制度では収集対象にならず許諾を得たサイトのみ収集していた。つまり、時代の変化に法制度が追いついていけなかったのである。収集したウェブサイトは、必要なデータを取り出しオンライン資料として保存・提供していた。

民間のオンライン資料の収集については国立国会図書館納本審議会で審議され、2010年6月の審議会答申「オンライン資料の収集に関する制度の在り方について」[5]においてオンライン資料を他の情報と区別して包括的に収集することは可能であり、そのような制度を設けることは適当であるとの結論に至った。

2.2 収集する目的とは

国立国会図書館では、1948年5月から国内で発行される印刷物の書籍や逐次刊行物等について、その全点を収集し所蔵するという納本制度を国立国会図

---

*4　藤原誠「国立国会図書館におけるオンライン資料収集制度について」
　　『現代の図書館』Vol.51 No4、2013.10、p.231、表1
*5　国立国会図書館「オンライン資料の収集に関する制度の在り方について」
　　〈http://www.ndl.go.jp/jp/aboutus/deposit/council/s_toushin_5.pdf〉（引用日：2014-12-07）

書館法で定めている[*6]。

　収集する目的について国立国会図書館は、こう述べている。

> 国政審議に役立てるため、また、国民共有の文化的遺産として保存し、広く利用に供し、日本国民の知的活動の記録として後世に伝えていくためである。

つまり、書籍を文化財として位置づけし、保存することで将来にわたって研究等で活用するために収集している。

　そして、納本制度で対象外であった電子書籍等も内容については紙の書籍同様に重要なものであり文化財として蓄積・利用されるべきだと指摘され収集するための制度が確立された。

　藤原誠は、「電子情報は情報の削除、修正等の更新が容易に可能であり、極めて脆弱性の高いものである。そういった電子情報を当館が収集、保存することは重要な責務と考えられる」と国立国会図書館がオンライン資料を収集することの意義を指摘している[*7]。

　さらに、2012年に国立国会図書館が定めた「私たちの使命・目標2012-2016」[*8]においても「納本制度を一層充実させて、国内出版物の網羅的収集に努めるとともに、印刷出版物にとどまらず、電子的に流通する情報を含め、さまざまな資料・情報を文化的資産として収集し、保存します」と明記され、戦略的目標では「電子書籍・電子雑誌の網羅的収集に向けて、段階的に法制度を整備し、収集・保存に着手します」と書かれていることからオンライン資料を収集することは国立国会図書館にとっても喫緊の課題となっている。

2.3　収集対象とは

　2013年7月から開始されたオンライン資料収集制度（ｅデポ）での収集対象資料[*9]は、図1からもわかるようにオンライン資料の中でも無償出版物でDRM（技術的制限手段）がないものである。つまり、インターネット上に無料で公開され

[*6]　「国立国会図書館HP」
　　〈http://www.ndl.go.jp/〉（引用日：2014-12-07）
[*7]　藤原誠「国立国会図書館におけるオンライン資料収集制度について」
　　『現代の図書館』Vol.51 No4 2013.10 p.230-236
[*8]　国立国会図書館「私たちの使命・目標2012-2016」及び「戦略的目標」
　　〈http://www.ndl.go.jp/jp/aboutus/mission2012.html〉（引用日：2014-12-07）

■ 第3章　ゼミ生がとらえた電子出版ビジネスと図書館

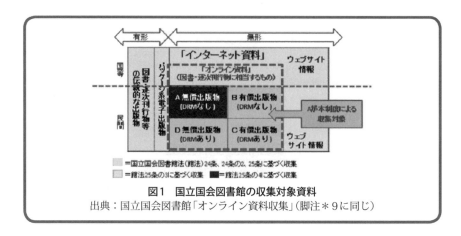

図1　国立国会図書館の収集対象資料
出典：国立国会図書館「オンライン資料収集」（脚注＊9に同じ）

誰もが閲覧できるものが対象であるが、電子コミックはほとんどのものが商業出版であり有償出版物であることと同時にDRMがあるため多くの電子コミックは対象外で収集されていないのが現状である。最近では、期間限定で1話や1巻が無償で提供されているものや、例えば定額350円で電子コミック読み放題のものも多いが、これらは期間限定での無償提供と会費を対価と解釈することから有償とみなされている。ここで、DRMについて説明しておく。

DRMとは、Digital Rights Managementの略であり「デジタル著作権管理」や「技術的制限手段」と定義されている。これは、複製・コピーや無断でウェブにアップロードすることを禁止するためのものである。DRM無しのものだと複製・印刷ができ、紙媒体として手元に置いておくことも可能であり、デバイスを選ばず利用でき、一方、DRM有りだと購入したデバイスのみでしか閲覧できない。また、DRM無しの場合、HTMLやPDFとして保存することができほかの人と共有することもできる反面、海賊版が多く出回ることになり出版社としてはかなりリスクが高いためほとんどのものにDRMがついている。

2.4　有償出版物収集に向けて

前述したように電子コミックの大半は有償でDRMがある。では、オンライ

＊9　国立国会図書館「オンライン資料収集」
〈http://www.ndl.go.jp/jp/aboutus/online/detail.html#anchor1〉（引用日：2014-12-07）

ン資料収集制度で無償出版物（DRM 無し）が収集されているなか有償出版物・DRM 有りの収集に対する取組みを見てみる。

　有償出版物・DRM ありの収集をするためには大きく分けて2つの問題があると考えている。

　第1の問題点は、納入する際のフォーマット・DRM の解除である。平成25年9月に行われた第1回オンライン資料の補償に関する小委員会の資料によると DRM が付与されたままだと永続的な保存と利用ができず別の環境にデータを移行して納入してもらう必要がある[10]。

　つまり、国立国会図書館側としては収集する義務があり市民に提供しなければならないため、DRM 有りの出版物も DRM を外して納入してもらいたいと考えている。しかし、出版社側としては DRM を外して納入することはできず、国立国会図書館への納入のための特別なフォーマットへの変換等には多額に費用がかかると主張している。

　第2の問題点は、経済的補償の面である。例えば、先ほどの国立国会図書館に納入するために別のフォーマットに変換する場合費用負担が発生するがその金額を全て出版社が負担するならば納入するのを拒む会社が増えることは明らかである。補償金については2010年6月の答申では無償とされたが、その後の出版社側の異論もあり、現在検討中である。また、「収集」という言葉のとらえ方も出版社と国立国会図書館では異なる。国立国会図書館は、収集し保存・提供することが第一だと考えているのに対して、出版社側は収集することはともかく提供することで販売に支障が生じることを危惧している。それぞれの考え方を調整し、収集を行う必要がある。現在、オンライン資料の補償に関する小委員会において実証実験を行う方向で協議が進められているのが現状である。

3. 今後の展開

3.1 電子コミックの収集をどうするのか？

　国立国会図書館による電子コミックの収集はいまだ行われていない。紙媒体

---

[10] 国立国会図書館「第1回オンライン資料の補償に関する小委員会　配布資料」
〈http://www.ndl.go.jp/jp/aboutus/deposit/council/25_1_syoiinkai_siryo.pdf〉
（引用日：2014-12-07）

の場合、国立国会図書館を含めてコミックを集めた図書館・ミュージアムは、全国にも多数ある。例えば、明治大学の現代マンガ図書館、広島市マンガ図書館、京都国際マンガミュージアム等がある。これらの施設は、収集しているマンガも異なり、施設ごとに違ったコンセプトがある。しかし、現在電子コミックを取り扱っている施設はない。多くの電子コミックが配信され電子コミック市場が大きくなっている中、紙媒体のコミックを読む場は多くあるのに対して電子コミックを利用できる場は圧倒的に少ない。

　藤本由香里は、「世界中のどの国に行っても、日本人とわかればマンガについて聞かれることがあるほど、マンガは今、一つの大きな文化になっている」とマンガが与える影響力の大きさについて指摘している[11]。本稿の冒頭で紹介した読売新聞の記事にもあるように日本のマンガは海外からの需要が高く娯楽だけでなく日本語を学ぶ文献としても用いられている。

　現在では、紙媒体の方を利用する人が圧倒的に存在しているが、何十年後かには電子媒体の方を利用することが一般的になっている可能性が高い。そこで、電子コミックのみを収集し、利用することができるデジタルアーカイブミュージアムの構築が急務ではないかと考えた。

3.2　イトウユウ研究員のインタビューを通じて

　日本を代表するマンガミュージアムである京都国際マンガミュージアムを訪ねイトウユウ研究員に、2014年10月23日にインタビューを行い、マンガ収集の現況についてお答えいただいた。現在、京都国際マンガミュージアムは、来館者に自由に楽しんでマンガを読んでもらう場として提供しているが、当初はマンガ研究をする研究者に利用してもらうために造られた施設であり、マンガ研究に必要となる文献・資料なども所蔵されている。

　さまざまな文献で「マンガを収集することは難しい」といわれているが、その意味するところを質問したところ理由は3点あった。

　第1に、マンガの種類が多いことである。マンガ雑誌1冊を見ても約20の作品が含まれていることから種類の多さはわかる。

---

[11] 夢ナビ「国際的に受け入れられ、影響を与える日本のマンガ」
　〈http://yumenavi.info/lecture.aspx?GNKCD=g003740&OraSeq=54&ProId=WNA002&SerKbn=Z&SearchMod=2&Page=2&KeyWord=%E3%82%A2%E3%83%8B%E3%83%A1〉（引用日：2014-12-07）

第9節　電子コミックの収集—新たなアーカイブの構築

　第2に、マンガは、ポピュラーカルチャーといわれていることである。ポピュラーカルチャーとは、普通に本屋に訪れて売っているマンガなどを指し、多くの人が見ることができ手に入れることができるものをいう。例えば、高山寺の国宝『鳥獣人物戯画』は当時見た人は少なく多くの人が手に取れるものではないためポピュラーカルチャーとは呼べない。一方、書店やコンビニで売っている『週刊少年ジャンプ』は多くの人が手に取ることができ、読むことができるためポピュラーカルチャーである。日本で出版されているマンガをミュージアムや公共図書館が網羅的に集めるには膨大なスペースが必要になることから難しいという。

　第3に、マンガが生きている文化だからである。そのマンガに価値があるかどうかという基準ではなく、消えていく前に収集することが重要である。一般に古い作品や希少価値の高いものから収集されていく傾向があり、電子コミックのような新しいものは後まわしにされがちである。多くのマンガを専門とするさまざまな図書館やミュージアムも古いものについては意識的に収集している。しかし、その方法では新しいものに追いつくことができない。電子コミックの場合、紙媒体のコミックに比べてタイトルも少なく認知度も低いがまだ始まったばかりの分野であり網羅的に収集することは可能である。しかし、電子コミック市場が年々拡大していることから今から収集しなければ量的拡大に追いつくことが不可能になるだろう。

　京都国際マンガミュージアムの場合、マンガ収集は、貸本屋や図書館、コレクターの研究者等からの寄贈がほとんどである。積極的に「このマンガ家の作品を集める」ということはせず、マンガ作品に優劣をつけないというポリシーをもっている。人は勝手に一流、二流などのランクづけをしてしまいがちだが、将来にわたって通用する優劣の基準などは存在しないのである。また、官能的な作品や暴力的なシーンが描かれているマンガなど図書館では取り扱わないジャンルや児童に悪影響をもたらすのではないかと議論される作品もあると思うが、京都国際マンガミュージアムではどのジャンルもすべて取り扱っている。

　各マンガ図書館の収集しているマンガが異なるため、欠けているところがある。例えば、現代マンガ図書館（東京）にはあるのに京都国際マンガミュージアムにはないというマンガは多い。これは、各マンガ図書館の特徴でもあるがどこの施設にどのマンガが所蔵されているかを明確にし、データ化する必要が

187

ある。それについては現在検討中であるという。

　京都国際マンガミュージアムの課題としてマンガやマンガ雑誌等が増えすぎて所蔵するスペースがないということが挙げられる。書庫を見学した際も多くの段ボールがあり、書庫にスペースがなかった。京都国際マンガミュージアムだけでなくほかのマンガ施設でもあてはまることである。これから構築するべきだと考えた電子コミックだけのアーカイブミュージアムの場合、所蔵スペースを考える必要はなく電子コミックを読む端末があればよいと筆者は考えた。

3.3　新たなアーカイブミュージアムとは

　新しいアーカイブミュージアムでは、電子コミックのみを取り扱うことで紙のコミックのように劣化することもなく、本を修復する必要性もないため保存するのが簡単であり、従来の施設の課題であった本の所蔵スペースについても悩むこともないというメリットがある。想定される問題点として収集する方法が紙のコミックと比べて少ないということが挙げられる。例えば紙のコミックの場合では、図書館等の施設やコレクターの方々からの寄贈、ブックオフのような新古書店でコミックを安く購入することができるのに対して電子コミックの場合はもともとの単価は多少安いが古本屋のような場がなく、読まなくなったので他人に渡すということはできない。のちに、電子コミックの閲覧利用権ではなく、所有権をほかの人に譲渡できるシステムができれば話は別である。そのため収集の仕方は、工夫する必要がある。

　では、「なぜ電子コミックだけのアーカイブミュージアムを構築する必要があるのか？」ということだが、大きな要因として電子コミックはまったく収集している施設がないことが挙げられる。概要でも述べたが電子コミックの収集されておらず、全国の出版物を網羅的に集めている国立国会図書館でさえ、現時点ではオンライン資料の制度的収集の対象外となっており、読者に配信・販売されているだけで、長期保存の観点が欠落している。電子コミックもポピュラーカルチャーであり、一つの文化資源であることから保存しなければならない。また、のちに研究する人にとっては貴重な資料ともなるためマンガ研究者のためにもそのようなミュージアムを構築すべきであると思う。

　このアーカイブミュージアムでは、紙のコミックは一切置かず新しいスタイルを確立したい。既存のマンガ施設も電子コミックを集めなくてはならないと

第9節　電子コミックの収集─新たなアーカイブの構築

ゼミ発表「電子コミックの収集─新たなアーカイブの構築」

考えているが、実際施設にある本の処置に追われているため電子コミックまで手が回っていない。

　アメリカ合衆国では、紙媒体を施設内に置かず電子媒体のみを取り扱う図書館が建設予定である[*12]。これを聞いた際に斬新さを感じたのと同時にまだまだ日本は紙媒体にかたよっているとも感じた。この図書館の建設に対して賛否両論があるが、私が考えるアーカイブ施設もこの図書館のイメージにとても近く、近未来のミュージアムを想起させる。

4. おわりに

　国立国会図書館やほかのマンガ関連施設の現状は、電子コミックを収集する意欲はあるものの実行することができずにいる。今回考える新たなアーカイブミュージアム、「ナショナルデジタルコミックセンター」ではそれぞれのマンガ関連施設が協力して電子コミックの収集を行う。1つの施設のみが収集するのではなく、多くの団体によって構成され、各施設がそれぞれ電子コミックを収集し、共有してミュージアムを構築していく。そのためには、当然のことながら、電子コミックを制作している出版社の理解と協力が不可欠である。

　日々作品は生まれ消費者の手に渡っていることから収集できる環境を早急に

[*12] INTERNATIONAL BUSINESS TIMES「米国に紙の本がない電子書籍専門の図書館が開館予定」
〈http://jp.ibtimes.com/articles/39592/20130118/372534.htm〉（引用日：2014-12-07）

つくらなくてはならない。紙のコミックと比べて収集の面だけでなく購入や利用率もいまだ低いが、これからどのように展開していくのか、何十年後、紙と電子の関係はどうなっているのかは誰にもわからず未知の世界である。スマートフォンができた際も使っている人はごく一部であったのにも関わらず、数年の月日が経過すれば半数以上の人がスマートフォンを利用し、今ではスマートフォンを使っているのが当たり前になっている。私は、電子コミックにも同じような現象が起きるのではないかと考えている。実際、電子コミックと紙のコミックを両方購入し使い分けているユーザーがいることから電子コミックの市場が広がりつつある現在、電子コミックを収集し始めなければならない。いずれ、電子コミック以外にも電子雑誌などマンガ関連の電子出版物も取り扱うようになれば、今までにないアーカイブミュージアムになるだろう。

〈参考文献・URL〉
1. 湯浅俊彦『電子出版学入門―出版メディアのデジタル化と紙の本のゆくえ〈改訂3版〉』出版メディアパル、2013.3
2. 国立国会図書館「電子書籍の流通・利用・保存に関する調査研究」
〈http://current.ndl.go.jp/files/report/no11/lis_rr_11_rev_20090313.pdf〉（引用日：2014-12-07）
3. 国立国会図書館「第1回納本制度審議会オンライン資料の収集に関する小委員会議事要録」
〈http://www.ndl.go.jp/jp/aboutus/deposit/council/1online_gijiroku.html〉（引用日：2014-12-07）
4. 国立国会図書館「第2回納本制度審議会オンライン資料の収集に関する小委員会議事要録」
〈http://www.ndl.go.jp/jp/aboutus/deposit/council/2online_gijiroku.html〉（引用日：2014-12-07）
5. 国立国会図書館「第3回納本制度審議会オンライン資料の収集に関する小委員会議事要録」
〈http://www.ndl.go.jp/jp/aboutus/deposit/council/3online_gijiroku.html〉（引用日：2014-12-07）
6. 国立国会図書館「第1回納本制度審議会オンライン資料の補償に関する小委員会議事要録」
〈http://www.ndl.go.jp/jp/aboutus/deposit/council/25_1_syoiinkai_yoroku. html〉（引用日：2014-12-07）
7. 国立国会図書館「第2回納本制度審議会オンライン資料の補償に関する小委員会議事要録」
〈http://www.ndl.go.jp/jp/aboutus/deposit/council/25_2_syoiinkai_yoroku.html[〉（引用日：2014-12-07）
8. 国立国会図書館「第2回納本制度審議会オンライン資料の補償に関する小委員会配布資料」
〈http://www.ndl.go.jp/jp/aboutus/deposit/council/25_2_syoiinkai_siryo.pdf〉（引用日：2014-12-07）

第10節

電子図書館における「貴重書」

藤新　朋大
（立命館大学文学部日本史学専攻3回生）

--- 概　要 ---

　古い図書、とくに戦前期の図書は、図書館においては貴重である。それはそもそも現存する数が少ないこと、また劣化が著しいという事情によるものである。こういった貴重書について、資料の「電子化」を行い、電子図書館のシステムに組み込んだ場合、これらに対するアクセス性は大きく向上することとなる。本稿は、日本における電子図書館の歴史を概観した上で、国立国会図書館の「近代デジタルライブラリー」と、復刻出版を取り巻く状況を再検討し、貴重書が電子図書館の世界に組み込まれる際に問題となる事柄について、明らかにする。

--- キーワード ---

　電子図書館、貴重書、デジタルアーカイブ、復刻出版、「近代デジタルライブラリー」、「近デジ」大蔵経問題

1. 問題の所在

1.1　研究目的

　人類が文字という道具を手に入れ、「紙」を作るようになってすでに2000年近くの時が流れた。中国大陸において紙が生まれ、それを日本にもたらしたのは7世紀の僧侶、曇徴によってであった[1]とされるが、その当時に作られた

---

[1]　御田昭雄「紙」（『日本大百科全書（ニッポニカ）』小学館）、平野邦雄「曇徴」（『国史大辞典』吉川弘文館）

紙のうちで、現在まで完全な状態で残っているものは希少である。紙は散逸しやすく、虫害にもあいやすく、紙自体を人が触ることにより、あるいは紙そのものが保存環境、もしくはそれ自体の内包する事由によって劣化することにより、紙としての体をなさなくなる場合が往々にしてあるのである。

図書館界においても、1982年に金谷博雄によって『本を残す―用紙の酸性問題資料集―』という小冊子が自費で出版されて以来、本の紙の材質としての「酸性紙」の劣化の問題について、注意が払われるようになった[*2]。以来、酸性紙の問題に限らず図書館における資料の保存の問題は、日本の各図書館において、その本質的な機能の一つとして重視されてきた。

図書資料の保存の中でも、その内容や情報に関する保存の方法として、古典的な方法としては筆写、版面のマイクロフィルム化、新たな紙媒体へのコピー・再版や、また最新の方法としては電子化が考えられる。

この中でも特に本稿は、「電子化」と、その先にある「電子図書館」というシステムに、貴重書が組み込まれることに関する諸問題について論じるものである。

日本においては1996年の奈良先端科学技術大学院大学を皮切りに、電子図書館の開発が大学図書館を中心に進められてきたが、1998年に京都大学[*3]や筑波大学[*4]が開発した電子図書館の事例に見られるように、当初より電子図書館システムにおいて、貴重書が組み込まれることは念頭に置かれていた[*5]。

また、過去の歴史史料、あるいは研究成果としての過去の文献といった書物の類は、歴史学の世界においてはもちろんのこと、建築史や科学史、文学史など、非常に幅広い領域において重視されるものである。ゆえに、これらの書物に対するアクセス性は広く開かれているべきである、と筆者は考えているが、実際のところアクセス性が高いとは言い難い現状が存在する。

これはどういうことかというと、そもそも古い文献は当時の発行部数が少ないゆえに、所蔵する図書館が少なく、利用者のその図書館への物理的距離によってアクセスが阻まれてしまう、というような事態である。言い換えると、例え

＊2 安江明夫「酸性紙問題から資料保存へ」（安江明夫・木部徹・原田淳夫『図書館と資料保存』雄松堂書店、1995年）p.3
＊3 朝妻三代治「京都大学電子図書館システムの現状」『ディジタル図書館』16、1999年、p.21
＊4 岡部幸祐「電子図書館システムの構成」つくばね『筑波大学付属図書館報』23巻4号、1998年、p.6
＊5 杉本重雄「内外電子図書館の概観」（京都大学電子図書館国際会議編集委員会編『2000年京都電子図書館国際会議：研究と実際』日本図書館協会、2001年）p.47

ば東京都の図書館のみが所蔵する資料を京都市在住の筆者が利用する場合、東京まで実際に行かなければならない、という問題である[*6]。

この問題に対し、電子図書館システムは、物理的なシステム・障壁を取り去る可能性があるといえるであろう。既に国立国会図書館においては、近代デジタルライブラリー[*7]（以下、近デジと表記）において、多くの戦前期の資料が利用できるようになった。

しかし、近デジの登場が全ての貴重書に対するアクセス性を確保したか、というと、それは事実ではない。現実として、日本における貴重書へのアクセス性は、電子図書館の進展がみられる2014年の現在においてもまだまだ完全なものとなってはおらず、ここに筆者の問題意識がある。

1.2 研究手法

現在の電子図書館における「貴重書」をめぐる動向を実地的・体験的に調査した。また、把握された現状の電子図書館の状況から、現段階における電子図書館の機能を評価しつつ、その問題点を把握した。また、出版界と図書館界の対立によって起こる問題について、図書館界だけでなく、出版界についても調査を行い、それぞれの把握された問題点に対する解決策を考察した。

1.3 定義

図書館と同じく資料を集め、保管し、公衆の利用に供する施設として博物館や、文書館がある。近年では、MLA連携[*8]という言葉により、それぞれの施設の特性を生かした連携が模索されているが、これらの施設の中で、図書館の扱う資料には、次のような特徴がある。

まず、図書館の資料は複製品を主とする、ということである。博物館や文書館が扱う資料の多くがいわゆる一点ものであるのに対し、図書を中心とした図書館の資料は、基本的には「出版」という情報を広める手段によって世に出さ

[*6] ILL（Interlibrary Loan、図書館間相互貸借）サービスにより、複写や現物を物理的に取り寄せるという方法もあるが、送料や複写料金を必要とし、その手続きのための時間が発生する。
[*7] 「近代デジタルライブラリー」〈http://kindai.ndl.go.jp/〉（引用日：2014-12-01）
[*8] Museum, Library, Archives, すなわち博物館、図書館、文書館の連携のこと。MLA連携については以下の文献に詳しいので参照されたい。石川徹也・根本彰・吉見俊哉編『つながる図書館・博物館・文書館—デジタル化時代の知の基盤作りへ—』東京大学出版会、2011年

れたものである。

　次に、図書館の複製資料は、元来それ自体のものとしての価値よりも、その内容・情報の価値が重視される。もちろん本稿が扱う「貴重書」の場合は希少性からこのとおりではないともいえるが、図書館という施設の機能である以上、その内容・情報の価値は「貴重書」においても価値の中核を占めるものとなる。

　以上の図書館資料の特性を踏まえ、「電子図書館」という語と「デジタルアーカイブ」という語の定義について考えなければならないが、まず「デジタルアーカイブ」という語から考えることとする。

　そもそも「デジタルアーカイブ」という言葉が生まれたのは日本においてである。すでにWebマガジンの記事中に以下の記載がある。

> JDAA（デジタルアーカイブ推進協議会）の副会長となった月尾氏（情報工学者の月尾嘉男氏－筆者註）の言葉は、広報誌「デジタルアーカイブ」で初めて公表された。その概念は、「有形・無形の文化資産をデジタル情報の形で記録し、その情報をデータベース化して保管し、随時閲覧・鑑賞、情報ネットワークを利用して情報発信」というデジタルアーカイブ構想にまとめられた[*9]。

　このように、「デジタルアーカイブ」の対象としては、「有形・無形の文化財」が念頭に置かれている。一方、英語の"archive"という単語には、大きく分けて二つの意味がある。一つは文書館の役割に相当する「古記録、公文書」とそれを管理する「文書館、記録保管所」で、もう一つがコンピュータの世界における「大量のファイルをまとめて保管してある場所」のことである[*10]。当初、「デジタルアーカイブ」という言葉が生まれた際、「アーカイブ」という単語は後者の意味でとらえられていたであろう。しかし、さまざまな機関がデジタルアーカイブを稼働させていく中で、その「さまざまな機関」の中に、文書館も図書館も含まれるようになった。本稿では、もともとの言葉の意味に従い、「デジタルアーカイブ」という語を、文書館が扱う対象としての記録や文書にとどまらない、広い意味での「有形・無形の文化財」を対象としたデジタル情報で

[*9] 影山幸一「デジタルアーカイブという言葉を生んだ『月尾嘉男』」（DNP Museum Information Japan: artscape）
〈http://www.dnp.co.jp/artscape/artreport/it/k_0401.html〉（引用日：2014-12-01）
[*10] 『e-プログレッシブ英和中辞典』参照。

あると定義する。

　また、以上の「デジタルアーカイブ」のうちで、図書館が行うものや、図書資料を対象としたもの、そして、電子上で書籍コンテンツを利用できるシステムのうちで、商用販売と一線を画するもののことを本稿の上で「電子図書館」と定義する。

　また、「貴重書」という語についても本稿における定義を記しておきたい。国立国会図書館デジタルコレクションのジャンルに「古典籍資料（貴重書等）」[11]という表記がある一方で、近代以降の書籍が「図書」というジャンルに区別されているように、一般的に「貴重書」という言葉が意図するのは前近代の書物である場合が多い。しかし、本稿では（一般に前近代と近代の境界とされる）明治維新期の前後を問わず、戦前の書籍を対象とし、「貴重書」の用語を用いる。むろん、本稿が用いる用語としての「貴重書」はいわゆる「古書」を含むこととなる。価格や部数といったデータによって「貴重」であるかどうかを判別することは非常に困難であるが、アクセス性を問題とした際に、現代の図書館が所蔵するか否かの問題は、1945年の先の大戦の終戦を契機として、その前と後で大きく異なっている。ゆえに、本稿における筆者の問題意識は戦前の書物に対し広く向けられており、本稿で用いる「貴重書」の用語は戦前の書物全てを対象とする。また、「貴重資料」という用語も、上記の「貴重書」の定義に準じて用いる。

2. 電子図書館黎明期における「貴重書」

2.1　京都大学の事例

　日本における電子図書館の黎明期、すなわち1990年代に、その機能の一つとして、貴重書の公開が当初より企図されていたという事実がある。例えば1998年に京都大学附属図書館が稼働させた電子図書館システムは、その機能の中に貴重資料の公開を含んでいた。

> 　　電子図書館システムにおける特色あるコンテンツには，情報発信と情報配信という二つの側面があります。情報発信においては，本学が所蔵している貴重資料と本学で生産される学術情報が対象です。これらの資料・情

＊11　「国立国会図書館デジタルコレクション　古典籍資料（貴重書等）」
　　〈http://dl.ndl.go.jp/#classic〉（引用日：2014-12-01）

報の電子化を進め,「京都大学エンサイクロペディア」として提供していくことが目標となります[*12]。

貴重資料を電子図書館に組み込み公開するに当たり、その根幹にある資料の「電子化」という行為があるが、その発端は1994年の展示会「吉田松陰とその同志」のサブ企画としての電子展示[*13]のためのものであった。

　発端は、1994年に実施した展示会「吉田松陰とその同志」のサブ企画として、同年11月に、前館長の長尾真教授（工学部、現京大総長［当時－筆者註］）が主催する電子図書館研究会の実験システム「Ariadne」の中でマルチ・メディア・データベースを作成する際、展示会WG（ワーキング・グループ）の館内職員がデータ作成に協力して電子化を行い、京阪奈の閉域ネットワークで公開した電子展示です。対象とした資料は、展示した幕末維新関係資料46点と関連資料数十点でしたが、初めての試みとして話題になりました[*14]。

2.2　筑波大学の事例

また、京都大学が電子図書館を稼働させた1998年、同じ年に、筑波大学も電子図書館を稼働させている。一般に現在「電子図書館」という言葉がイメージさせるものを、当時「発信型電子図書館」[*15]という用語で呼んでいたが、その「発信型電子図書館」の対象となるコンテンツには、「貴重書」が含まれていた。

　貴重書は原資料の保存の観点から、利用上の制約が多いので、画像情報の形でネットワークを介し広く内外に公開することにより、世界中から貴重書の内容を簡単に入手でき、しかも従来のマイクロフィルムの形態より

---

*12　片山淳「京都大学附属図書館における電子図書館化への取り組みについて」『現代の図書館』36(1)、1998年、p.41

*13　「吉田松陰とその同志展（平成6年度電子展示）はじめに」（京都大学附属図書館 維新資料画像データベース）
〈http://edb.kulib.kyoto-u.ac.jp/exhibit/ishin/shouin/shouin_aisatsu_j.html〉（引用日：2014-12-01）

*14　片山淳「京都大学附属図書館における電子図書館化への取り組みについて」『現代の図書館』36(1)、p.38

*15　例えば1997年の論文として、田中成直「筑波大学附属図書館における電子図書館化への取り組み」を一読すると、OPACに代表される図書館のさまざまなシステムが電子化されることによって、これらシステムのことが当時「電子図書館」と呼ばれていたようであるが、こういった図書館のシステムの電子化がもはや一般的なこととなった現在、「電子図書館」という語は、当時でいう「発信型電子図書館」という語義とほぼ同義になっている。

検索効率，操作性，一覧性等に優れており，また解題目録とリンクすることによりより効率的な検索が可能となることから，本学のみならず国内外の研究者の学術研究の進展に資することが期待できる。

原文ママ

　本学の貴重書の指定基準は，和書が主に1614年以前のもの，洋書が主に1850年以前のもので，和書2774冊，洋書3371冊が指定されている。すでに大半がマイクロフィルム化されており，当面はそれらのうち人文・社会科学分野の資料を中心として約30万コマを画像データとして入力し，OPACとリンクする。ベッソン・コレクションヤコメニウス文庫等576冊10万コマがTIFFの形式ですでに電子化されている[16]。

　以上の二つの事例からわかるように、電子図書館というシステムの当初から企図されていた機能として、貴重書の電子化というものが存在した。その目的は展示会の延長であったり、利用しづらい資料へのアクセス性の向上であったりとさまざまではあったのだが、いずれにせよ、現代の貴重書デジタル化に通ずるものが当時から存在した、という事実がここから読み解けるのである。

3. 国立国会図書館近代デジタルライブラリー

3.1 概要

　国立国会図書館が現在提供している電子図書館サービスとして、「近代デジタルライブラリー」(以下、適宜「近デジ」と表記)[17]がある。これは、1998年に策定された「国立国会図書館電子図書館構想」に基づき開始され、2000年に明治期刊行図書の著作権処理を開始し、著作権保護期間の満了を確認できた資料、および、著作権者の許諾を得られた資料からデジタル化が行われ、2002年にインターネット提供が開始されたもので、現在はその時期の範囲を徐々に後の時期のものへと広げつつ、著作権処理の済んだものに関してはインターネット提供が行われている（一方、デジタル化が行われたものの中で著作権の処理が終わっていないものに関しては、国立国会図書館の館内の端末から利用できるほか、図書館向けデジタル化資料送信サービス[18]においても多くが利用可能である。）[19]。

---

[16] 田中成直「筑波大学附属図書館における電子図書館化への取り組み」『現代の図書館』35 (3)、1997年、p.139-144
[17] 「近代デジタルライブラリー」〈http://kindai.ndl.go.jp/〉（引用日：2014-12-01）

表1　デジタル化資料提供状況（平成26年10月時点）

資料種別	インターネット公開	館内提供 ※	合計
図書	35万点	55万点	90万点
雑誌	0.8万点	123万点	123.5万点
古典籍	7万点	2万点	9万点
博士論文	1.5万点	12.5万点	14万点
官報	2万点		2万点
憲政資料	300点		300点
日本占領関係資料	2万点	0.1万点	2万点
プランゲ文庫		1万点	1万点
歴史的音源	0.1万点	4.8万点	5万点
科学映像		200点	200点
新聞	6点		6点
合計	48万点	198.5万点	246.5万点

※図書・雑誌・古典籍・博士論文については、図書館向けデジタル化資料送信サービスの対象資料も含まれています。なお、集計が合わないが原文のまま収録する。
〈http://www.ndl.go.jp/jp/aboutus/digitization/index.html〉（引用日：2015-01-01）

　また、国立国会図書館では、現在「（明治期以降という意味での）近代」にこだわることなく、資料のデジタル化が推進されており、「近代デジタルライブラリー」を含む形で一連のデジタル化資料が「国立国会図書館デジタルコレクション」[20]としてインターネット上で公開されている。

3.2　近デジの拡張性

　この近代デジタルライブラリーのシステムが一般に開かれてから、10年以上が経過し、タイトル数の増加とともに、所蔵資料の活用が模索されている。
　その一つがインプレスR&Dが提供するNDL所蔵古書POD（国立国会図書館所蔵古書プリント・オン・デマンド）[21]というサービスである。このサービ

---

[18] 国立国会図書館「図書館向けデジタル化資料送信サービスを開始します」（平成26年1月10日）〈http://www.ndl.go.jp/jp/news/fy2013/__icsFiles/afieldfile/2014/01/09/pr140110.pdf〉（引用日：2014-12-01）
[19] 近代デジタルライブラリー「このデータベースについて」〈http://kindai.ndl.go.jp/ja/aboutKDL.html〉（引用日：2014-12-01）
[20] 「国立国会図書館デジタルコレクション」〈http://dl.ndl.go.jp/〉（引用日：2014-12-01）
[21] インプレスR&D『『NDL所蔵古書POD』国立国会図書館のパブリックドメイン古書がAmazon.co.jpで販売開始に―インプレスR&DとAmazon.co.jpの協業で実現―」（2014年4月21日）〈http://www.impressrd.jp/news/140421/NDL〉（引用日：2014-12-01）

スは、旧来、近デジにおいて電子媒体で提供されていた資料を、紙の本の形で手に入れることが可能となるものである。具体的には、Amazon.co.jp[22]あるいは三省堂書店オンデマンド[23]にて利用者が書籍を注文すると、その注文に応じて書籍を印刷、製本し、すぐに手に入れることができる[24]。元となるデータはインプレスR&Dによって加工され、印刷に最適化されたものである。現在は90冊、972〜4177円で販売されており（2014年12月1日現在）、いまだタイトルが多いとは言い難いが、過去の資料の活用が期待される。

　また、実験段階ではあるが、この膨大な近デジのデータを利用した、ソーシャルリーディング[25]環境構築の試みも行われており[26]、資料を利用する利用者間の知見の共有を可能にすることも、電子図書館ならではの付加価値となるのではないか、と期待することも可能ではないだろうか。

3.3　デジタル化資料送信サービス

　2014年1月21日より、国立国会図書館は図書館向けのデジタル化資料送信サービスを開始した[27]。これは、国立国会図書館によってすでにデジタル化されていた資料のうち、今までインターネット上で公開できなかったが、絶版等の理由で入手困難な資料について、このシステムに参加した図書館の端末によって利用することができるようになるサービスである。

---

[22]　Amazon.co.jp「国立国会図書館 古書特集」
〈http://www.amazon.co.jp/b/377-3951480-8588820?ie=UTF8&node=3300173051〉（引用日：2014-12-01）

[23]　三省堂書店「国立国会図書館のパブリックドメイン古書発売を記念して三省堂書店で全点展示イベントを4月26日より開催」
〈http://www.books-sanseido.co.jp/event/pdf/nr_20140425_01.pdf〉（引用日：2014-12-01）
三省堂書店オンデマンド「インプレス NDL 所蔵古書 POD」
〈http://item.rakuten.co.jp/books-sanseido/c/0000000710/〉（引用日：2014-12-01）

[24]　三省堂書店の場合、印刷・製本する機械（エスプレッソブックマシン）を東京・神保町の本店に設置しており、本店で注文するとその場ですぐに刷り上がった本を受け取ることが可能である。また、ほかの店舗からの注文や、オンラインでの注文にも対応している。

[25]　「インターネットの交流サイト（SNS）などを通じて，読書に関する情報や読書体験を共有すること」『情報・知識 imidas』講談社、2012年

[26]　橋本雄太「近代デジタルライブラリーのためのソーシャルリーディング環境の構築」『情報処理学会研究報告　人文科学とコンピュータ』Vol.2014-CH-102（9）〈https://ipsj.ixsq.nii.ac.jp/ej/?action=pages_view_main&active_action=repository_view_main_item_detail&item_id=101448&item_no=1&page_id=13&block_id=8〉（引用日：2014-12-01）

[27]　国立国会図書館「図書館向けデジタル化資料送信サービス」
〈http://www.ndl.go.jp/jp/library/service_digi/〉（引用日：2014-12-01）

第3章　ゼミ生がとらえた電子出版ビジネスと図書館

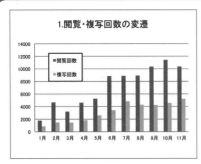 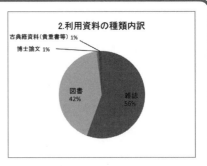

1…1月のサービス開始より、月ごとに参加館数が増えていったことにともない、閲覧回数、複写回数ともに右上がりで増加している。
2…閲覧件数に占める割合は、雑誌がやや図書を上回る。また、「古典籍資料」のジャンルに属する資料の多くは多くがすでにインターネット上で閲覧可能であることなどの要因もあって、本サービスにおける利用数は少ない。
出典：国立国会図書館「図書館向けデジタル化資料送信サービス利用統計」
〈http://dl.ndl.go.jp/ja/soshin_library_stats.html〉（引用日：2014-12-19）より筆者が作成。

　現在の参加館数は公共図書館が最低194館、大学図書館が最低134館、その他の図書館が最低10館、合計393館（リストには一覧への掲載について了承が得られた図書館のみが掲載されているため、合計の館数は正確だが、筆者がカウントしたリストには含まれていない図書館が多数存在する。2014年12月1日現在。）[*28] と、図書館の全体に占める割合はまださほど多くはない。もちろんこのサービスが対象とする資料の性質上、一般の利用者がどれだけこのサービスの恩恵にあずかるか、と考えた際に、主に「歴史」という観点を必要とする学問分野の研究者において多く活用されると考えられるが、多くのユーザーに対し、このサービスを普及させるために必要なのは、ユーザー側、すなわち各地の公共図書館の協力である。すなわち、このサービスにより、一館が提供することのできる資料数が大きく増加する、と考えるならば、利用者サービスの充実化が求められる現代の公共図書館にとって、サービス向上の大きな選択肢たりえるのではなかろうか。

＊28　国立国会図書館「図書館向けデジタル化資料送信サービス参加館一覧（2014年12月1日現在）」
〈http://dl.ndl.go.jp/ja/soshin_librarylist.html〉（引用日：2014-12-01）

3.4 近デジ大蔵経問題

　以上のように、近デジが多くのデータを提供し、古い書籍へのアクセスをスムーズにしてきた反面、旧来古い書物を復刻して販売してきた民間の企業にとって、資料のインターネット公開は「民業圧迫」ではないか、という視点があり、この問題が象徴的に現われたのが「近デジ大蔵経問題」であった。

　2013年7月12日の国立国会図書館によるプレスリリース「近代デジタルライブラリー提供資料の一時公開停止について」によれば、以下の記載がある。

> 国立国会図書館が、近代デジタルライブラリー等で提供する『大正新脩大蔵経』（全88巻）及び『南伝大蔵経』（全70巻のうち21巻）について、一般社団法人日本出版者協議会及び刊行元の大蔵出版株式会社から、「当該資料は、現在も商業刊行中であり、公開中止を求める」旨の申出を受けました[29]。

　『大正新脩大蔵経』及び『南伝大蔵経』を完成させた高楠順次郎はすでに死去から50年以上が経過し[30]、著作権が切れているものの、それぞれ現在でも大蔵出版により販売されている、という事実がある。

　大蔵出版の国立国会図書館に対する批判の骨子は以下のようなものであった。

◇現在販売されている書籍である『大正新脩大蔵経』及び『南伝大蔵経』について、国立国会図書館が、現在の出版社である大蔵出版に事前の相談なくインターネット公開するのは不当である。

◇当該書籍は、復刊に当たり著作権者の高楠順次郎博士の遺族と正式に出版契約を結び、編纂、著作に関する一切の権利を譲り受けて、復刊したものである。

◇業界、仏教界、仏教学会においても、大蔵出版の出版権は尊重されている。

◇復刊に当たり、大蔵出版は膨大なコストを投入しており、版面権を大蔵出版が保持している。『大正新脩大蔵経』の紙型は昭和20（1945）年3月の空襲により全て焼けたため、戦後、出版事業を引き継いだ大蔵出版

---

[29] 国立国会図書館「2013年7月12日近代デジタルライブラリー提供資料の一時公開停止について」〈http://www.ndl.go.jp/jp/news/fy2013/1201734_1828.html〉（引用日：2014-12-01）

[30] 『国史大辞典』（吉川弘文館）の「高楠順次郎」（執筆：池田英俊）の項目によれば、高柳は1866年生まれ、1945年没の戦前の仏教学者であり、昭和7年渡辺海旭らとともに『（大正新修）大蔵経』百巻を完成。昭和20年6月28日没。著作は『国訳南伝大蔵経』70巻、『大日本仏教全書』の監修、『無量寿経』の英訳などがある、とある。

が、印刷刊行されたものの全ページを写真にとり、それを写真版として新たに起こし、修正を加え昭和35（1960）年から昭和49（1974）年にかけて刊行したものである。しかし、版面権は全く無視されている。出版社に出版権はないのか。
◇復刊後、大蔵出版は、海外の海賊版に悩まされた。『大正新脩大蔵経』については製本を簡略した普及版を刊行して、海賊版を排除した。
◇こうした経緯と出版社の権利を国立国会図書館が無視するのは横暴である。国立国会図書館は、国民に対して、デジタル海賊版を公開している。
◇民業を圧迫してまで、販売中の書籍をインターネット公開すべきではない。実際に『大正新脩大蔵経』の売上げは、平成21（2009）年と比較して、平成22（2010）年、23（2011）年は約3分の1程度となっている。
◇一方、大正新脩大蔵経テキストデータベースは、出版の経緯を踏まえ、各国の仏教学会と国際的合意に基づいて構築されている[31]。

申出の結果、2014年1月に、国立国会図書館は『大正新脩大蔵経』インターネット提供を再開するが、『南伝大蔵経』については、当分の間、インターネット提供は行わず、館内限定の提供を行うという方針を出した[32]。

まず、『大正新脩大蔵経』に関しては、①出版社の事業サイクルを考えると投資コストの回収期間としてはすでに十分な期間が経過していると考えられること、②他の研究機関によるデータベース[33]が無償公開されていることがその理由として挙げられ、『南伝大蔵経』に関しては、①オンデマンド版が平成13（2001）年～平成16（2004）年に刊行されており、投資コスト回収に一定の考慮をすべき期間内である可能性があること、②当館以外のインターネット提供等の事実もないため、事業状況の推移を見守る必要があると判断されたことが理由として挙げられた。

この問題に対し、図書館においては、「無料原則」と、「民業圧迫の回避」と

---

[31] 国立国会図書館「インターネット提供に対する出版社の申出への対応について」
〈http://www.ndl.go.jp/jp/news/fy2013/report140107.pdf〉〈引用日：2014-12-01〉
[32] 同上「インターネット提供に対する出版社の申出への対応について」
[33] 「SAT 大正新脩大藏經テキストデータベース」
〈http://21dzk.l.u-tokyo.ac.jp/SAT/〉〈引用日：2014-12-01〉
[34] 人文学（Humanities）をデジタルの視点で捉える研究分野のこと。

第 10 節　電子図書館における「貴重書」

ゼミ発表「電子図書館における「貴重書」」

いう経営原則が導き出されるべきであり、デジタルヒューマニティーズ[34]の進展の中で公的機関のサービスと民間セクターの供給が競合する場合、民間セクターの供給に任せるほうが、研究者にとって好都合となり望ましいとする論考[35]や、近デジで公開され、アクセス数ランキングの上位を長く占めた『エロエロ草紙』[36]が彩流社から復刊、すなわち公共のデジタルアーカイブから過去の資料が発掘されたことを例に、図書館界と出版業界が互いを知り、手を携えていくことが必要であるとする論考[37]がすでに出されている。

また、法的な視点からも、情報のオープン化を最大化するにあたって、「大蔵経」をめぐる一連の問題から考えられる、現行の著作権法の課題に関する論考[38]も出されている。

筆者は出版業界側、図書館界側のどちらにも属しない立場にあるものであるが、本問題に関しては、技術の発展に伴い、これまでの法制度に収めることのできない問題が近デジと「大蔵経」との間で起こった一つのケーススタディであり、今後出版業界にとっても、図書館界にとっても、オープンアクセス化の時代の中で、互いの立場を互いに尊重し連携しつつ、それぞれの立ち位置を変化させつつ求めていくものであると考える。

[35]　糸賀雅児「『大蔵経』公開停止問題を図書館経営から考える」『DHjp』3、2014年
[36]　彩流社「エロエロ草紙【完全カラー復刻版】」
　　〈http://www.sairyusha.co.jp/bd/isbn978-4-7791-1905-7.html〉（引用日：2014-12-01）
[37]　湯浅俊彦「次世代に向けた出版コンテンツの利活用」『DHjp』3、2014年
[38]　福井健策・永井幸輔「デジタル文化財の公開ルール」『DHjp』3、2014年

4. その他図書館界の動向

4.1 公共図書館

近年、公共図書館の中にも電子図書館を導入するところが増えてきているが、その中には、電子書籍の貸出しサービス以外に、貴重書のデジタルアーカイブとその公開の機能を持つものがある。

例えば、山口県の萩市立萩図書館[*39]は、2010年の3月に日本の公共図書館の中で3例目となる電子図書館サービスを開始した[*40]が、その対象の中には、同館によって構築された、貴重資料のデジタルアーカイブが含まれている。萩市は吉田松陰の松下村塾が置かれ、幕末に多くの志士たちを輩出した土地柄であるため、同図書館は幕末に関係する資料を多く所蔵していた。これらを電子化し、電子図書館に組み込むことにより、アクセス性が格段に向上することとなった。

また、秋田県立図書館[*41]は独自のデジタルアーカイブ[*42]を開設し、所蔵する貴重資料を含む多くの資料を公開しているが、このサイトのプラットフォームにおいては、秋田県の秋田県立図書館、あきた文学資料館、秋田県立近代美術館、秋田県立博物館、秋田県公文書館、秋田県埋蔵文化財センターの計6館が提供する資料を横断的に検索できるシステムとなっている。これは、複数の施設の壁を取り払った、ある種の新しいMLA連携の形であるといえよう。

4.2 ADEAC®

旧来官と民のうち「官」によって推進されてきたきらいのある貴重書の電子化であったが、2013年に図書館流通センター傘下のTRC-ADEAC株式会社により、ADEAC®（A System of Digitalization and Exhibition for Archival Collections、歴史資料検索閲覧システム）[*43]の運用が開始された。

[*39] 萩市萩立図書館〈http://hagilib.city.hagi.lg.jp/〉（引用日：2014-12-01）
[*40] 「萩市／電子図書館による貴重資料の貸し出しを開始」（特集 ITで育む地域文化、『月刊LASDEC―地方自治情報誌―』41、2011年、p.5-8）
[*41] 秋田県立図書館〈https://www.apl.pref.akita.jp〉（引用日：2014-12-01）
[*42] 秋田県立図書館デジタルアーカイブ
〈http://da.apl.pref.akita.jp/lib/〉（引用日：2014-12-01）
[*43] TRC-ADEAC株式会社「ADEAC®：歴史資料検索閲覧システム」
〈https://trc-adeac.trc.co.jp/〉（引用日：2014-12-01）

ADEAC®（アデアック）は TRC-ADEAC 株式会社が制作・運営する、自治体史や歴史資料をデジタル化し、インターネット上で検索・閲覧を行うためのプラットフォームシステムである[*44]。

　このシステムは、全国各地の図書館等の所蔵する自治体史や歴史資料をTRC-ADEAC 社が提供者から利用料を徴収した上でデジタル化・フルテキスト化し、自社のサイトで公開することにより、利用者が無料で資料にアクセスできるものである。同社によれば、その資料提供元にとってのメリットは以下のとおりである。

　閲覧が難しかった歴史資料を容易に公開することができます。
　⇒　地域学習・文化活動が活発になります。
　埋もれていた貴重な資料を、ひろく世界に知らせることができます。
　⇒　地域への来訪者が増え、まちの活性化につながります。
　資料のデジタル化により、レプリカ等多様な利用の可能性が生まれます。
　⇒　地域の産業・経済活動の発展に結びつきます[*45]。

　これまで、貴重書の電子化は全般的に商業的なものとなじまない部分があったためか、「官」主導で行われてきた。ADEAC® は現状、利用できる資料の数が18（2015年1月1日現在）と決して多くはないが、「民」による数少ない事例の一つとして、今後も注目すべきものであると考えられる。

5.　出版界の動向

　ここまで、主に図書館、すなわち利用者にとって原則無料で資料を利用できる世界について検討してきたが、この章においては旧来影印本や復刻出版ビジネスを行ってきた出版社側と、そのビジネスの今後について考察を加えていくこととする。

5.1　復刻出版と電子化

　まず、今までの紙の出版が電子出版の時代へ移行する、という問題である。

[*44]　TRC-ADEAC 株式会社「ADEAC® とは」
　　〈https://trc-adeac.trc.co.jp/Html/SystemHelp/about.html〉（引用日：2014-12-01）
[*45]　TRC-ADEAC 株式会社「ADEAC とは」
　　〈http://www.trc-adeac.co.jp/about/index.html〉（引用日：2014-12-01）

第 3 章　ゼミ生がとらえた電子出版ビジネスと図書館

　「電子書籍元年」と呼ばれた契機としての2010年を通り越し、電子書籍の市場が徐々に拡大しつつある今日であるが[*46]、今まで紙の本で出されていた復刻出版の出版物が、電子媒体によって出される、という状況が起こりつつある。
　一例として、原書房の明治百年史叢書シリーズを挙げる[*47]。このシリーズは明治維新から100年という節目の1967年より刊行されている、日本近現代史を研究する上で重要な資料を多く擁するシリーズである。その中でも多く引用される、『伊藤博文伝』『公爵山県有朋伝』『公爵桂太郎伝』『伯爵山本権兵衛伝』『原敬全集』『加藤高明』『犬養木堂伝』の全巻17冊が、紀伊国屋書店の提供するNetLibrary より『近代日本宰相伝記史料集』の名で、図書館向けの電子書籍として新たに出版された[*48]。「Webブラウザから24時間利用可能、学外リモートアクセスをサポート、横断検索・全文テキスト検索、個人アカウントによる便利な学習支援機能」というそれまで紙の本を提供してきた図書館が提供できなかった機能について、この案内文はアピールしているが、なんといってもこの中で注目すべきは「全文テキスト検索」であろう。
　また、これまで八木書店によって刊行されていた『群書類従』が、2014年10月より、ネットアドバンスが運営するデータベース「JapanKnowledge」に搭載された[*49]。こちらも本文テキストの検索とコピーができる点を、WEB版ならではの売りとしている。
　かつて大宅壮一が「本は読むものではなく、引くものだよ」[*50]といったように、書籍から情報を引き出すという使い方、すなわち電子的にテキストから

[*46]　インプレス総合研究所による調査によれば、「調査によると、電子書籍市場は2011年度にわずかながら縮小したものの、その後は回復。2010年度650億円、2011年度629億円、2012年度729億円、2013年度936億円という推移を辿っている。」とある。
INTERNET Watch「2013年度の国内電子書籍市場規模は推計936億円、前年比28.3％増」
〈http://internet.watch.impress.co.jp/docs/news/20140625_654926.html〉（引用日：2014-12-01）
[*47]　原書房〈http://www.harashobo.co.jp/〉（引用日：2014-12-01）
「明治百年史叢書」については、トップページ上部にリンクがあり、書目一覧と解説が表示される。
[*48]　NetLibrary「明治百年史叢書『近代日本宰相伝記史料集』」
〈http://www.kinokuniya.co.jp/03f/oclc/netlibrary/booknews/washo/domestic/hara/No.118_hara_13jul.pdf〉（引用日：2014-12-01）
[*49]　JapanKnowledge「群書類従（正・続・続々）」
〈http://japanknowledge.com/contents/gunshoruiju/index.html〉（引用日：2014-12-01）
[*50]　大宅壮一文庫「大宅壮一文庫について」
〈http://www.oya-bunko.or.jp/guide/tabid/66/Default.aspx〉（引用日：2014-12-01）

「検索」を行うことができるのは、非常に大きな意義を持つ。現状、国立国会図書館のデジタル化資料は画像情報のみを提供しており、テキスト情報を基本的には提供していないが、民間がフルテキスト化を行うことにより差別化を図り、利用者へ利便性を提供することができる、と解することが可能である。

5.2 「再発見」の場としての復刻・解題の意義

また、復刻出版の意義の中に、埋もれていた資料が再発見される、というものがある。2013年4月の『出版ニュース』に、大澤聡は以下の文章を載せている。

> 例えば、ある復刻本が刊行されたのち、研究者たちがワッと群がって、一斉に食い尽くしてしまうといった現象が見られる。大正期の研究誌『変態心理』の復刻版(大空社／不二出版、全三四巻)の場合がそうだ。同誌に言及する論文が複数の研究領域で急増した(データをとったわけではないから印象にすぎない)。同様の傾向は全集ものにも指摘できる。文学関係であれば、全集が完備された作家に研究が集中していることは明らか。いや、注目が集まるから全集が刊行されるのか。どっちでもいい[51]。

つまり、「復刻」や「全集」により今まで埋もれていた資料が世に再び出ることによって、研究者の目線がその方向に向く、という事態があるというのである。

大澤はこの文章の中で、今後の復刻出版についてコメントしているが、デジタル化の時代の中で、編集復刻の拡張にしか復刻専門の出版社の道はない、と論じ、「原本を見つけてきては右から左に複写すればよいだけの状況はもうない。手間をかける必要がある。(中略)何のための復刻か。原理的な議論に着手すべき転機にある。」と述べている。

入手しにくい書物が再び世に出るための役割としての「復刻」を、筆者は否定するわけではない。だが、デジタルアーカイブによって「復刻」の手を経ない状態の原資料にアクセスする道が開かれつつある現代、確かにこの指摘にあるように、「何のための復刻か」をもう一度考え直す必要がある。

大澤のいう「編集復刻」がその一つの意味たりうることは間違いないが、そのほかには復刻対象となる書物の解題、すなわち復刻された書物を読む読者にとって有益な内容を、今までなかった形で届ける、ということが可能なのでは

---

[51] 大澤聡「復刻の限界と展望」『出版ニュース』2309、2013年4月下旬号、p.15

ないだろうか。すでに多くの復刻の実績を持つゆまに書房[*52]が、近刊の復刻本に「解題」や「解説」を付していたり、意味のある編集とともにシリーズをまとめてあったりするということは、それこそ時代が求めた結果であろう。

5.3 「官」の限界と「民」

　もう一点考えておきたいのは公共事業の限界である。貴重資料のデジタルアーカイブ化は、当然利用者にとって有用なものとなりうるが、大学や国家機関、地方公共団体がそれらに必ずしも大きな予算を出せるとは限らない。その中で民間企業が事業を行うことが、「無料原則」という縛りのかかった図書館の限界を超え、有償化されたとしても、サービスを提供でき、結果として利用者に利便性をもたらす、ということがあるかもしれないのである。

　例えば、京都府立総合資料館は2014年の春に、所蔵する『東寺百合文書』の全部の高精細デジタル画像をWEB上で無料公開したが、報道資料[*53]内の記述によれば、「デジタル化等の作業は、民間会社(凸版印刷)に業務委託し、平成25年1月から平成26年2月まで実施」との記述がある。公開する8万点の全画像をすべて作成する、という作業をなす上で、もはや地方公共団体の一機関のみがこの作成を行うよりも、「業務委託」とするほうが結果的に良い結果が得られると判断されたのではないだろうか。すなわち、デジタル化の作業に必要な機器を公費で購入し、作業に人員を割くことに大きな費用・時間・人員を投入するよりも、プロジェクトごとに業務委託の形で民間企業と手を結んだほうが、その時点での最新の機器を、メンテナンス込みのベストな状態で利用でき、なおかつ限られた人員を公務員の中から割かなくていい、という考え方である。

　もう一つの例としては、人文・社会系アーカイブ資料の専門ポータルサイトとして株式会社雄松堂書店・丸善株式会社・大日本印刷株式会社によって設立されたJ-DAC[*54](Japan Digital Archives Center)が挙げられる。これは現在「企業史料統合データベース」や「太宰治直筆資料集」などの収集しにくい資料のデジタルアーカイブを有料契約によって提供するサービスである。株式会社雄松

[*52] ゆまに書房〈http://www.yumani.co.jp/np/index.html〉(引用日：2014-12-01)
[*53] 京都府立総合資料館「国宝「東寺百合文書」のインターネット公開について」〈http://www.pref.kyoto.jp/shiryokan/documents/toji_web_koho20140228.pdf〉(引用日：2014-12-01)
[*54] ジャパンデジタルアーカイブズセンター 〈http:j-dac.jp/〉(引用日：2014-12-01)

第 10 節　電子図書館における「貴重書」

左は、東寺百合文書 WEB 閲覧画面の例（「し函 /309/ 肥前国鹿子木庄条々事書案」）
〈http://hyakugo.kyoto.jp/contents/detail.php?id=27445〉
右は、「ジャパンデジタルアーカイブズセンター」〈http://j-dac.jp/〉（引用日：2014-12-01）

堂書店製作本部企画・制作室の増井尊久 J-DAC プロジェクト担当は WEB マガジンに、その趣旨を寄稿している。

　　これは一見すると OA（Open Access の略―筆者註）ムーブメントに対立するものと思われるかもしれないが、必ずしもそうではない。J-DAC は、OA は個人の自由と平等を保証する社会基盤であり、人類が目指すべき一つの終着点と捉え、その実現に向けてできる限り支援していきたいと考えている。商業ベースのプラットフォームが OA を支援？と首をかしげる人がいるかもしれない。が、貴重資料を OA 化する際に所蔵機関（主に大学図書館・専門図書館）が直面する課題は多岐にわたり、それぞれの機関での自力での解決が難しいのが現状だ。そこで J-DAC は、デジタルアーカイブの構築を目指す機関に対する支援サービスを提供したいと考えている[55]。

　有償で貴重資料を提供する、というのは確かに「知」へのアクセス性を下げるように見える。しかし、今まで「現物を見に行かなければアクセスできない」

---

[55] 増井尊久「ジャパン・デジタル・アーカイブズ・センターの取り組み　〜オープンアクセスと商業データベースの共存を目指して〜」（『AMeeT』2013 年 9 月 8 日）
〈http://www.ameet.jp/digital-archives/digital-archives_20130908/〉（引用日：2014-12-01）

という物理的な壁に閉ざされていた貴重資料への道程に、一つの選択肢が増えた、と考えるのならば、必ずしもアクセス性が下がったとはいえない、むしろ上がったと考えるべきではなかろうか。

　もちろんJ-DACのモデルがデジタルアーカイブの最終形態となり、すべての貴重資料を大きな企業が独占、「知」の有料化がますます進展という結果が導かれるわけではない。今後貴重資料のデジタル化が進む中で、「知」をめぐる図式が変化していくことは否めない。しかし、その現在の流れの中で、貴重資料のアーカイブ化が一つのビジネスとなりうると判断されたからこそ、J-DACがこの時期に生まれたのであろう。

6. おわりに

　デジタルアーカイブ化が進展してきている現代においても、貴重書が果たす役割が大きく変わることはない。そのような時代の中で変わっていくのは、貴重書がどのようにアクセスされるのか、という問題である。

　電子図書館の黎明期からその対象として意識されていた貴重書は、国立国会図書館のデジタル化事業により、かなり多くのものがインターネット上で利用できる状況となった。しかし、「大蔵経」問題にみられるように、今までの枠の中でとらえることのできない問題が、貴重書デジタル化の過程の中で、発生しているのも事実である。

　その一方、地方の公共図書館や民間の企業によって、貴重書へのアクセスが格段に向上しつつあるのも事実としてある。

　こういった状況の中で指摘できるのは、現状では貴重書の世界を取り巻く環境が決して安定していない、すなわち国立国会図書館以外、どこもリードする立場を確立していないが、各者が個性・役割をそれぞれ持っているということで、出版業界と図書館界の対立状況から抜け出す必要がある、という点である。

　すでに指摘されているように[56]、国立国会図書館と出版社、作家らの団体との関係が、電子図書館構想をきっかけに良好とはいえない状況であるといわ

---

[56] 糸賀雅児「『大蔵経』公開停止問題を図書館経営から考える」『DHjp』3、2014年
[57] 湯浅俊彦「次世代に向けた出版コンテンツの利活用」(『DHjp』3、2014年)によれば、「(「第15回図書館総合展」で行われたフォーラム「市場としての図書館、読書基盤としての図書館」の主題は)出版業界と図書館界双方の理解不足の現状とその解消にあった」とある。

れてきたが、いわば「出版不況」とも評され停滞している本を取り巻く世界にとって、その対立がよい影響をもたらすとは考えられない。その対立には、互いの理解不足にある、との指摘もある*57。

　この状況の中で、「貴重書」という特定の狭い分野であっても、各者の対立がもたらす不都合は多分にあるであろう。その対立に対する解決の糸口は、筆者の考察によれば、新たなる「役割」、あるいは「ミッション」（社会的使命）を求めることにある。旧来の単なるコピーとしての復刻出版が、その付加価値を求めて進化していくのであったり、図書館が利用者サービスの向上を求めて地域資料のデジタルアーカイブ構築に携わったり、とその可能性はすでに多く示されている。また、かつて公共図書館の閉架書庫の最深部にあった地域の貴重資料が、物理的な壁に遮られることなく世界中から使えるようになる可能性すらある状況である。現在筆者は貴重書をとりまく電子図書館の実務に携わるものではないが、一利用者、すなわち日本史学に携わる一学生として、これらの解決と、利便性の向上を強く願うものである。

　謝辞：本論文の執筆に当たり、2014年11月5日、ネットアドバンスの酒井康治氏、雄松堂書店の増井尊久氏、八木書店の恋塚嘉氏に民間企業のデジタルアーカイブをめぐる現況について、2014年11月14日、三人社の白井かおり氏に、復刻出版を巡る現況について、また2014年12月3日、京都府立総合資料館の福島幸宏氏に東寺百合文書のデジタル化事業についてインタビューを行い、多くの知見を得ました。厚く御礼申し上げます。

〈参考文献〉
1. 原田勝・田屋裕之『電子図書館』勁草書房、1999年
2. 石川徹也・根本彰・吉見俊哉編『つながる図書館・博物館・文書館――デジタル化時代の知の基盤作りへ――』東京大学出版会、2011年
3. 谷口知司編著『デジタルアーカイブの構築と技法』晃洋書房、2014年
4. 長尾真「電子図書館と著作権」『DHjp』3、2014年
5. 永崎研宣「大正新脩大藏經とデジタル時代の学術情報流通」『DHjp』3、2014年
6. 植村八潮「電子図書館サービスとアーカイブプロジェクトが果たす"公共性"」『DHjp』3、2014年
7. 福井健策・永井幸輔「デジタル文化財の公開ルール」『DHjp』3、2014年

第11節

電子書店とディスカバラビリティ

竹本正史
（立命館大学文学部日本文化情報学専攻3回生）

― 概　要 ―

　1990年代に初めて電子書籍が登場して以来、さまざまな企業や機関が電子書籍に携わり、試行錯誤が行われてきた。その結果、今日においては電子書籍の存在自体は一般に認知されてきたように思われる。しかし電子書籍の利用が完全に民間に普及しきったかというと、いまだ首をかしげざるをえないのが電子書籍業界の現状である。電子書籍の利用は主にごく一部のヘビーユーザーあるいは学術研究資料の管理に限られ、幅広い読者が電子書籍を利用するという段階には至っていない。本稿では電子書籍をさらに普及するため、リアル書店での販売方法に着目し、いかに電子書店を「書店」たらしめるかという課題についてディスカバラビリティ（発見のしやすさ）の観点から論じていく。

― キーワード ―

　電子書店、電子書籍、リアル書店、ディスカバラビリティ、一覧性

1. 序論

1.1 研究目的

　リアル書店においてはしばしば、"探していなかった本"と出会うことがある。これはリアルと電子の書店を比較する際、リアル書店の大きなアドバンテージとなる。一方電子書店は膨大な品ぞろえを誇る反面、本を探す手段が絞り込み検索に限られてしまうため、"小説を探していたら面白そうな新書を見つけた"

といった、本との偶然の出会いが起こりづらい。いわゆるディスカバラビリティ（発見のしやすさ）の問題である。

　この問題を打開し、いかにして電子書店がユーザーに"探していなかったが求めていた本"を届けるか、それが本稿のテーマである。

1.2　先行研究

　電子書籍が学術研究の対象としてとらえられるようになって久しい。しかし依然として電子書籍研究における先行研究は潤沢とは言い難く、その中でリアルと電子の書店形態について言及するものはさらに少ない。

　柴野京子は『書棚と平台―出版流通というメディア―』で書店の成り立ちから現代書店への系譜をたどる一方で、「購書空間」という言葉を用いて書店や書棚の意義についても解明し、流通も含めた出版業界全体の展望を論じた[1]。

　また福嶋聡は『紙の本は、滅びない』で「電子書籍」と対比した「本」の優位性を主張し、「紙の本」がいかに情報の蓄積・保存に適しているかを「本」と「書棚」の二つの視点から説いた。さらに、魅力ある書店作りにおいてリアル書店の意義を以下のように表現している[2]。

> 　一冊の書物と読者の出会いの頼りなさに、その出会いの場となるこれまた頼りなげな書店空間に、人はむしろ開放性と可能性を見出す。
> 　逆に、一見開放的なインターネット空間は、ある種の閉鎖性を持つことを避けえない。書店の「頼りなさゆえの開放性＝可能性」に対して「頼り甲斐ゆえの閉鎖性＝必然性」と呼ぶべきか。

　この指摘は、本稿で考察する電子書店での「本との出会い」のために解決するべき問題の根幹である。

1.3　研究手法

　リアル書店と電子書店における共通点・相違点を分析・対比することによって両者のメリット・デメリットが生じる原因を明確にした上で、電子書店がリ

---

[1]　柴野京子『書棚と平台―出版流通というメディア―』弘文堂、2009年
[2]　福嶋聡『紙の本は、滅びない』ポプラ社、2014年、p.148

アル書店から取り入れることのできる要素と今後の電子書店に求められる要素について考察する。本稿では「リアル書店」「電子書店」を次のように定義する。
リアル書店…実際に店舗を構え、物質としての本を取り扱う書店を指す。
電子書店…Web 上に独自サイトを構え、電子書籍を販売する形態の書店を指す。

2. 電子書店とリアル書店の比較

2.1 リアル書店と電子書店の特徴

　論を進めるにあたって、リアル書店と電子書店の特性を洗い出していきたい。なんといってもリアル書店のメリットは、本を実際に手に取ることができる、という点だ。現代での書籍の購入において非常に重要なファクターであるといえる。加えて現金決済、立ち読みなど、電子書籍の登場で逆に浮かび上がってきた要素は多い。また品ぞろえの違いや書店員の存在など、書店ごとに独自の特色がある点もリアル書店の魅力だろう。

　一方、電子書店にもリアル書店では真似できない点が多い。まずは電子媒体さえあれば場所も時間を選ばずに利用可能な点である。電子書店最大の強みといってもいいだろう。次に、条件さえ整えれば刊行されている書籍を網羅できるほどの膨大な品ぞろえと、在庫の概念の排除がある。物質界の法則にしばられない電子書店ならではの特徴である。そしてその中から目的の書籍を見つけ出す検索機能も忘れてはならない。キーワード検索やインデックスを使った絞り込み検索を行うことでユーザーが漠然と探している書籍も見つけることができる。さらに書籍同士の相互リンク機能もある。本を構成する要素はさまざまであり、電子書店ではその要素の集合に書籍一冊一冊を結びつけ、相互リンクすることができる。これによって一冊の書籍から再度検索ページをまたがずともそれに関連したほかの書籍を見つけることができる。個別アカウントやランキング、レビューなどユーザーに直接働きかけていくことができるのも電子書店の魅力である。

2.2 電子書店がリアル書店に劣る点

　リアル書店も電子書店も目的は書籍の販売である。売れる本・売りたい本をより多くの利用者に届けるために陳列を工夫するのはそのためだ。書棚やインデックスで書籍をジャンルごとに整理・区分けするのも、利用者が書籍をより探しやすくするためである。リアル書店であれば、新刊やベストセラーなどの

人気本が店舗入口付近や書棚の周りや特設コーナーに平積みされ、より客の目につきやすくされるだろう。電子書店もそれらをトップページで紹介したり、ユーザーを特設ページに誘導しようとする。このようにリアル・電子の差はあっても、書店という性質上、共通点は存在する。"本との出会い"が電子書店で決して起こらないというわけでもない。しかしそれはあくまでトップページでの紹介やランキングなど、電子書店側のレイアウトによる、作為的な"本との出会い"である。仕入れの方向性や売り場スペースによる品ぞろえの差はあっても、"出会い"の選択肢はリアル書店の方が圧倒的に多いと思われる。その理由をリアル書店と電子書店における見せ方の相違点から論じていきたい。

2.3 書棚の一覧性

まず、書棚とインデックスの性質の違いがある。著者や出版社、ジャンルごとに書籍を整理する、書棚の役割を電子書店において果たすのがインデックスだが、リアル世界と電子世界のモノである以上、性質の違いは生じる。両者とも書籍を一定の範囲に絞って区分けする点では共通する。異なるのは、それを利用者が一目で全て把握できるか否かだ。

リアル書店の書棚ならば、漠然と眺めながら通り過ぎるだけで、その書棚の大まかな全体像を把握しつつ、書棚全ての書籍を視野に入れることが可能だ。これはその書店の書棚を一覧していることに等しい。ここですべての本に注目する必要はない。書棚全体が見えているなら、そこからなんらかの本が偶然、「目に留まる」可能性は増す。目的の書棚を探している途中やレジへ向かう時など、その機会は少なくない。一瞥を繰り返すだけでも、"探していなかった本を見つける"可能性はぐんと高まる。人間が書店で書籍情報を処理していくスピードは、我々が思っているよりもずっと早い。その気になれば、書店内全ての書籍を周遊して把握することも可能である。

しかし電子書店のインデックスは利用者が興味を示さない限り、中身の情報は表示できない。一度開いたならリンク先のページで一定範囲の書籍一覧にたどり着くことができるが、そのページを閲覧している間は検索範囲外の書籍の情報は入手できない。漫画の書棚では新書が見つけられない、という当たり前の話だが、リアル書店ならば書店にいる以上ほかの棚が嫌でも目につく。しかし電子書店は違う。ユーザーの目に映るのは一定範囲の書籍を収めた結果の一

覧であり、検索内容の異なる書籍群を見つけるには検索条件を変えて再び検索結果を処理する必要がある。さらに電子画面のブラウンジングには高度な視覚的注視が必要であり、これを繰り返すことはユーザーに大きな負担を要求することになる。

2.4 書籍の感覚的知覚

　リアル書店と電子書店では本一冊ごとの見方も異なる。リアル書店では、書籍はそのまま書籍として知覚される。書棚を眺めていく中で、書棚に収められた背表紙、平積みされた表紙が次々と視界に飛び込んでくる。実際に書籍を書棚に収めることによって、ユーザーはその本が周囲の本とどのような関係性を持つのか把握することができる。書棚を眺めるだけで、どのような種別の本のコーナーなのか、それらを出版している出版社はどのくらいあるのか、その出版社はどのくらいの冊数の書籍を発行しているのか、その出版社で本を出している著者はだれか、などさまざまな情報を得ることができる。これらすべてに注意を向けることはしないが、気になる本があったなら実際に手に取り装丁や中身、そのほかの情報を書籍そのものから確認することができる。その本を起点に、このレーベルではどれくらいの規模なのか、同じレーベルの著者はだれか、この著者のほかの作品はいくつあるのか、なども把握することができることだろう。

　一方、電子書店は検索結果の一覧が全て文字で表示されたり、表紙画像の横にタイトルや著者などの書誌情報が並べられていく。これを理解するためには①表紙を確認②タイトルを確認③続いて他の項目へ…、と書誌情報を段階的に注視していく必要がある。一冊ごとにタイトルや分量、価格を注視していくのはユーザーに長時間の連続情報処理や目の疲労などの負荷を強いる。ディスプレイの表示量の限界も存在する。一冊に対して多くの情報を表示しようとすると、1ページ当たりに表示可能な書籍の数は減るためである。その結果ブラウジングが長くなりユーザーの負担が増える。書名や著者名など、最初からおおよその見当がついていない場合、電子書店で本を探すのは非常に効率が悪い。

2.5 電子書店に"立ち寄る"理由

　そもそも我々が書店に立ち寄る理由はなんであろうか。もちろん本を買うた

め、が第一の理由だが、それ以外にもいくつか存在する。その一つが各人の時間の調整、乱暴にいえば暇つぶしだ。町の書店、駅の書店、大型ショッピングモールの書店など、日本には至るところに書店がある。誰かとの待ち合わせや交通機関の到着にはまだ時間があり、適当なところで時間を潰したい。そんなとき書店は役に立つ。喫茶店と違って必ずしも商品を買う必要がなく、ウィンドウショッピングになってしたとしてもひんしゅくを買いづらい。好きな作家がいるなら新刊のチェックもまとめてできる上、他に気に入った本があればそのまま購入できる。そういった点で、リアル書店は気軽に立ち寄れる場所として、現実世界にそれなりの意義を持つ。

電子書店はどうだろうか。電子上の仮想空間である電子書店は、リアル書店が持つような触覚的な付加価値を持たない。その代わりに、電子書店はユーザーが「買いたい本を買う」ための機能に特化している。書名がわかっているならば検索して即座に購入することができるし、インデックスやキーワードから絞り込んでいくこともできる。この操作はいつでもどこでも手持ちの電子端末から行える上、購入までにそれほどの時間を必要としない。これは電子書店の強みの一つであることは間違いない。電子書店はユーザーが「目的の本を購入する」際に高い利便性を発揮する。しかしそれは逆にいえば、「目当ての書籍がなければ用がない」ということに等しい。書籍需要が電子書店の利用頻度に直結するのである。書籍を買うつもりがなくても客に足を運んでもらえるリアル書店と比べた場合、電子書店が利用される回数は圧倒的に落ちる。電子書籍の利用者層にヘビーユーザーが多い理由の一つでもある。そして利用が少なければ、それだけ電子の世界での"本との出会い"の可能性も下がっていくのである。

2.6　書棚の流動性と巡回ルーチン

場所としての役割とツールとしての役割で違いがあるならば、さらにそこから別の視点でも違いが見えてくる。本の購入の仕方についてだ。前項では電子書店で本を買うのにそれほどの時間を必要としないと書いたが、ならばリアル書店では利用客はどのようにして本を買うのだろうか。思うに、多くの利用客は目的の書籍を購入するついでに、興味や関心のある書棚を回覧していくのではないだろうか。仮に電子書店を利用する時と同様に、目当ての本があって来店したとしよう。それでも、大半の利用客はその本だけを探して手に取り、す

ぐさま購入して帰っていくことはないはずだ。

　新刊コーナーはもちろん、平積みにされている話題書やいつもの書棚を一通りチェックした後、レジへ向かう。なぜか。書店の書棚は流動するものだからである。その書棚で一冊の本が売れれば、その空いたスペースにまた新しい本が入ってくる。その本は購入された本と同じものかもしれないし、はたまた全く別の書籍かもしれない。変化はその書棚に限った話ではなく、通りがけに横切る書棚でも起こっているかもしれない。それを確かめるには再び本屋に足を運ぶしかない。仮に今回は書棚にそこまでの変化は見られなくても、次回は何かしら変わるかもしれない。期待に駆られて再び書店へ向かう。こうしてできあがる利用客の巡回ルーチンがリアル書店には存在する。

　この書棚の流動性において、電子書店はリアル書店に大きく水をあけられている。電子書店のメリットとして、「在庫切れがない・出版されている本は全て陳列できる」があることは確かである。空間的に限界のあるリアル書店の書棚と違い、空間的制約のない電子書店はその気になればありとあらゆる刊行物をそろえることができる。それは電子書店が持つ大きな利点だ。リアル書店同様に新刊ページ・特設ページを使って特定の書籍の販売に力を入れることができ、書誌データとインデックスを用いて書棚を細かく整備することもできる。

　しかし書棚に限界がないということは、その書棚が肥大化し続けるということの裏返しでもある。日々新たな書籍が出版され、新刊ページが書き換わっていく。新刊ではなくなった本はほかの書籍と同様に検索で見つけることになるだろう。リアル書店なら売れ残りを返品し、1冊を在庫として残しておく。限られた書棚を有効に活用するためには、常に書棚を入れ替える必要があるからだ。だが電子書店はその必要がない。電子書店のラインナップは、新刊の発売と共に膨れ上がっていく。古い本に新しい本が積み重なり、地層になるイメージだろうか。書棚に流入はあっても、ラインナップが変わることは決してない。同じキーワードで検索すれば、同じ検索結果が表示される。つまり電子書店で目新しい発見をするには、新刊と話題書、あとは特設ページあたりをチェックしておけばいい。そしてそれは次に自分のチェックしている書籍が発売されたらでいいだろう。結果的にユーザーが電子書店のページを開く回数は限られ、彼らにとっての電子書店には目的の本と、電子書店側がピックアップしたごく一部の書籍しか存在しないのである。

2.7 本棚の不自由

　本を買えば本棚、ないしそれに準ずる空間が発生する。物質世界では当たり前のことである。所有する本が一冊増えれば、本棚の冊数が一冊増える。一冊を積み重ねていくことによって、やがて自分だけの本棚が完成する。その本棚には、思い出の本、好きな作家の本、ためになった本、人によってさまざまな思い入れのある本が並んでいることだろう。購入されたまま開かれていない本もあるかもしれない。しかし個人の本棚に並んでいる以上、その本には持ち主とのなにかしらの関係がある。本棚は単に収納としての道具という役割だけでなく、自分が読んできた本の記録装置、リストとしての役割も果たしている。柴野京子は『書棚と平台』で「本棚の存在意義はおのれの知識の可視化」と述べてもいる[*3]。本を愛するという人全てにこの感覚は理解できるだろう。

　ではその本たちはどこでどうやって手に入れたのだろうか。大半は自分で新品や古本で購入したものだろう、中には誰かにもらったものや、借りたままの本があるかもしれない。本を手に入れる手段はさまざまで、購入するのでさえ、すべての本を同じ書店で購入しているということはないはずだ。しかしこれは、電子書籍には当てはまらない。

　著作権保護の都合上、電子書店で購入した電子書籍はその電子書店に対応する電子書籍リーダーもしくはアプリで読むことになる。いくつもの電子書店が専用のリーダーを用意しているわけだが、その中に他社で購入した電子書籍を他社のリーダーで利用できるといった互換性のあるリーダーは少ない。電子書籍でまとまった冊数の本棚を作りたいのならば、一つの電子書店で購入し続けるしかない。特典ポイントや個別アカウントの役割はユーザーを手放さないためのサービスでもあるし、刊行されるすべての書籍を網羅できる電子書店の性質上そこで購入を続ける限りは問題ないかもしれない。しかし一つの書店を利用し続けるということは、ほかの書店のよさや特徴に気づけないということでもある。そして、いざ他社に乗り換えようとした際は不便極まりない。他社で購入した電子書籍を乗り換え先のリーダーで読むことはできないことが多いからである。結果乗り換えを断念するか、リーダーやアプリを複数所持することになる。電子といえど本棚を二つ、三つと持つよりも、ひとまとめにした方が

[*3] 柴野京子　前掲書。弘文堂、2009年、p.221-222

楽なのは自明である。ならば、自前で本を裁断・スキャンした「自炊」を行い、フリーでダウンロードできる電子書籍管理ソフトで読んだ方が汎用性はある。

3. 列挙要素の改善策

前項ではリアル書店に比べて電子書店が劣るであろう、一覧性・感覚的知覚・日常性・流動性・本棚の5つの要素を挙げたが、その改善策を考察してみよう。

3.1 一覧性と感覚的知覚について

まず書籍の一覧性だが、電子書店における一覧性は2種類存在する。1つは検索を行った際、自分が膨大な書誌情報の中で現在どこにいるのかを把握する、「書店全体の一覧性」である。現在地を把握していれば隣の棚にはどんな書籍があるのかがわかる。つまり、キーワードの視点を変えるとどのような書籍が見つかるのかを大雑把に把握できるのである。電子書店では複数のインデックスを重ねることでこれを再現できるが、さらに進んだ方法として、後藤達弥・藤原孝の「ZigZagによる電子書籍検索インターフェース」がある。この研究は、Nelsonの考案したZigZagインターフェースを用い、中心に据えた書籍情報から複数方向に伸びた「軸」に異なった観点を定義し、それぞれの観点について属性にその観点をもつ書籍を検索していく、というものである。このような方式を書籍単体ではなく、まとまった書籍群に適用すれば、ユーザーは自分が電子書店内で自分が何を検索し、そのキーワードの周囲にはどんな書籍群があるのかを把握することができるだろう[*4]。

もう一つの一覧性は文字通りユーザーが「より多くの書籍を、より少ない負荷で」把握できる要素である。電子書店が一度に表示できる情報を増やすにはディスプレイの大型化と、表示情報領域の削減の2通りの方法があるが、前者は技術革新の必要性があるため、後者について言及するのみにする。文字によって書誌情報を増やそうとすると、一冊当たりの表示領域は多くなる。それを打開するため、電子書店は表紙画像と共に書誌情報を表示する。しかしそれよりも、「背表紙」の方が効率がいいように思われる。なぜなら、リアル書店の書棚に収められた本でユーザーが最初に目にするのは「背表紙」であるからだ。

[*4] 後藤達弥　藤村考「複数観点からのコンテンツ列挙型書籍検索インタフェース」『情報処理学会第73回全国大会講演論文集』、2011

第 11 節　電子書店とディスカバラビリティ

ゼミ発表「電子書店とディスカバラビリティ」

　背表紙からユーザーは本の大きさや厚み、タイトルから内容を大雑把につかむ。興味を持つかどうかはそれからでいい。そのための動作は背表紙を一瞥するだけでいい。終われば次の背表紙に移る。これが書棚を眺める、ということであり、文字情報を逐一注視していくよりも情報処理の負担が軽い。これは感覚的知覚とも共通する要素である。「新書マップ」はこの背表紙による表示を取り入れており、キーワードを絞り込んでいった先で、検索結果とともに背表紙画像の表示も行っている[*5]。検索結果全てが背表紙表示されるわけではないが、それでも検索結果全体を把握する労力はかなり削減される。タイトルを表す文字列よりも、背表紙を用いることによってユーザーの想像力がかき立てられ、書誌情報の迅速な把握につながるだろう。

3.2　日常性について

　リアル書店の時間を潰す場所としての意義について言及したが、電子書店もその立場を得る可能性はある。日本では電子書籍を利用する端末として専用のリーダーよりもスマートフォンや汎用デバイスが一般的である。つまり国民の多くが電子書籍を読む手段自体は持っている上、それを用いて「時間を潰す」のは若者を中心に多くの人々がする行為である。そこに「時間を潰せる場所」としての付加価値を持つ「電子書店」を根づかせていくことが今後の電子書籍界において急務であろう。必ずしも電子書籍を買ってもらう必要はない。空い

[*5]　「新書マップ」〈http://shinshomap.info/〉

ている時間を使って少しでも書店をブラウジングしてもらえたなら、最低でも「本のショーウィンドウ」的立場が果たせる。「何となく見る」回数が増えれば増えるほど、欲しかった書籍と巡り合う可能性は上がる。そのためにはまず、ゲームやSNSなどのスマホアプリよりもニーズを獲得できる、エンターテイメント性にあふれた電子書店を構築する必要がある。ユーザーのニーズに応え、個人専用のツールとして各機能のオンオフ機能や、表示書籍やインデックスのカスタマイズ、検索一覧の列挙要素をユーザーが選択できる、といった「個人専用の本屋」という新たな価値を生み出せれば、勝機はある。

3.3 流動性について

　「変化」に対して人間は刺激を感じる。それが人間にとって必要なものであることはいうまでもなく、それは書店においても同じである。書棚の流動性は書店において不可欠な要素であり、流動性のない書店へ客が足を運ぶ理由はない。むろん、電子書店も同様である。だが電子書店は新刊の流入はあっても、在庫の消失はない。つまり、新刊以外に利用者に「目新しさ」を提供するには書店側が特定の書籍群を引っぱり出す必要がある。利用者の選択した本に対して同時に購入されている書籍や関連本、ランキングやレビュー、購入履歴を基にしたオススメなど、電子書店ができることは多い。しかしそれらの手を尽くしても、電子書店が利用者に提供できるのは、①利用者が探している条件の関連本、②ランキングなど他者の介入を受けた書籍、③新刊・特設コーナーの書店側が用意した書籍の3種類に限定されてしまう。利用者の購入傾向を基に書店側が逐次利用者に書誌情報を提供していくのは、確かに効率のいい方法である。しかし常に利用者に目新しさを提供していくためには、ある程度のランダム性が求められるのではないだろうか。

　一覧性にしろ、日常性にしろ、そして流動性にしろ、これらはユーザーがより多く電子書店を訪れ、より多くの書籍の存在を把握し、その中から自分が求めていた本を見つけ出す「偶発性」を高めるための要素である。ユーザーが全く未知の書籍に出会うためには、ある一定の要素にかたよらない、「不確実さ」を孕んだ枠組みが求められる。特定の条件の書籍ばかり目に入るのでは、そこに本を探す楽しみも、本を選ぶ楽しみも存在しないだろう。ある程度の作為性を排除し、ユーザーが本当の意味で書籍を発見し、選ぶことができたならば、電

子書店は真なる「最高の品ぞろえ」を誇ることができるだろう。

3.4 互換性について

　恐らく、商用電子書籍において、最も高く厚い壁が1社1リーダーの原則であろう。なにしろこの壁が決壊すれば、書籍データは流出し、海賊版の書籍データが巷にあふれだすからだ。流出防止のDRMやクラウド閲覧は、極めて自然な対応といえる。しかしそれが規制のためであっても制限はつけばつくほど、ユーザーにとって不便になる。電子書籍の普及がうまく行かない理由の一つがそこにある。いつの世も普及するのは汎用性のあるものであって、ユーザーの自由度は上がれば上がるほどいい。本や携帯電話などがまさにそれを体現している。電子本棚もそれにならって、好きな本を好きなだけ、自由に詰め込める仕様になれば、新たなユーザーの目を引きつけることができるかもしれない。実際にリアル電子問わず自分の本棚を個人端末で管理するアプリないしサービスは出現しており、その中でも「オープン本棚」[*6]は本を検索するのに必要な書誌情報を電子書籍については、hon.jp、紙書籍については国立国会図書館のデータベースを利用するなど、最高峰の検索スペックを誇っている。こうしたサービスの出現は、一つの本棚で自分の読書記録を管理したい、そういった需要が反映されているように思われる。

4. 結　論

　ここまで、電子書店がリアル書店から取り入れるべき要素について、電子書店の欠点を挙げ連ねて論じてきたが、その全ては電子書店での"本との出会い"の可能性を少しでも上げるために尽きる。書店全体を「一覧」する、書籍の「情報処理の負担」を可能な限り減らす、頻繁に電子書店を「訪れて」もらう、常に「新しい刺激」を提供する、「自由に」書籍を購入できる、これらの要素は、リアル書店にあって電子書店にないものである。書店は単に本を売る・買うための場所ではなく、人々に本の存在を知ってもらうための場所でなければならない。いまだ発展途上の電子書店だが、これらを取り込むことにより、一歩進んだ新たな「書店」と成りうる可能性を秘めているだろう。出版不況と呼ばれる現代において、電子書店もまた「よりよいもの」となるために貪欲になる必要があるだろう。

[*6]　「オープン本棚」〈http://open-bookshelf.org/〉

第12節

リアル書店における電子書籍販売

松田　麻由香
（立命館大学文学部日本文化情報学専攻3回生）

― 概　要 ―

　近年、電子書籍専用端末の販売先としてリアル書店が関わるケースが徐々に増えてきている。ネットで購入することができる電子書籍をあえて店頭で販売するという電子出版ビジネスは、利用者にとってどのようなメリットがあり、書籍市場にどのような影響を与えていくのか、本稿ではリアル書店における電子書籍販売への可能性について考察していく。電子出版ビジネスが本格化していく中、店頭で電子書籍を販売するためには、リアル書店ならではの販売方法、サービスが必要となってくる。「電子書籍ストア」と「リアル書店」の事業提携では、デジタルや紙といった形式にとらわれず、ユーザーと書籍の接点を最大化しており、世代を問わず「読者が一番使いやすい形」を追求している。

― キーワード ―

　リアル書店、電子書籍、電子書籍ストア、シナジー効果、ディスカバラビリティ

1．はじめに

　近年、わが国の書店経営はきわめて厳しい局面を迎え、特に中小書店の経営は危機的状況にある。既存書店数は減少をたどる一方で、2000年に比べると7552店舗の書店が減少し、日本書店連合会の組織率は、32％にまで落ち込んでいる[*1]。

　また、書店の減少傾向にともない、取次ルート経由の出版物の推定販売金額

は1996年の2.6兆円をピークに減少の傾向がみられる[*2]。既存書店数、販売金額ともに減少傾向にあり、書店数が減少することによって、読者が出版物に触れる機会が少なくなり、販売金額が減少するという悪循環が生じ、わが国の出版市場の規模は縮小をたどっている。さらに、ネット書店、電子書籍販売サイトの台頭により、既存書店の経営状態はますます深刻化していき、毎年新規店を大幅に上回る書店数が閉店している事態である。

一方、年々規模を伸ばしているのが電子書籍市場であり、デジタル技術の進展により、近年電子出版をめぐる世界の情勢が著しい成長を遂げている。2010年度から2011年度にかけては、携帯電話からスマートフォン、タブレット端末への切り換えによって、従来の携帯電話向けコンテンツの需要が落ち込んだことから一時マイナス成長が見られた。しかし、2012年度にAmazonなどの新たなプラットフォーム向けの電子書籍が携帯電話向け市場の落ち込みを上回る売り上げを示し、2013年度には、電子書籍の市場規模は対前年比114.4％増の936億円に拡大されている[*3]。

電子化された出版物の流通が増大する中で、消費者としては、デジタルコンテンツ、デジタル機器に精通しており、電子出版物に対する抵抗がなく、積極的に電子書籍も活用している層と、デジタル関係には疎く、書店を通じて紙の出版物を購入することにより、出版物を閲覧している層とで二極化している。

出版業界において、書籍のデジタル化によるビジネスは可能性があり、リアル書店側としてもデジタルネットワークに対応した出版物の利活用は早急に取り組むべき事業の一つであり、リアル書店の活性化を図るための重要な課題となる。そこでリアル書店では利点である空間演出を活用しつつ、読者と電子書籍の接点を広げることが求められてくる。

2. FBF事業による消費者意向調査

これらの現状を踏まえた上で、経済産業省では新規産業である電子書籍ビジネスが立ち上がる一方で、既存の書店産業が衰退するのではなく、書店産業と電子化との相乗効果によって書籍市場全体の活性化を図る試みが行われた。そ

[*1] アルメディアの調査によると「日本の書店数は1万3493店」『文化通信』2014年5月19日付
[*2] 『2014年版　出版指標年報』全国出版協会・出版科学研究所、2014、p.2
[*3] インプレス編『電子書籍ビジネス調査報告書2014』インプレス、2014、p.26-27

して、日本出版インフラセンター（JPO）が経済産業省から委託され、電子出版と紙の出版物のシナジー効果による書店活性化事業フューチャー・ブックストア・フォーラム（FBF）が2011年3月に開始された。

ネット書店、電子書籍販売サイトの台頭によって消費者は、出版物の閲覧方法、購入方法を自由に選択することが可能になった。そして、選択肢の幅が広がったことから消費者による出版物の購買行動に変化が現れているのが現状である。FBFはこの現状を踏まえ、顧客に対して紙と電子出版物における購買状況、書店の利用状況等に関する消費者利用意向調査をインターネットによるアンケート形式で実施した[*4]。

書店経営の低迷が続いているといっても、本の購入場所として消費者はリアル書店を一番よく利用しており、ネット書店、中古書店、コンビニ等がそれに続く形である。リアル書店とネット書店での利用状況を比べると、ネット書店

表1　紙と電子出版物における購買状況、書店の利用状況等に関する消費者利用意向調査

設問1 あなたはどのくらいの頻度で書店に行きますか。	
毎日行く	1.4%
週に2〜3回くらい行く	11.4%
週に1回くらい行く	40.8%
月に1回くらい行く	34.6%
ほとんど行かない	11.8%

設問2 あなたは本を買う時、どこで買うことが多いですか。	
書店	51.9%
インターネットの書店	29.9%
その他	18.2%

設問3 書店に訪れた際、どういった状況で本を購入することが多いですか。	
衝動買い	18.7%
どちらかというと衝動買い	24.7%
どちらかというと計画買い	32.1%
計画買い	24.5%

設問4 インターネット書店に訪れた際、どういった状況で本を購入することが多いですか。	
衝動買い	3.9%
どちらかというと衝動買い	9.1%
どちらかというと計画買い	36.9%
計画買い	50.1%

設問5 「今後の技術の進歩に伴い、紙の書籍の時代が終わり、次第に電子書籍の時代になるだろう」という意見があるが、それについてどう考えていますか。	
非常にそう思う	3.7%
そう思う	16.2%
あまりそうは思わない	29.7%
まったくそうは思わない	10.7%
いずれもが共存すると思う	35.0%
わからない・考えたことはない	4.7%

出典：『経済産業省委託事業　平成22年度書籍等デジタル化推進事業　電子出版と紙の出版物のシナジーによる書店活性化事業【調査報告書】』日本出版インフラセンター

[*4]　『経済産業省委託事業　平成22年度書籍等デジタル化推進事業　電子出版と紙の出版物のシナジーによる書店活性化事業【調査報告書】』日本出版インフラセンター、2012年、p.14、28、29、49、81

では「計画買い」の比率が圧倒的に多く、消費者は作家、作品タイトル等がわかっている本を中心に購入していることがわかる。逆にリアル書店では、「衝動買い」「計画買い」ともに支持を集めており、偶然の出会いによって導かれる「衝動買い」はリアル書店ならではのものであり、本を探すこと自体を楽しんでいる消費者も存在している。さらに、今後の技術の進歩によって紙の書籍と電子書籍の関係はどのように変化していくかという設問に対し、「いずれもが共存すると思う」という意見が最も多く、紙の書籍と電子書籍ともに活用していきたいと考えている方が多数を占めていることがうかがえる。

3. O2Oを活用したビジネス戦略

O2Oとは、Online to Offlineの略称であり、「インターネット上のウェブコンテンツやSNSにおけるサービス（Online）を、実在する店舗（Offline）での集客アップや購買促進につなげる仕組みのこと」[*5]を指す。近年、O2Oは、アパレル、飲食店等の先進的な企業がここ数年の内で急速に取り入れているビジネス戦略であり、新規顧客の獲得、既存顧客の満足度向上につなげる手段として注目を集めている。O2Oというキーワードが聞かれるようになったのは、2011年頃からであり、その背景にはスマートフォンの急速な普及とソーシャルメディア利用者の拡大がある[*6]。

リアル書店の間でもO2Oの取入れについて真剣に検討されており、リアル店舗の充実化を図るためにはデジタルネットワークの利活用を視野に入れた政策が必要不可欠となってくる。リアル書店によるO2O政策の一つとして、書店員自身がフェイスブック上にて書籍のブックレビューを行うことで書店への来客数向上を目指したという事例がある。実際に在籍する書店員目線のブックレビューは、「お店や書店員独自の視点があっておもしろい」「他の媒体で掲載されたり提供される書評に比べて宣伝っぽくないので信頼できる」など好印象な意見が多く、スマートフォンを通じての情報提供は書店員と読者とのコミュニケーションの場としても有効であることがわかった[*7]。

[*5] 『知恵蔵2014』 コトバンク〈http://kotobank.jp/word/O2O-189476〉（引用日：2014-12-04）
[*6] 『vol.9 ネット×リアルの可能性「O2O」』TOPPAN SOLUTION WEBマガジン〈http://www.toppan.co.jp/solution/magazine/09/〉（引用日：2014-12-04）
[*7] 『電子出版と紙の出版物のシナジーによる書店活性化事業（報告書）』日本出版インフラセンター p.222

さらに、その一環として始まったのが電子書籍の店頭販売であり、リアル店舗では電子と紙の共存を目指しさまざまな取組みが行われている。

4. リアル書店における電子書籍販売の実態
4.1 三省堂書店の事例

　三省堂書店では、自社独自で電子書籍配信サービスの構築を行うことは難しいと判断した結果、既存の電子書籍事業者と連携する方針を固め、株式会社BookLiveとの事業提携を2011年より行っている。グループの枠組みを超えての提携は国内初の試みとして注目を集めた[*8]。BookLiveと三省堂書店は、「電子書籍」と「リアル書店」の連携によって電子書籍と紙の書籍の売り上げ拡大を実現し、デジタルや紙といった形式にとらわれず、ユーザーと書籍の接点を最大化し、「読者がいつでも、どこでも読書を楽しめる環境づくり」を推進する取組みを積極的に行っている[*9]。そして2012年12月、電子書籍書籍専用端末「BookLive Reader Lideo（リディオ）」は全国約30店の三省堂書店店頭、「リディオストア」などを通じて発売された。「箱から出して、すぐ使える」をコンセプトに作られ、シニア世代にも手軽に使ってもらえることが意識されている。通信はUQコミュニケーションズによるUQWiMAX[*10]の通信機能を内蔵しているため購入者は、回線契約や通信料金の支払いを心配する必要は全くない。

　そして、BookLiveと三省堂書店ではリディオ発売に合わせ、両社連携によるサービスを展開している。ポイント連携サービスでは、三省堂書店の顧客向けポイントサービス「クラブ三省堂」とBookLiveとの連携を図り、BookLive、三省堂書店店頭で購入した電子書籍双方にクラブ三省堂のポイントがつくようになった。

　ソーシャル本棚「読むコレ」は、BookLiveとクラブ三省堂のIDと連携しており、「読むコレ」へのログイン後、同期ボタンを押すだけで、それぞれの書

[*8] 『BookLiveと三省堂書店「新たなビジネスモデル創出を目指し事業提携で戦略的パートナーシップを構築へ」』竹橋コミュニティスクエア
〈http://www.tpc-cs.com/news/no4110.html〉（引用日：2014-12-04）
[*9] 『リアルの三省堂書店と電子の「BookLive!」が提携、購入した書籍の一元管理も』INTERNET Watch〈http://internet.watch.impress.co.jp/docs/news/20111206_496186.html〉
（引用日：2014-12-04）
[*10] UQWiMAXホームページ〈http://www.uqwimax.jp/〉（引用日：2014-12-04）

店で購入した過去の履歴から自動的に自分の本棚に反映させることができ、電子書籍と紙の本をWeb上で一括管理できるシステムである。さらに、「読むコレ」で作成した本棚は、ほかのユーザーに公開することができるようになっており、購入書籍の作品情報を表示するだけではなく、お互いの書籍レビューの共有、自分だけのオリジナルランキングを作成できるMYランキング機能を搭載することで、新しいコミュニケーションによる書籍への新たな興味の喚起や気づきを提供し、書籍市場全体の底上げを目指している[*11]。

　さらに、2014年3月から新アプリ「ヨミcam」を使用した新たな本に出会うための提携サービスを開始している。ヨミcamは、リアル書店の店内で本の表紙にスマートフォンのカメラをかざすことで、その本の電子書籍版の情報を自動的に検索・表示するアプリである。販売方法は店頭にある本の表紙を読み込むことによって、「紙の本¥540、¥電子490」と表示され比較することが可能になり、画面には電子書籍版の決済用バーコードを表示し、現金など店頭で購入できるシステムだ。加えて、店頭から撤去した過去のPOPや他店舗のPOPなどの書店員の手書きPOPをアーカイブ化して活用していく方針である。リアル書店の店頭で電子書籍の情報を参照できるヨミcamは、「電子書籍が探しやすくなるだけではなく、関連する書籍の情報をみることができるなど、本との偶然の出会いを生み出すディスカバラビリティ（発見される能力）が向上し、従来の電子書籍の購入にはなかった本を探す楽しみを実現する」と考えられている[*12]。

4.2　モデル店舗による販売実証実験

　2013年11月、JPOは書店活性化に向け「書店における電子書籍販売推進コンソーシアム」を設立し、翌年6月から全国4店舗のリアル書店店頭にて実施する電子書籍販売の実証事業に取り組んでいる。この実証事業では出版・書籍に関連する企業の合同企画として、モデル店舗である三省堂書店神保町、有隣

[*11]　『BookLive!と三省堂書店が連携、電子・紙を一元管理できるソーシャル本棚』INTERNET Watch
〈http://internet.watch.impress.co.jp/docs/news/20120323_520943.html〉
（引用日：2014-12-04）

[*12]　『書店で本の表紙をスマホで撮影→電子版の価格を教えてくれる？アプリ』INTERNET Watch
〈http://internet.watch.impress.co.jp/docs/news/20131219_628442.html〉（引用日：2014-12-04）

堂ヨドバシ AKIBA 店、豊川堂カルミヤ店、今井書店の4店舗にて電子書籍カード「BooCa」をリアル書店の利点である空間演出を活かした陳列販売を目指し、店頭実証実験を行っている。店頭で実際に販売している「BooCa」とは、対象の電子書店である「BookLive!」「楽天 Kobo イーブックストア」で作品をダウンロードするためのコードが記載されたコンテンツカードであり、コミックや文芸作品など約3000タイトルの中から好きな作品を選び、店頭レジにて電子書籍を購入することができる。

とくに今回の実証実験において参加している4店舗の中で今井書店の実績は目を見張るものであり、サービス開始からの累計売上、来客数ともに好調であった。今井書店からの報告によると、実証事業開始直後は、電子書籍専用端末である Lideo、kobo が非常によく売れ、コンテンツカード「BooCa」は日が経つにつれ売上げを伸ばしリピート率も高い傾向が見られているそうだ。

今井書店では、「BooCa」のコーナーに責任者を配置し、専用のカウンターを整備することで顧客とのコミュニケーションがとりやすい環境作りを目指すと共に、「BooCa」と紙の書籍それぞれ同じタイトル、関連書籍を並列して陳列することによって、紙と電子を区別させないリアル書店ならではの陳列販売を実現させた。

今回の「BooCa」の販売を通じて見えてきたことは、リアル書店とネットでは集客する顧客層が全く違う読書の趣向を持っているということである。従来の電子書籍市場の売上の大半を担っていたのがコミックであったことに対し、今回の店頭実証実験では、文字ものである書籍がスタート以来売上の7割強を占めた。電子書籍市場において売れているジャンルはコミックに固定化されつつあり、それは悩みの一つとなっていたが、今回の事業によって新たな顧客層を開拓することに成功したのである[13]。

5. 店頭販売によるメリットと課題

リアル書店のデメリットとは、営業時間、本の在庫数共に限りがあり、欲しい時に欲しい本が読者に届かない状況を作り出してしまうことにある。一方、電子書籍ストアでは、「新たな本に出会う機会が少ない」というデメリットが

---

[13]「電子書籍『実証実験』BooCa の成果と課題」新文化、第3051号（引用日：2014-12-04）

挙げられ、書籍を探しやすい環境づくりが課題の一つとなっている。現在、検索されているのは一部の話題作やベストセラー本が中心となっており、自身が知っているキーワードしか入力することができない。これから先、電子書籍の配信タイトルが増えていくにつれ、読むことができる書籍の選択の幅が広がるとともに、今までよりも個々の本が埋没していき、さらに探しにくい環境になる危険性も兼ね備えていることは理解しておかなければならない[14]。加えて、電子書籍ストアの決済方法はクレジットカード払いが基本となっているため、顧客層に限りがあると考えられる。

　リアル書店、電子書籍ストアそれぞれいくつかデメリットが挙げられているが、その反対に多くのメリットも挙げることができる。そして、電子書籍の店頭販売を通して、提携することによりそれぞれのメリットが活きてくるとともに、そのメリットがお互いのデメリットを補えることがわかってくる。

　電子書籍購入の際、決済方法として電子書籍ストアのほとんどはクレジットカードの決済が必須となっていたことに対し、店頭販売を行うことによって、現金、図書カードなど多彩な決済手段が可能になっている。各国のクレジットカードの利用率を調査してみると、日本は韓国や欧米と比べると個人消費に対するクレジットカード決済の利用率は低い[15]。日本の現金決済率は88％とどの国よりも高い数値であり、日本人はクレジットカードよりも現金を好んで使う傾向にあると考えられる。そのため、多彩な決済方法を提示することは、クレジットカードを使うことへの抵抗感が強い顧客やカードを持つことができない学生などでも電子書籍を気軽に楽しむことを可能にするのである。

　そして、店頭購入者として想定される層は、デジタル関係には疎く、電子書籍には興味があるが使いこなすことができるか不安感をもっている人である。実際に店頭での購入者は、主に40～50歳代の中高年が多く「パソコンを使わなくてもいいのか」という質問が多く寄せられており、インターネットにはあまり明るくないことがうかがえる。そのため、パソコンやタブレットなどデジタルディバイスには詳しくないが、電子書籍には興味があるという層にとって

---

[14]『日本の電子書籍、普及の課題は「ディスカバラビリティ」』INTERNET Watch
　　〈http://internet.watch.impress.co.jp/docs/event/20130708_606696.html〉（引用日：2014-12-04）
[15]『各国のクレジットカード利用率の比較』Fair card
　　〈http://www.faircard.co.jp/market/〉（引用日：2014-12-04）

第3章　ゼミ生がとらえた電子出版ビジネスと図書館

書店員によるフェーストゥフェースのサービスは安心して購入することができ、背中を押されて買っていく人が多いのも事実である[*16]。書店員によるサポート面が強い店頭販売において、顧客とのコミュニケーションがとりやすい環境であることは顧客に対して安心感をあたえることができ、これはリアル書店だからこそ提供することができるサービスなのである。

　次に、電子書籍ストアのデメリットとして挙げられていた「新たな本に出会う機会が少ない」という意見だが、言い換えると「知らない本は発見されづらい」ということになり、これは電子書籍だけにいえることではなく、広がりが足りないという点はネットビジネス全般に通ずるものがある。電子書籍が期待以上に普及しない理由として、電子書籍側に「発見される能力」が欠けており、利用者視点からすると「探しにくい」ことが要因ではないかという見方もある[*17]。

　リアル書店側では、図書館が採用している「日本十進分類法」のような型にはまった陳列ではなく、書店員のセンスや知識によって各書店独自の棚作りを目指し、それは各書店の個性となっている。さらに、棚の本は定期的に入れ替えることで、顧客を飽きさせない工夫もほどこされており、リアル書店において「新たな本に出会う機会」をつくることは常に意識されていることがわかる。そのため、未知の本を見つけやすい環境である点においては今のところリアル書店側に優位があり、空間演出を生かした販売方法はリアル書店ならではの魅力である。そして、リアル書店での販売方法を活用することによって、紙の書籍同様に電子書籍も見つけやすい環境に整備することは可能であり、顧客と電子書籍との接点を広げることができると考えられる。

　電子書籍をリアル書店店頭にて販売するにあたり、多彩な決済方法の提示、電子書籍に対する基礎知識を持った書店員の育成などが求められ、とくにリアル書店の強みである一覧性を確保したディスプレイでは、電子書籍販売に向けてどのように構成していくべきかがリアル書店において重要な課題となってくる。

---

*16　『紙と電子の相互補完　三省堂書店が電子書籍を販売するわけ』INTERNET Watch
　　〈http://internet.watch.impress.co.jp/docs/event/20140707_656706.html〉〔引用日：2014-12-04〕
*17　『日本の電子書籍、普及の課題は「ディスカバラビリティ」』INTERNET Watch
　　〈http://internet.watch.impress.co.jp/docs/event/20130708_606696.html〉〔引用日：2014-12-04〕

ゼミ発表「リアル書店における電子書籍販売」

6. おわりに

　本来、電子書籍は、時・場所にとらわれず自分の都合のよいタイミングで購入することができ、それは電子書籍の最大の利点といえる。そのため、電子書籍を時・場所にしばられているリアル書店で販売することは、一見無駄な段取りであり、電子書籍の利点をつぶしてしまうのではないかと気がかりであった。しかし、店頭販売の実態を調査していく中で、リアル書店だからこそ提供できるサービスがあり、リアル書店が電子書籍と顧客との出会いの場として有効であることを認識することができた。

　人が書店に行く理由はさまざまであり、私は特に目的も持たずなにげなく立ち寄ることが多い。本を選ぶ際、読書の幅を広げたいという気持ちはあるのだが、自分が知らない作者や普段読まないジャンルの本に手を出すことはなかなかできず、少し躊躇してしまう。しかし、帯に書かれているキャッチコピーや書店員が書く熱意を感じるPOP等を見ているうちに興味をそそられ、偶然にも目に留まった本がのちに特別な一冊になることもあり、そこに書店の価値があるといえる。電子書籍にもこういった「冒険性」が求められおり、それを実現させるには本のエキスパートである書店員だからこそできる売り場づくりが鍵となってくるのではないだろうか。

　リアル書店が電子書籍の販売先として強いパイプになるとは考えにくいが、店頭販売によって世代を問わず誰もが電子書籍を気軽に楽しむことを実現させ

るのは確かである。実際に電子書籍を店頭にて購入してみたが、入門者である私にも実にわかりやすく、対面販売によって得られる安心感は何ものにも代えがたいと感じた。リアル書店を介して購入する人がいる以上リアル書店は電子書籍を扱っていく意義はあり、「読者が一番使いやすい形」を追求したリアル書店側の積極的な事業展開によって今後も「店頭で電子書籍を購入する」ニーズは高まるのではないだろうか。デジタルネットワーク社会において、リアル書店では紙と電子といった形式にこだわらない空間演出、リアル書店だからこそ提供できるサービスにより、これからも今までと同様に「本との出会いの場」としての役割を果たしていくと考えられる。

〈参考文献〉
1.『2014年版　出版指標年報』全国出版協会・出版科学研究所、2014年
2.『平成24年度書籍等デジタル化推進事業　ネット書店に負けないリアル書店の活性化事業（調査報告書）』日本出版インフラセンター、2013年
3.『経済産業省委託事業　平成22年度書籍等デジタル化推進事業　電子出版と紙の出版物のシナジーによる書店活性化事業（調査報告書）』日本出版インフラセンター、2012年
4.「書店の可能性とリスク」星野渉、『情報の科学と技術』63巻8号、2013年
5.「電子出版ビジネスと書店の役割」湯浅俊彦、『情報の科学と技術』63巻8号、2013年

第13節

電子出版時代における雑誌の新展開

大久保俊季
（立命館大学文学部日本文化情報学専攻3回生）

概要

戦後日本の出版界を支えてきた雑誌であるが、近年、その売上額は著しく減少している。新しい情報技術の発展によって情報を得る手段が雑誌や書籍に限らず、通信環境と端末があれば時間、場所を問わず情報の検索が可能である時代になった。また情報を得るだけでなくコミュニケーションツールとしてもスマートフォンやタブレットは大きな伸びを見せている。さらには検索せずとも自動的にネット上から情報を収集するキュレーションサービスも普及してきた。そのような時代の中で、雑誌はどのように展開していくのか。本稿ではこれからの雑誌のあり方について、電子雑誌の普及の観点から考察する。

キーワード

電子雑誌、キュレーション、記事クリップ、バックナンバー

1. 序論

1.1 研究目的　問題提起

スマートフォン、タブレット型端末、電子書籍専用端末など新たなプラットフォームの普及とともに、近年、電子書籍の市場も拡大してきている。

2013年度の電子書籍市場規模は936億円とされ、2012年度の729億円から207億円（28.3％）増加した[*1]。

スマートフォンやタブレットなどの端末の普及によって電子書籍の市場は確

実に伸びつつある。そのうちコミックは新プラットフォーム向けで611億円（構成比77%）、ケータイ向けで120億円（構成比86%）と圧倒的シェアを誇っている[*2]。このような状況下、長らく出版界を支えてきた雑誌は電子出版時代においてどのような道をたどるのであろうか。

1.2　研究手法

　主に文献調査に基づいて、日本の出版における雑誌の立ち位置を見直し、Webの発達した現代に出現してきているキュレーションサービスなどとも比較しながら、電子出版時代における雑誌のあり方を考察していく。

2.　出版界における雑誌の立ち位置

2.1　雑誌の現状

　日本において、大衆雑誌は戦後以降着実に成長を遂げ、日本の出版界は雑誌に支えられてきたといえる。「雑高書低」と称されたように、成長を続けてきた雑誌であったが、1997年の約1兆5644億円をピークに推定販売金額は低下を続け、2013年には8971億円（**図1**）となっている[*3]。書籍との売上げ差は小さくなり、「雑高書低」の面影は薄くなっている。

2.2　電子雑誌としての立ち位置

　インプレスの調査によると、2013年度の日本国内における電子出版市場は1013億円となった[*4]。これは電子書籍市場に電子雑誌市場を加えたものだが、電子新聞、教科書、企業向け情報提供、ゲーム性の高いもの、さらには書籍や雑誌提供時の通信費、端末本体価格、各種制作費用、広告費などは含まれていない。

　スマートフォンやタブレット、電子書籍専用端末といった新たなプラットフォーム向け電子書籍市場が急速に拡大しており、本格的な拡大期に入ったことも一因であろう。電子雑誌の市場も拡大してきてはいるものの、コミックな

[*1]　インプレス総合研究所編『電子書籍ビジネス調査報告書2014』インプレス、2014、P.26
[*2]　インプレス総合研究所編『電子書籍ビジネス調査報告書2014』インプレス、2014、P.34
[*3]　出版科学研究所『出版指標年報2014年版』出版科学研究所、2014、P.3
[*4]　インプレス総合研究所編『電子書籍ビジネス調査報告書2014』インプレス、2014、P.26

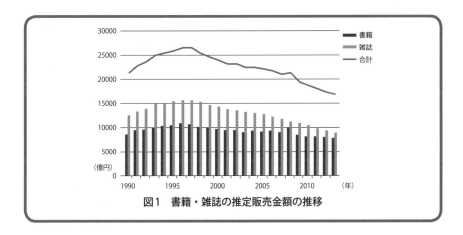
図1 書籍・雑誌の推定販売金額の推移

どの電子書籍市場に比べるとまだまだ規模が小さいのが現状である。しかしながら、「マガストア」や「Fujisan.com」、「dマガジン」といった電子雑誌を配信するプラットフォームが増えてきたことで、今後とも電子雑誌の市場は大きくなるであろうと予測される。

日本の電子書籍は、2002年頃のPCやPDA向け電子書籍から始まり、その後、市場の中心はケータイ向け電子書籍に移行し大きく成長してきた。2010年に入ると、プラットフォームもスマートフォン、タブレット、専用の電子ブックリーダーへと多様化し、かつマルチデバイス化が図られ、2012年度にはついに海外事業者も日本市場へ参入した。電子書籍市場は主要なプレイヤーが出そろい、いよいよ本格的なスタートラインに立ったといえよう。

2.3 電子書籍と電子雑誌の違い

電子雑誌が電子書籍と大きく異なる点は、市場規模の違いである。

もっとも、電子書籍の大部分を占めるのはコミックである。電子雑誌の市場規模が小さい要因としては、電子書籍に比べるとサービス開始が遅れたことにある。電子書籍はガラケーと呼ばれる携帯端末の頃からコミックや文庫が配信されており、それがそのままスマートフォンやタブレットといった端末に移行したといえるであろう。しかし、雑誌の場合はそうではなかった。雑誌はレイアウトがそれぞれの雑誌によって違う。文庫ならテキストを端末上で追っていけばよく、コミックであれば、見開きのページを移すか、一コマずつたどって

いくという方法がとられる。しかし、写真などを多用する雑誌においては、そのことが難しい。技術の進歩によって、大画面を持った端末や、高速通信が、雑誌を配信する土壌をようやく整えたといえるだろう。

2.4 配信するプラットフォーム

　電子雑誌を配信するプラットフォームとしては「Kindle ストア」をはじめとして、さまざまなものがある。「マガストア」や「Fujisan.com」などである。また、中には定額制で読み放題のタイトルもある。さまざまなプラットフォームの中で、読めるタイトル数が大きく異なっているのが現状である。

　電子書籍を読むためには、PC やスマートフォンのような端末が必要とされる。スマートフォンをはじめとした、iPad や Sony Reader、GALAPAGOS などの電子書籍を読むことが可能である端末が多数発売された2010年は電子書籍元年と称され、配信ストアも「ビューン」、「BOOKWALKER」など多数が開設された[5]。しかし、日本においてはいわゆるガラケーと称される端末の時代から電子書籍の事業を行うものも存在した。2004年に「パピレス」は「ライフメディア」と提携して、携帯電話から電子書籍をダウンロードして読むサービスを開始した。史上最年少で芥川賞を受賞した作家綿矢りさの『蹴りたい背中』などの小説をはじめ、ノンフィクション、趣味・実用書、ビジネス書など幅広いジャンルの本3000冊の中から好きな作品を選び、携帯電話に直接ダウンロードして読むことができるというサービス内容である。当時、ドコモユーザーに対象を絞ったものであった。

　この「パピレス」は、現在では電子書籍、電子雑誌をキャリア等の制限なく配信している。特に電子雑誌では、女性向け雑誌セレクションとして、『AERA』『ELLE a table』『OZmagazine』など、明確にターゲットを打ち出した配信もしている[6]。このパピレスは、2014年6月には『パピレスプラス』というサービスを開始した[7]。これは書籍を章・記事ごとに販売するスタイルであり、ビ

---

[5]　IT 用語辞典バイナリ
　　〈http://www.sophia-it.com/content/%E9%9B%BB%E5%AD%90%E6%9B%B8%E7%B1%8D%E5%85%83%E5%B9%B4〉
　　（引用日：2014-10-20）
[6]　電子貸本 Renta! 女性向け雑誌セレクション
　　〈http://renta.papy.co.jp/renta/sc/frm/ppmlist/1/〉（引用日：2014-11-15）

ジネス書・実用書を中心に、ラインナップを増やし、2014年11月時点で、2万点以上の記事を掲載した。パピレスの提携出版社数は2014年には約610社と国内最大級となっており、その規模を活かした事業であるといえるだろう[*8]。

また、そのような国内大手キャリアのNTTdocomoが2014年6月20日より提供を開始した「dマガジンストア」は、2014年7月31日における2014年度第1四半期決算説明会では契約数が約9万件となっていた[*9]。ところが、同年10月31日第2四半期決算説明会では、約51万件となっており、大きな伸びを見せている[*10]。このことから、雑誌の定額読み放題サービスは、消費者に受け入れられつつあるといえるだろう。

3. これからの電子雑誌

3.1 電子雑誌と競合する存在

電子雑誌と競合するものは、皮肉ではあるが、電子雑誌を読むための端末そのものであるともいえるだろう。読書専用端末であればそのかぎりではないが、スマートフォンやタブレットは今やネットにつながっていることが前提であり、その状況であれば、検索して情報を得ることができる。ファッションや音楽などの趣味、さらには時刻表や役所の申請書、様々なものがネット上から入手可能である。

端末で検索すれば、服や車のレビューから、ビジネススキル、俳優、著名人などのインタビューなど、2000年代まで雑誌が多く担当してきたものが、現在のネットではあふれかえっている。それらの多くは無料であり、また、雑誌が売りとする記事のレイアウトも、紙版と同じものを再現するのが難しい端末上では、苦戦を強いられるといえよう。

[*7] パピレスプラス〈http://www.papy.co.jp/plus/sc/top/〉引用日：2014-12-01）
[*8] パピレス 27年3月期 第2四半期決算説明会資料
〈http://www.papy.co.jp/info/index.php?page=/library.htm〉（引用日：2014-11-30）
[*9] NTT docomo 2015年3月期 第1四半期決算説明会
〈https://www.nttdocomo.co.jp/corporate/ir/library/presentation/141031_summary/index.html〉
（引用日：2014-10-11）
[*10] NTT docomo 2015年3月期 第2四半期決算説明会
〈https://www.nttdocomo.co.jp/corporate/ir/library/presentation/141031_summary/index.html〉
（引用日：2014-11-27）

3.2 キュレーションサービス

　スマートフォンなどの端末上で情報を得る方法として、「Gunosy」や「スマートニュース」、「Anntena」といったキュレーションサービスが挙げられる。これらは利用者が興味をもった対象をさまざまなタグなどで登録し、自動的にネット上から情報を収集して届けるものである。現代人の多くは、情報を得る手段としてネットでの検索は欠かせないものとなっており、アーティスト情報や料理なども、わざわざ雑誌を買わずとも、膨大な情報が手に入るといえる。これらの多くは無料で提供されており、雑誌は、より消費者のニーズに応えるようなものが必要となるだろう。
　また、これらのアプリの特徴として挙げられるのが、これらもまたページスクロール型と、めくるタイプに分類されることが挙げられる。ペーパーライクな感覚をアプリに組み込むのが、雑誌の演出といえるであろう。

4. これからの課題
4.1 疑似的な雑誌としてのキュレーションサービス

　キュレーションサービスなどで自動的に情報が取得できるようなものを、プッシュ型メディアとプル型メディアの中間点であるということができるだろうが、この点において、電子雑誌はどのように立ち向かっていけばよいだろうか。
　雑誌は新聞よりも情報を深く掘り下げることができ、単行本や文庫本よりも早く情報を世に出すことができる。この点において雑誌は強いということができるが、キュレーションサービスなどでは、個々人が興味を持った対象をタグなどで指定し、それらの情報が自動的に集まってくるというシステムである。この点において、主にネット上の情報を集めるので雑誌には密度は劣っているとしても、ネット環境があれば自動的に配信され、一つのテーマやタグにしても、一つの記事だけでなく、さまざまな記事を集めることができるので記事の多様性はあるといえる。レイアウトなどを除けば、その点は雑誌にはないメリットともいえるであろう。ターゲットを絞って情報を配信することができるのである。
　その意味で、電子雑誌においても、このようなサービスを展開してはどうだろうか。パピレスでは、10円単位で記事を買うことができるサービスを展開

している。気に入った記事を集めて、自分なりのクリップを作ることができる。情報の入手源が書籍であるため、すべてを包含することはできないが、ネットよりもより深い情報が手に入るといえるであろう。

4.2 電子雑誌の記事クリップ

　また、電子雑誌の展開として、以下のようなものがそろえられている。電子雑誌の記事を利用者がクリップする。そして、利用者なりに記事をコラージュして、専用のプラットフォームなどで販売するのである。

　この値段は記事の数などにもよるが、100円等で販売するとすればそのうち5％をポイントなどとして、次の電子書籍購入時に使えるように還元するのである。こうすれば、電子雑誌としてアーカイブしたものを活かせるのではないだろうか。アーカイブ化するには費用がかかるが、雑誌は時代を反映するものであるといえる。特に大衆雑誌などはその傾向が強い。コミック誌などは単行本が発刊されるため、アーカイブしたものを利用者にコラージュさせることは利益減につながってしまうだろうが、大衆雑誌であればひとつの戦略としてありうるのではないだろうか。

　この案を出す理由としては、以下のようなものがある。第1に、過去の膨大な雑誌を電子化し、アーカイブしたとしても、利用者が購入するとは限らない。むしろ、ただでさえ雑誌の売り上げが下がっている昨今、過去の雑誌までアーカイブされたものを読もうとする者は、コアな雑誌ファンしかない。電子化しても、それらはアーカイブ、検索が容易になったのみで、費用対効果が薄いといえる。

　第2に、利用者自身に記事をコラージュという形で編集させることで、その利用者がどのような記事に興味を持っているかというデータの収集ができることである。また、過去の記事を再編集し、出版社自身が発信する手間を省く。利用者自身に発信させ、還元することで、より情報の回転を高める。TwitterやFacebookなどで宣伝してもよいであろう。影響力のある人物であれば、その再編集した記事の売り上げも期待できるのではないだろうか。

　第3に、このような売り方が一定の売上げに達するのではないかと思うからである。政治が動くときや、著名人の進退など、過去に記事を参照することは意味があるであろう。そのような際に、バックナンバーを入手することは比較

的敷居が高いといえるだろう。図書館等で読むこともできるであろうが、そのような過去の号を、読みたい記事以外も載っているので、購入しようという者も少数派ではないだろうか。だからといって、そのためだけに、アーカイブしたものを読み放題とするサービスに加入するものも少ないであろう。ならば、その少数派かも知れない人たちに、記事をクリップしてもらって発信してもらうのである。

この点において、雑誌はキュレーションサービスなどに勝ることができる。

4.3 バックナンバー

電子雑誌の一つのビジネスモデルとして、バックナンバーを自由に読むことができるというサービスはどうだろうか。雑誌は捨てることが多い。しかし、月額制や、年会費制などで、ある電子雑誌のバックナンバーを読み放題にすれば、個人に提供しても、図書館などの公共の場所で提供しても、場所を取らず、新たなニーズが生み出せる。

また、電子雑誌に商品を載せ、気に入った商品の通販サイトへ誘導するということも挙げられるだろう。利用者は雑誌を見たのちに直接店へ出向くことなく、服などを購入できる。また、Twitter などとの連携機能を使用し、読者自身に宣伝してもらうことも可能であろう。雑誌の商品ページにクーポンなどを用意し、割引をしてもよいかもしれない。そうすれば、商品の宣伝側にとっては、購入者のデータが集まり、マーケティングに活かしていくことができるだろう。

紙の雑誌との違いは、端末を必要とする点、そして、無料配布されるものを除けば、現在の日本では、利用権を購入しているという点にある。そのため、出版社やサービス提供者が、そのサービスをやめてしまえば、雑誌が読めなくなってしまうというデメリットが存在する。また、所有しているという感覚が欲しい人にとっては、紙の物体としてではなく、利用権のみが存在するという状況が、購入を踏みとどまらせている理由の一つであろう。

4.4 紙の雑誌との共存

カルチュア・コンビニエンス・クラブ（CCC）が「Airbook」というサービスを開始した。これは、加盟店で対象となる紙の書籍を買うと、電子版がダンロー

ドできるというものである。TカードとYahoo! IDを必要とするものの、電子雑誌の普及のきっかけの一つとなるに違いない。

　また、電子雑誌の普及のために、次のような案はどうであろうか。上記のように、紙の雑誌を買うと電子版がついてくるのではなく、電子雑誌を買うと紙の雑誌がついてくる、というサービスである。電子雑誌のメリットは、持ち運びが簡便であること、24時間購入可能であること、書店まで赴く必要がないことなどが挙げられる。しかし、紙の雑誌を購入した場合に電子雑誌がダウンロードできるようにすることは、ネットにつながる環境があれば、いつでも購入、ダウンロードが可能であるという電子書籍のメリットをそいでしまうことになる。また、電子書籍の購入の不安材料として、手元に残らない、サービスが終了してしまった場合の補償があるとは限らないことが挙げられる。著作権保護のため、DRM（技術的制限手段）をかけているためである。また、電子書籍はさまざまなプラットフォームが存在するために、購入したストアやプラットフォーム以外では読むことができないこともあるという点がデメリットである。そのような理由で、まだ電子書籍を購入したことがないという層を、電子雑誌で取り込めるのではないだろうか。

　ネットで購入し、通勤途中などでは端末で読む。そして、数日後には紙媒体で自宅に届き、紙のレイアウトで楽しむ。このような形式を、普及のためにとってみる価値はあるだろう。

　また、電子雑誌の価格を紙版よりも高く設定するのはどうだろうか。もちろん、ただ高くするのではなく、その際に紙版をセットするのである。

　ならば、少々高くとも、普及を図る段階では、手元に残るものも渡すのである。紙版を購入すると電子版がついてくるのではなく、電子版を購入すると紙版がついてくるのである。現状として、携帯端末の大型化やPCでも雑誌が読めることによって、写真などを多用し、レイアウトの凝った紙面でも快適に読める状況は整いつつあるが、先に紙版に触れた利用者としては、紙版を快適だというものも多いのではないだろうか。ならば、電子版に先に触れてもらうのである。そして、紙版が自宅まで届くといった費用を込めたという意味で、紙版よりも電子版を高く設定するのである。そのうえで、紙より電子版がよいとなった読者には、紙版と同額か、紙版以下の価格で販売するといいだろう。このようにすれば、紙がついてくるという意味で、定額読み放題のサービスとも

第3章　ゼミ生がとらえた電子出版ビジネスと図書館

ゼミ発表「電子出版時代における雑誌」

すみわけができてくる。

　もちろん、上記のようなサービスを常に提供する必要もないであろう。電子雑誌の普及を図りたい時や、新たな端末が販売された時、また、EPUB などのフォーマットが変わり、新たな表現方法が可能となった時に実施すると効果的かもしれない。

　また、電子雑誌であれば、新たな読者を獲得できるのではないだろうか。その読者として想定するのは、一つは国外、もう一つは男性誌を読む女性、女性誌を読む男性である。前者に関しては、日本の雑誌を、配送料なしで届けることができる点である。在外邦人に限らず、ネットでは検索できないようなコアな情報を必要とするものに対して、国外への配送料を除いた料金で提供できれば得るものも大きいのではないだろうか。

　後者に関しては、書店で購入することに対して気が引ける層に対して働きかける方法である。キュレーションサービスの「Anntena」の例などでは、女性向けの情報を読む読者の内、贈答品や会話のために、3割は男性がチェックしているという例もある。このような読者に対して、雑誌まるごとではなくとも、パピレスのような記事のばら売りで　新たな読者を獲得できる可能性がある。

5. 結　論

　本稿では、雑誌の推定販売金額の推移、電子書籍市場から雑誌の現状を概観した。次に、電子雑誌としての新たな可能性として定額制による雑誌の読み放

題のサービス、記事単位での販売等を検討し、タブレットやスマートフォンといった端末の普及、キュレーションサービスなどの登場から、電子雑誌として販売した雑誌の記事を、横断的にクリップできるサービスなどを考察した。

　電子書籍に比べると電子雑誌は販売金額は小さく、紙においても年々売上げが低下している雑誌であるが、消費者のライフスタイルや時代の変化とともに変容を続け、電子出版時代において雑誌が果たす役割は、まだ十分に存在するであろう。

〈参考文献〉
1. 金子信也、美和晃「デジタル世代開拓をめざす電子雑誌の将来と課題」『Journalism』11、2010年、p.36-42
2. 吉田則昭、岡田章子『雑誌メディアの文化史―変貌する戦後パラダイム』森話社、2012
3. 全国出版協会・出版科学研究所『出版指標年報2014』全国出版協会、2014

第14節

電子書籍としての自費出版

向井　惇子
（立命館大学文学部日本文化情報学専攻3回生）

概　要

　自己表現の場としての自費出版は商業出版とは異なる一つの分野を形成してきた。そして自費出版においてもっとも大きな課題は費用の捻出であった。だが、近年の電子出版の発達により、一般の読者が本を気軽に出版できる時代が到来しつつある。今までは、自分の書いた本を多くの人に手に取ってもらえることはなかったが、インターネットの普及により電子書籍として市場に出回ることが容易になったのである。そのことにより、自費出版はこれから読者や著者、出版社にどのような影響を及ぼすのだろうか。
　本稿では、今までの自費出版の形態を整理し、電子書籍としての自費出版の可能性について考察する。

キーワード

電子書籍、自費出版、商業出版、自己出版、Kindle Direct Publishing（KDP）、プリント・オンデマンド

1　はじめに

1.1　「自費出版」の定義

　自費出版の辞書定義として「書物をつくる諸費用を自分で負担して、出版すること」[*1]とある。

本稿では、自費出版を紙、または紙・電子双方の出版を行うことを指し、近年登場した電子書籍による自費出版を自己出版と定義し、区別する。「自己出版」とは、紙での出版にかかる費用に比べて、電子での出版にかかる費用が格段に少ないことを指した言葉である。その場合に、さまざまな著者が同じプラットホームで販売している出版物に限る（個人単位のブログ等でPDFによって公開しているものを除く）。加えて本稿では、自費出版の対義語を「商業出版」と定義する。商業出版とは、著者が出版にかかわる費用を負担することなく、出版社などが出版するものとする。

1.2 研究目的
　本稿では、今までの自費出版の形態を整理し、電子書籍としての「自己出版」の可能性ににいて、次の手順で考察する。
　第1に、インターネットの普及により、我々が容易に文書を作成できるようになった。そのために、ブログやSNSを使って自分の創作活動の幅を広げることも容易になった。さらに、近年では電子書籍の普及により、書籍は紙だけでなく、電子媒体で文書を読むことが多くなっていった。それにより、電子書籍がこれから利用者にとってどのようなものに変わっていくのかについて考察していく。
　第2に、Amazon.comが行うKindle Direct Publishing（KDP）に焦点を当て、利点や問題点を整理し、これからの自己出版がどのように変容していくのか考察を深めていく。

1.3 研究手法
　自費出版の歴史的側面をとらえ、整理していく。その過程で、現在の自己出版にはどのような特徴があるのか重点的に考察を深めていく。詳しくは、Amazon.comが行っている自己出版を支援する「Kindle Direct Publishing（KDP）」について焦点を当て、考察していくことで、今後の自己出版がどのように展開していくのか考察する。

＊1　じひ‐しゅっぱん【自費出版】、日本国語大辞典、JapanKnowledge
　　　〈http://japanknowledge.com/〉（引用日：2014-11-26）

2. 先行研究

　田中薫『自費出版―出版活動のもう一つの側面を考える―』では、自費出版の隆盛ついて「自己表現の時代」と表している。そして、〈自費出版〉と〈商業出版〉の対比をしていく中で、「出版のルーツ」はどこにあるのか出版史にまで言及している。その中で、〈自費出版〉と〈商業出版〉が対比できるようになったのは、文学者が多く輩出されてきた明治中期ごろのことであると論じている。

　〈自費出版〉と〈商業出版〉は本としての体裁は同じであるが、〈商業出版〉は〈自費出版〉と比べて、編集というフィルターを通して価値あるものとして書店に並ぶことから〈自費出版〉と〈商業出版〉は区別・差別されるものである。

　また、自費出版のための出版社も多くあり、自費出版の著者と出版社の間でのトラブルも多い。自費出版は商業出版と比べ、商業性が薄いものである。そのため、自費出版された書籍が全国の書店等に配本されたとしても、多くの本が消費者の手に渡るものではなかった。

　一方、田中薫は商業出版を支えるものが自費出版だと考えており、本を書く行為は究極の自己表現の一つであるとしている。そのために、自費出版はなくならない仮定している。その根拠として多くのハウツウ本が存在していることを挙げている。

　このように、田中薫は非商業出版という分野に焦点を当て、さまざまな角度から検討している。

3. 自費出版の歴史

　本稿では、日本のおける自費出版を3つの時代に区分することで、自費出版における歴史を整理する。

3.1　第1期（自費出版の始まり）

　明治維新後、日本に入ってきた西洋の文化には印刷技術が含まれていた。そのために、簡単に書籍が作れるようになった。そこから、書生読者層は大幅に増加し、読んで聞かせる「音読」から、一人で黙々と読む「黙読」という形に様相を変えた。

　のちに、戦争が激化するようになって、戦争に関する自費出版本が多くなっ

ていった。しかし、実際に自費出版が活発になるのは、戦争が終結して経済・社会が安定した後のことである。終戦後の自費出版の特徴は戦争の反省や戦後復興に強い意志を持つものが牽引していった。

第1期は、自費出版は自費出版という言葉が定着し、まだ自らが出版にかかる費用を工面し、印刷会社に依頼するなど自分で出版までもたらすことが必要であった時代である。

3.2　第2期（自費出版ビジネスの登場）

第2期は、自費出版ビジネスが登場したことから始まる。高度経済成長を経て女性の社会・ビジネス進出からキャリアウーマンの表現活動も活発になる。そのことを受け、電子機器メーカーのワープロの開発に力を入れることで、一般家庭にも広がることでこの時期の執筆活動にも大きな影響を与えた。

自費出版の環境が整ったことで、ビジネスチャンスが生まれた。出版社や印刷会社などが自費出版を扱う部門や専門の出版社が設立されたのである。これは、自費出版が出版社にとって大きな存在になっていったことを示すものであると考えてよい。これにより、自費出版はブームとなっていった。

この自費出版ブームは、自費出版のジャンルを多岐にわたるものが多く出版されるようになり、自費出版についての指南書やマニュアル本、ハウツウ本が多く出版されるようになった。

3.3　第3期（電子書籍の登場）

第3期は、電子書籍による自己出版の時代である。インターネットが普及し、一般家庭にもインターネット接続が容易なパーソナルコンピュータが浸透し始めた。そのことで、文章による自己表現は書籍だけにとどまらず、インターネット上でも行われるようになっていった。これにより、より多くの自己表現の場が広がったのである。

液晶画面上で読む電子書籍と呼ばれるものは、2007年のAmazon.comが発売した「Kindle」が大きな影響を与えた。電子ブックの登場により、自費出版で、もっとも困難であった費用の面が軽減されたのである。費用がかからないことで、自費出版は「自己出版」と微妙にその定義を変えていく。コストのハードルが格段に低くなったのである。しかし、データだけでなく、紙で印刷する自

費出版も多く存在しているために電子書籍だけでの自費出版はまだ主流とはいえない。近年、POD（プリント・オンデマンド）による必要部数を必要に応じて印刷製本する出版形態もこの第3期自費出版の時代に登場したものである。

4. 現在の自費出版サービスの特徴

現在の自己出版サービスに焦点を当て、どのような特徴があるのか、整理し述べていく。

第1に電子書籍でのみ出版を行っている自己出版サービスである。最大の特徴として、Amazon.com は Kindle Direct Publishing という自己出版サービスを開始したことである。Kindle は電子書籍中心にサービスを行っているが、紙での販売も一部行っている。ほかに、電子書籍のみでサービスを行っているのは「BookSpace」という出版社が挙げられる。

第2に、ハイブリッド型で提供するものである。ハイブリッド型とは、電子での提供と紙での提供の双方を行うもので、多くはPOD（プリントオンデマンド）という注文を受けてからの印刷方法を取り入れることで、在庫の心配がいらない方法を採用している。「BookWay」や、「自費出版の森」などが行っているサービスである。

表1　現在の自費出版・自己出版サービス

電子自己出版

出版社	サイズ	ページ	部数	費用	ロイヤリティ
KDP	—	—	—	0円	海外：70％、日本：35％
BookSpace	—	—	—	2,268円(注1)	Kindle：15％、kobo：40％、iBooks：43％

注1：入会金＋月額使用料（2575円＋693円）

電子・紙での自費出版

出版社	サイズ	ページ	部数	費用	ロイヤリティ
BookWay	全対応	250	POD	49,000円	電子：70％、紙：（販売金額−製作費）70％
自費出版の森	A5判	91〜100	40	21,800円	電子：70％、紙：（販売金額−製作費）70％

紙での自費出版（費用はおおよそのもの）

出版社	サイズ	ページ	部数	費用	ロイヤリティ
e-bookland	全対応	500	配本	100万円	海外：70％、日本：50％(注2)
東京図書出版	四六判	100	500	80,000円	10％

注2：プラットフォームによってロイヤリティが異なるが最大50％
e-bookland のシステムは、全国の一定の書店に配本される。

出典：それぞれのサービスのホームページより、筆者が作成

また第3に、従来のように紙の本での自費出版を行うものである。一部には電子での取り扱いもあるが、この場合、ほとんどが100冊単位からの申し込みで費用は約50万円より提供を行っていることがわかった。「e-bookland」や、「東京図書出版」などはこの方法で自費出版サービスを行っている。

5. Kindle Direct Publishing（KDP）とは

5.1　KDPとは

　米国のAmazon.comでは電子書籍タブレット機の「Kindle」を2007年に発売した。その後米国では電子書籍タブレット機普及率が大幅に上昇している。また同時に、米国での自己出版サービスである、「Kindle Direct Publishing」(KDP)が2007年に登場した。一方、日本ではKDP日本版が2012年10月からサービスを開始した。

5.2　KDPの特徴

　KDPの特徴は、大きく3点ある。

　第1に自己出版する際に自己負担額が全くかからないことである。他の自己出版サービスでは、月額利用にいくらかかかるが、KDPは登録無料であり、出版する際に料金が発生しない。KDPで自己出版するにはアカウントを登録する必要があるが、簡単な操作で自分のアカウントを作成することができる。また、KDPはMicrosoft Word（.docか.docx）の形式でアップロードできるため、変換ツールを要しない。加えて、KDPは本の出版だけではなく、絵本や漫画などの文字中心でないものも出版できる。しかし、その際はAmazon専用の変換ファイルを利用してアップロードする必要がある。

　第2に、KDPでは本の販売価格からのロイヤリティが最大70%という大きな収益が得られることも特徴である。KDPでは、自分で本の価格が設定でき、その幅は99円から設定できるが、その際に支払われるロイヤリティは35%になってしまう。しかし、250円で販売するとロイヤリティは最大70%に変更できる。自分の出版する本がシリーズ本になる場合は、ほとんどが最初の1巻を99円に設定し、試し読み感覚で提供しており、2巻以降を250円以上で販売しているケースが多いように見受けられた。

　第3に、出版までにかかる時間が極端に短いということである。Amazonに

原稿を送信してから、電子書籍になり、市場に出るまでにかかる時間は48時間以内である。これは他の自費出版社とは違い大きく異なる点であると考えられる。

6. 現在の自己出版サービスの問題点

このように現在の電子書籍における自己出版の特徴やKDPによる出版について述べてきた。しかし、電子書籍での自己出版には問題がある。電子書籍販売のプラットホームが一本化されていないために、読者は手に取って見る機会が制限されるのである。

図1は電子書籍での自己出版サービスを行う出版社と自己出版物を扱うプラットホームを簡単に図式化したものである。これを見ればわかるとおり、読者の使用するプラットホームでなければ、閲覧する機会もない。図1では多くの自己出版社がamazon kindleのプラットホームを利用していることがわかる。しかし、「自費出版の森」では独自のプラットホームしか扱っておらず、「自費出版の森」で出版された本を著者自らamazon kindleで販売することは、規約違反となってしまう。このように電子書籍においては読者と本の出会いの機

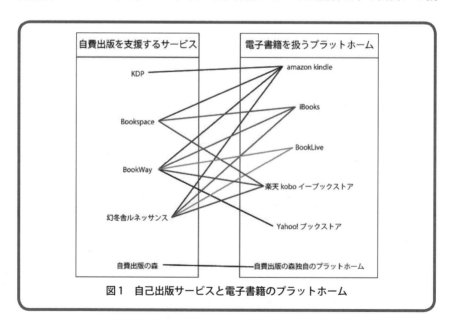

図1　自己出版サービスと電子書籍のプラットホーム

ゼミ発表「電子書籍としての自費出版」

会や発表の場の制限が起こってきているのである。

7. おわりに

　誰もが自費出版できる時代になり、「自費出版」は私たちにとって身近な存在になった。また、私たちが簡単に執筆者になれることになり、ベストセラー作家になれることも夢ではなくなってくる。しかし、自己費出版物が多くの利用者に出版されるということは大量のコンテンツが生み出され1点1点の著作物が埋没してしまう危険性がある。それは読者にとっては非常に不便なことである。そのことを回避するためには自費出版物を整理・管理する体制が必要となってくる。しかし、自費出版物がどれだけ出版されているか把握できないものである以上、自費出版する制度から見直さなければならないだろう。今後は、自費出版の価値を読者自身が見出すことと読者の手に渡りやすいような制度をつくることが課題となってくるのではないだろうか。

　本稿の結論は、以下の2点である。

　第1に、紙における自費出版から電子書籍による自己出版になっていく過程はインターネットが普及し、ホームページ、ブログ、ツイッター、LINEなど新しい表現手段が次々と生まれてきたことと大きく関連している。その中で、1つの作品として提示しようとしているのがKDPに象徴される自己出版の形である。

　第2にそのような新しい「出版」の形態は、「出版」という行為そのものにつ

いて大量複製する時代から1つのまとまったデジタルコンテンツがあってそこにアクセスするという形に変容していくだろう。

このように、電子書籍における自己出版は紙での自費出版と大きく異なったものとなった。

しかし、自費出版は、これからも形を変えながら、自己表現という人々の強い動機に支えられながら進展していくだろう。

〈参考文献（図書）〉
1. 大島一雄『歴史のなかの「自費出版」と「ゾッキ本」』2002.1、芳賀書店
2. 自費出版編集者フォーラム『日本自費出版史―1903 〜 2012』2013.10、自費出版編集者フォーラム
3. NPO法人日本自費出版ネットワーク『自費出版年鑑 2013』2013.10、サンライズ出版

〈参考文献（雑誌）〉
1. 「海外出版レポート　イギリス　熱い視線を浴びる自費出版」『出版ニュース』2012年3月号、p.18-19
2. 「自費出版専門サイト「BookWay」を総合書店化―埋もれていたコンテンツを世に出したい」『JAGAT info』2011年9月、p.18-19
3. 「考えない葦　12回　読むツールから読ませるツールへ　※ 電子書籍の普及に弾みをつけると思われる自費出版」『週刊新潮』2012年9月20日号、p.56-57
4. 「Trend-Kindle 自費出版で情報商材戦線に異状あり！？」『Spa!』2013年3月26日号、p.98-99
5. 「自費出版の現在」『宮崎公立大学人文学部紀要』2003年、p.85-107
6. 「知っておくべき自費出版の原則」『週刊ダイヤモンド』2010年10月16日号、p.88-89

〈参考URL〉
1. 東京図書出版〈http://www.tokyotosho.co.jp/〉（引用日：2014-12-01）
2. 自費出版の森〈http://www.mystorybook.jp/〉（引用日：2014-12-01）
3. 自費出版の森「利用規約」〈http://www.mystorybook.jp/guide/tos.php〉（引用日：2014-06-05）
4. e-bookland〈http://www.e-bookland.net/〉（引用日：2014-12-01）
5. e-bookland「利用規約」
　〈http://www.e-bookland.net/contact/form/agreement.html〉（引用日：2014-06-05）
6. e-bookland「出版のご案内」〈http://www.e-bookland.net/cost/index.html〉（引用日：2014-06-05）
7. BookSpace〈http://www.ebksp.jp/〉（引用日：2014-12-01）
8. BookSpace「利用規約」〈http://www.ebksp.jp/terms〉（引用日：2014-06-05）
9. Amazon Kindle ダイレクト・パブリッシング
　〈https://kdp.amazon.co.jp/〉（引用日：2014-06-05）
10. Amazon Kindle ダイレクト・パブリッシング「利用規約」
　〈https://kdp-eu.amazon.co.jp/〉（引用日：2014-06-05）
11. 出版業界の豆知識〈http://www.1book.co.jp/005063.html〉（引用日：v2014-07-19）
12. 日経電子版〈http://www.nikkei.com/article/DGXNZO59651860T10C13A9SHA000/?df=2〉（引用日：2014-12-09）

第4章

電子出版・電子図書館のフィールドワーク

本章の内容

　「電子出版と電子図書館―競合から共存へ」をテーマとして行ってきたゼミでの授業の理解をさらに深めるため、ゼミ調査旅行を行った。
　電子図書館事業を積極的に進める国立国会図書館、電子書籍ビジネスを本格展開する講談社、電子書籍貸出しサービスを公共図書館において提供する図書館流通センター、そして上智大学新聞学科柴野ゼミ生との交流によって多くの知見を得ることができた。

【訪問先】
①国立国会図書館
②講談社
③図書館流通センター
④上智大学文学部柴野ゼミ生とのディスカッション
　⇒写真は、国立国会図書館東京本館

（なお、このフィールドワークは、ゼミ調査旅行参加者を代表して安原里美さんがまとめたものである）

第1節 国立国会図書館・東京本館

訪問日：2014年9月1日（月）14時30分～17時40分

概要

　国会国立図書館東京本館を訪問し、一般公開されていない閉架書庫の見学後、大滝則忠・国立国会図書館長との懇談を行った。また、ゼミのテーマである電子出版と電子図書館に関連して、「オンライン資料の制度的収集（電子納本制度＝ｅデポ）」と「図書館等へのデジタル化資料送信サービス」の2点についてのレクチャーを受け、質疑応答を行った。

1. 館内見学

　まず、国立国会図書館を紹介するDVDによって国会図書館の概要を改めて学んだ。国立国会図書館は立法府である国会に属し、日本における唯一の国立図書館である。国立国会図書館法で定められた納本制度に基づき、国内で発行されたすべての出版物を収集し、東京本館、関西館、国際子ども図書館の三つの施設が一体となってサービスを提供している。

　所蔵資料の大部分は閉架書庫に収められており、それら資料やサービスを利用するには利用者登録をする必要がある。『国立国会図書館年報平成25年度』の最新統計では4028万6843点の資料があり、提供しているデジタル化資料は227万点である。

　見学する際は埃や雑菌などを持ち込まないよう、靴にカバーをつけた。基本的に閉架に図書が収められている国立図書館では、利用者が利用するスペースよりも、蔵書の保管するスペースの方が圧倒的に広い。エレベーターを見るとわかるように地下8階まである。地下書庫は手洗い場のような水場関係の物は設置されておらず、本の保管に最適化された温度湿度が保たれている。また、地下であっても日光が届くような吹抜けの空間を設けるなど、そこで作業する人々のストレスを軽減させるような配慮がなされている。

東京本館の模型　　　　　　　地下8階まであるエレベーター

　新聞などは製本されて保管されている（下の写真左参照）。そのほか『少年マガジン』『少年サンデー』などのコミック雑誌も創刊号から保管されていた。
　端末上で利用者が取り寄せを行い、その情報を基にこうした閉架からカウンターへと資料が送られる。送るラインも確保されており、利用者にすばやく資料を届ける工夫がなされている（下の写真右参照）。

2.　大滝則忠館長との懇談

　大滝則忠館長に対してゼミ生はさまざまな質問を行った。項目を列挙すると以下のとおりである。（1）収集する資料の「版」について、（2）電子出版の収集におけるファイル形式について、（3）国会図書館の目標の中にある国際協力の具体像について、（4）海外からの利用について、（5）海外資料の収集について。

地下閉架書庫の新聞地方版　　　書庫からカウンターへのライン

第4章 電子出版・電子図書館のフィールドワーク

大滝則忠館長とゼミ生の懇談

電子図書館事業のレクチャー

いずれもじつに丁寧に詳細に答えていただき、国会図書館長の職務を改めて認識することができた。館長と同席するだけで十分スリリングな時間だった。

3. 「オンライン資料の制度的収集」などのレクチャーと質疑応答

事前にお願いしてあったテーマについて、電子情報部電子情報企画課の大場利康課長、徳原直子課長補佐、秋山勉・収集書誌部主任司書、小坂昌利・利用者サービス企画課課長補佐から法整備も含めた詳細な経緯と現況についてご教示いただいた。質疑応答では次のようなテーマが話題となった。

（1）「デジタル化資料送信サービス」のニーズについて、（2）諸外国の国立図書館におけるオンライン資料の収集の実態について、（3）電子自費出版の収集について、（4）ファイル形式の異なる電子書籍の収集について。

4. まとめ

国立国会図書館は日本唯一の国立図書館として、率先して所蔵資料のデジタル化に取り組んでおり、館長との懇談、「オンライン資料の制度的収集（電子納本制度＝ｅデポ）」と「図書館等へのデジタル化資料送信サービス」に関する担当部局の方との懇談で、最前線のお話しを聞くことができた。出版業界との利害調整も必要なため、必ずしも一直線に進展しない状況だが、それでも電子図書館事業に意欲を示していることがわかった。今後、美術館や文書館とも連携して「図書館」の枠組みを超えた横断的なリサーチができるよう、デジタルアーカイブが進展することを期待したい。

258

第2節
講談社本社

訪問日：2014年9月2日（火）10時00分～13時20分

概　要

　講談社は創業100年を越える歴史を持ち、書籍・雑誌・コミックなど幅広い分野を展開する総合出版社である。社員は約900人、フリーランスやアルバイトの人員を含めると社内で約2000人が働いている。その講談社本社を訪問し、『フライデー編集部』で週刊誌の製作サイクルや人的配置などの説明を受け、その後、出版業界屈指の「資料センター」を見学し、大手総合出版社の出版活動を支える情報源の現況について学んだ。

　また、電子出版事業に対する取組みについて、デジタルビジネス局長からレクチャーを受け、電子出版の可能性について質疑応答を行った。

1.　資料センター見学（10時10分～11時40分）

　編集総務局資料センターの小塚昌弘部長から詳しい説明を聞かせていただきながら、資料センター内を見学した。

(1) **図書館資料部**：講談社は、社内図書館を持っており、さまざまな資料を保存している。資料は8月時点で37万点であり、そのうち9万7000点は埼玉県児玉郡上里町にある永久保存倉庫に収められている。

(2) **講談社閲覧室**：ドラマの撮影で、「この閲覧室がたびたび使われる」というのも納得できる洗練されたつくりで、重厚な閲覧席が配置され、中二階があり、壁にはミュシャの絵なども飾ってあった。基本的に置いてあるのは、参考図書類、そして雑誌の新刊、講談社の新刊、他社の新刊（約3か月分）、豪華本などである。

(3) **地下書庫**：地下書庫だけで564.7㎡ある。自社が発行したものすべての出版物と他社のものも保存する、まさに出版社の仕事のための図書館であり、利用対象者は従業員と利用カード発行者に限定されている。

(4) データリサーチ部：書庫の隣にはデータリサーチ部がある。主に新聞・雑誌などの記事から切り抜いた人物情報を収集。近年はインターネットの検索の普及により、利用率が低下したため、2012年11月時点で新規情報収集と更新をやめている。1978年以降の約9万件の人物データがあり、50音順に収納されている。図書・写真資料・データベースはキーワードから検索でき、配架場所もわかる。物故者は情報が更新されることが少ないため中二階に収納されている。内閣総理大臣などの情報量の多いものは個別に棚がある。

(5) 写真資料グループ：写真資料は、講談社の写真部が撮影した写真で、カラーが約120万点、モノクロが約70万点ある。そのうち人物写真（日本人・外国人の顔写真）と件名写真（事件・スポーツ・歴史・動物・風景など）は開架に、それ以外は収蔵庫に保存されている。

2. 『FRIDAY』編集部見学（11時40分〜12時00分）

危機管理の観点から、ビル内のどの階に何の編集部があるかは表示されていない。ゼミ生の「行きたい編集部」投票で1位を獲得した『FRIDAY』編集部を広報室次長の吉田健二さんの案内で見学させていただいた。

金曜日に発売する記事を書いているため、水曜日の夜から木曜日の朝までに印刷し、トラックで発送する。そのため、ほとんどの記事の入稿は火曜日だが記事のデッドラインは水曜日になっている。ニュースの内容によっては発売を遅らせることもあるという。編集者は週に10本は企画を上げているとのこと。誰に、何を、どうやって、取材するかを考えるのが企画のポイントである。

風格ある講談社閲覧室

講談社地下書庫の自社書籍

第 2 節　講談社本社を訪ねて

雑誌『雄弁』明治43年2月創刊号　　件名写真のキャビネット

3. デジタルビジネス局長のレクチャー（12時00分～12時45分）

　吉羽治・デジタルビジネス局兼国際事業局局長に講談社が取り組んできた電子書籍事業の歴史的経緯をレクチャーしていただき、ゼミ生も LINE、comico、ニコニコについて逆に意見を求められた。マンガが電子書籍の大きな比重を占めていることが日本の特徴であることなどを聞き、電子出版ビジネスのシェアが大きいアメリカ、日本、韓国の現況や、海賊版対策の実際について解説していただいた。

　ゼミ生からの質問は、紙と電子のサイマル出版の割合、2011年に全社員を対象にソニーの読書専用端末「Reader」を配布した経緯と効果、デジタル雑誌の可能性、デバイスとマルチメディアの課題、読書アクセシビリティの確保の問題など多岐にわたり、いずれの質問にも丁寧に答えていただいた。

4. 社員食堂（12時45分～13時20分）

　社員食堂でランチ、講談社本社本館前で記念撮影をして、出発した。

5. まとめ

　出版社の本社を見学し、実際の仕事を目にして、出版社の持っているパワーを改めてとらえなおすことができた。講談社は電子書籍事業に積極的に乗り出しており、どのデバイスでも読めるコンテンツづくり、とりわけスマートフォン上で、ゲームやLINEに負けない出版コンテンツの質を徹底的に追求していくという姿勢を強く感じた。

第3節
図書館流通センター本社

訪問日：2014年9月2日（火）13時30分〜16時00分

概　要

　図書館総合支援企業としての図書館流通センター（略称：TRC）は、図書館向けの「選書から納品までの物流システム」を構築しており、とりわけデータベースの基になる TRC MARC は80％以上の公共図書館が採用するなど、図書館界にとって重要な存在となっている。また、運営や業務など受託しているすでに公共図書館417館、学校図書館259校となっており、さらに年々増加傾向を示している。そこで TRC の心臓部である本社データ部の見学と、TRC-DL、TADEAC、Education、Educational Commons という3つのデジタル事業の展開についてレクチャーを受け、質疑応答を行った。

1.　本社データ部見学

　本社データ部において TRC MARC が作成されるプロセスを見学させていただいた。データの作成工程は内容細目・目次データ、目録、分類件名、典拠という4部に分かれており、2階が新刊本、3階が AV（視聴室）資料・遡及資料（新刊以外）・雑誌のデータを作成している。

　2階の新刊本では、書店に本が並ぶ4、5日前に TRC に本が到着し、曜日ごとに色で分けたり、電子タグで管理したり、1点の本が今どの状態にあるのかが管理できるようになっている。

2.　デジタル事業のレクチャーと質疑応答

　TRC では、次の3人の方からレクチャーを受けた。(1) 矢口勝彦・TRC 電子図書館推進担当部長から「電子図書館サービス TRC-DL」、(2) 田山健二・TRC-ADEAC 株式会社代表取締役から「歴史資料検索閲覧システム ADEAC」、(3) 佐藤達生・図書館総合研究所代表取締役社長から「電子教科書と図書館の本を結

データ部での書影撮影風景　　　　　TRC-DL のレクチャー

ぶ新しいシステム Educational Commons」という 3 つのテーマである。
(1) TRC-DL：TRC-DL（TRC・デジタルライブラリー）は従来の紙の書籍と同様に電子書籍を貸出しできる「クラウド型プラットフォーム」の電子図書館サービスであり、図書館が商用コンテンツのアクセス権を購入することで、利用者はネットを介して自宅からでも利用できる。図書館システム連動型と非連動型があり、2014 年 8 月 1 日現在、22 館に導入されている（その後、小野市立図書館と筑西市立図書館が 2014 年 10 月から導入し、24 館）。TRC-DL には、次のような特徴がある。

　　TRC-DL を導入することによって、図書館では、これまで図書館に来ることが困難であった人々を対象とした「非来館者型サービス」を提供し、高齢者・障害者のアクセシビリティを確保することが可能となる。また商用コンテンツだけでなく、地域資料や貴重資料を含めたデジタルコンテンツの一元管理もでき、新たな図書館サービスが期待できよう。

(2) ADEAC：ADEAC（TRC アデアック）は貴重な地域資料をオンライン上で検索閲覧するためのプラットフォームシステムである。デジタルアーカイブとして、文字資料・地図・絵図などを自由に拡大縮小して閲覧することができる。また、クラウドの採用により、高品質・低価格で提供している。現代語訳を原文と並べて閲覧できるサービスもあり、画像上のデータをテキスト化し、検索できる機能もある。翻刻されたものや彫刻・土器など 3D のものも閲覧することができる。こういったサービスは地域資料の保存・活用に大きな役割を担っており、今後資料を増やして横断検索を用い

TRC-ADEACのレクチャー　　　　Educational Commonsのレクチャー

　て、より有用なものにしていく予定である。
(3) Educational Commons：Educational Commons（エド・コム）は、電子教科書事業である。TRCの学校図書館システムとしてTOOLi-S（蔵書管理システム）があり、これと電子教科書をつなぐことによって新しいものを生み出すのがエド・コムである。現在、販売されている電子教科書は電子黒板で見ることを前提に作られているが、エド・コムは、電子教科書を生徒の手元に届けるシステムである。例えば、社会科の教科書に出てくるキーワードにリンクが張られ、データベースにつながり、生徒が自主学習をしやすい環境を作りだすという。

　レクチャー終了後、(1) Educational Commons が実際に学校に導入される時期と各教科書会社の対応、(2) 全国の学校図書館における TOOLi-s の導入実態、(3) ADEAC のアクセス数と利用者属性、(4) ADEAC と国会図書館の連携の可能性、(5) TRC-DL に対する出版社の反応などについて活発な質疑応答が行われた。

3.　まとめ

　TRCでの見学、レクチャーによって、これからの図書館の可能性が明らかになった。紙とデジタルがそれぞれの役割を担い、新たな図書館サービスとして実践的に展開していく必要があるだろう。それぞれの図書館が求められる役割を果たせるよう、これからも TRC の動向に注目していきたい。

第4節 上智大学文学部 柴野ゼミ生との交流

訪問日：2014年9月1日（月）11時00分～14時40分

概 要

　上智大学文学部新聞学科の柴野京子先生とそのゼミ生から4名（松本実子さん、飯島美穂さん、海野ゆかりさん、吉田瞳さん）と「公共図書館の大衆化」というテーマで、「図書館無料貸本屋」論、書店と図書館の役割、図書館の有料化などについて、立命館大学湯浅ゼミ生15名とディスカッションを行った。
場所：上智大学・四谷キャンパス・文学部会議室

1.　問題提起—松本さんの研究発表

　松本実子さんが2013年度に執筆した論文「公共図書館の大衆化」の内容をパワーポイントで発表していただいた。松本さんは、ベストセラー本が図書館で貸出しされることによって「書店の利益が失われるのではないか」、という疑問から、「大衆化」をキーワードとして公共図書館における貸出問題を考察する論文を執筆した。松本さんが比較するのは、東京都・千代田図書館、埼玉県・川口市立中央図書館、佐賀県・武雄市図書館であり、そのうち前2者にはフィールドワークとして実際に訪れている。

　千代田図書館は、運営の全てを指定管理者3社に委託。ビジネス支援が中心であり、情報検索に特化したスペースと読書・学習のためのスペースを区切っている。また、神田古書店連盟との連携も行っており、各古書店の資料の展示や購入案内なども行っている。

　川口市立中央図書館は市が直営しているが、併設する映像・情報メディアセンター「メディアセブン」は指定管理者であるNPO法人が運営。メディアセブンでは、視聴覚教育に力を入れており、映像編集や音声録音などができるスタジオがあり、1時間100円で利用できるパソコンスペースがあるほか、ワークショップなどのイベントも行っている。図書館では地元郷土資料を集めた書

上智大学でのディスカッション風景　　　上智大学柴野ゼミ生との交流風景

棚などを設けており、地域と図書館が一体化しているといえる。また同じビルに大型書店も存在している。

　武雄市図書館は、書店の空間演出において新たなビジネスモデルを展開する民間企業が指定管理者として運営を行っている。図書館としての機能と書店・カフェの機能を併設し、メディアの注目を浴びている。

　このような事例研究から、「公共図書館＝無料貸本屋」批判論を検討した。ベストセラー本の貸出しなどを続ける理由について、図書館としては「利用者のニーズに合わせた結果」であり、行政の高評価につながるよう、図書館利用者を増やすための一つの道具としていることを挙げる。また、「図書館が本を購入すること自体が書店の売り上げや著者に不利益をもたらすという直接的な因果関係が見いだせない」とし、それに加えて図書館と書店が連携する新たな取組み事例を紹介した。しかしような取組みを評価する一方で、武雄市図書館については商業的にかたよった、いわば「大衆化」が進み過ぎた事例であるとし、批判的見解を示した。

2.　松本さんの発表を踏まえたディスカッション

　まず、実際に武雄市図書館を訪問し、指定管理制度が導入される前からずっと館長であった杉原館長と指定管理者となったカルチュア・コンビニエンス・クラブ（CCC）図書館カンパニーの高橋聡カンパニー長にインタビューを行ったことがある湯浅ゼミの尾崎理奈さんから、武雄市図書館のようなタイプの「大衆化」には賛成である、武雄市図書館は営利目的だけではなく「市民の生活をより

豊かにする図書館」を目的に、生活の場・自身の勉強の場としてのカフェや書店と図書館を行ったり来たりするループができるような雰囲気づくりを行い、地域再建に貢献していると考えられるとフィールドワークをもとに論を展開した。

一方、柴野ゼミの松本さんは、「大衆化」という観点では、読書を娯楽として考えているからベストセラーを図書館に置くことになる。減少しつつある読書習慣を図書館と書店双方が互いに支え合い、ポジティブな共存関係を構築していくべきであると述べた。

また、柴野ゼミの海野ゆかりさんは、参考文献で調査するのは図書館の資料を使い、所有しておきたい本は書店で購入するため、川口市立中央図書館のようにビルの5、6階には図書館があり、7階にはメディアセブンがあり、3階には大型書店があるというのは利用者にとって便利であると述べた。

その後、「ショーウィンドウ」としての図書館、「所有しておきたい本は書店で」といった図書館と書店の役割についての議論が展開し、図書館におけるベストセラー本の複本購入批判の論点整理と、図書館資料の選書をめぐる「要求論」と「価値論」──すなわち、利用者の要求に応えるあまりライトノベルズが極端に増えるケースもある「要求論」、図書館が本の価値を判断して「良書」を置こうとする「価値論」のどちらにもそれぞれ弊害があるが、『中小都市における公共図書館の運営』(中小レポート、1963年)以降、貸出しを中心とした公共図書館像が進展し、「大衆化」の道をたどり、図書館資料から見れば「要求論」の方向に大きくシフトしてきたという経緯を検討した。

また図書館の有料化をめぐっての議論も行われ、これから出版の形態や図書館、書店の仕組みが弾力的に変われば、また全体を多面的にとらえなおしていく必要があるだろうと総括があり、ディスカッションを終了した。

3. まとめ

大きな流れとしては、武雄市図書館に端を発し、書店と図書館の関係性、それぞれの役割、図書館の有料化などについてディスカッションする形となった。視点が異なる意見を聞くと、そういう見方もできるなと考えさせられた。また、上智大学のゼミ生による新たな見方に刺激を受ける形で、立命館大学のゼミ生も、自分の前期ゼミ授業での発表以上のことを発言することもあり、有益な情報共有ができ、さらに視野を広げることができた。

あとがき

　本書の刊行は多くの方々のご協力によって実現したものである。
　ご執筆いただいた京セラ丸善システムインテグレーション・経営企画本部の津田康弘さん、シュプリンガージャパン・マーケティング部の田辺祐子さん。
　ゼミ調査旅行で訪問した、国立国会図書館長の大滝則忠さん、館長秘書の中川透さん、広報担当総務課長補佐の白石郁子さん、電子情報部電子情報企画課長の大場利康さん、課長補佐の徳原直子さん、収集書誌部主任司書の秋山勉さん、利用者サービス部サービス企画課課長補佐の小坂昌さん。
　講談社広報室次長の吉田健二さん、編集総務局資料センター部長の小塚昌弘さん、『フライデー』編集次長の舩川輝樹さん、デジタルビジネス局兼国際事業局局長の吉羽治さん。そして当日の案内はもとより、社員食堂でゼミ生全員にランチをご馳走してくれた元・講談社で図書館総合展運営委員長の佐藤潔さん。
　図書館流通センターでは、今日の図書館のあり方について急遽、ショート・レクチャーを行っていただいた元・国立公文書館長で図書館振興財団理事の高山正也さん、TRC電子図書館推進担当部長の矢口勝彦さん、TRC-ADEAC代表取締役の田山健二さん、図書館総合研究所代表取締役社長の佐藤達生さん。
　上智大学新聞学科の柴野京子先生と柴野ゼミの松本実子さん、飯島美穂さん、海野ゆかりさん、吉田瞳さん。福井大学の図書館・学務部学術情報課の太田仁さん、久保智靖さん、院生の渡邊浩樹さん、学生の大木怜さん、山田龍太郎さん。
　ゼミ生のインタビュー調査に快く応じて下さった中西印刷専務取締役の中西秀彦さん、武雄市図書館長の杉原豊秋さん、カルチュア・コンビニエンス・クラブ図書館カンパニー長の高橋聡さん、武雄市役所教育部スマイル学習課課長の古賀龍一さん、立命館守山中学校・教務部長ICT推進室長の木村慶太さん、数研出版関西本社ICT開発部部長の木津さおりさん、立命館大学産業社会学部教授の小澤亘さん、京都国際マンガミュージアム研究員のイトウユウさん、ネットアドバンスの酒井康治さん、雄松堂書店の増井尊久さん、八木書店の恋塚嘉さん、三人社の白井かおりさん、京都府立総合資料館新館担当副主査の福島幸宏さん。
　湯浅ゼミの電子書籍による授業をシステム面で支えてくれた立命館大学図書館の安東正玄さん。「教育の質向上予算」による本書の刊行助成など、深い理解を示して下さった立命館大学文学部長の藤巻正己さんほか文学部執行部のみなさん、新しい文学部の教学展開としての「ゼミ教育の高度化」を積極的にサポートして下さった文学部事務長の稲森裕さんほか事務職員のみなさん。
　そして本書の刊行にご尽力いただいた出版メディアパルの下村昭夫さん、カバーデザインの荒瀬光治さん、DTP編集の前川裕子さん、今回も素敵なカバーイラストを描いてくださった毬月絵美さん。
　そして最後に、私の仕事を未来につながるものにしてくれた14名のゼミ生たち、李桐和（イ・ドンファ）さん、大久保俊季さん、尾崎理奈さん、高畑有里さん、田草川みなみさん、竹嶋龍仁さん、竹本正史さん、野木ももこさん、早川育実さん、藤新朋大さん、松田麻由香さん、向井惇子さん、村井燦さん、安原里美さん。
　そのほかお世話になった多くの方々にこの場を借りて、心からお礼申し上げます。

2015年3月1日　　　　　　　　　　　　　　　　　　編著者　湯浅　俊彦

● 索 引

〈ア行〉
アーカイブミュージアム………189
秋田県立図書館………204
アクセシビリティ………81
朝の読書………107,171
アダプティブラーニング………106
アマゾンジャパン………46
今井書店………230
ウィキペディア………80
エロエロ草紙………203
オープンアクセス………40
オープン本棚………223
音声検索機能………17
音声読み上げ機能………17
オンライン資料収集制度………12,181,258

〈カ行〉
海賊版………48
学術認証基盤（シボレス認証）………30
拡大教科書………94
学校司書………168
学校図書館………160
学校図書館法………108
角川書店………110
カルチュア・コンビニエンス・クラブ（CCC）………242
川口市立中央図書館………265
機関リポジトリ………35
貴重書………194
紀伊國屋書店………110
キュレーション………36,240
京セラコミュニケーションシステム………8,30
京セラ丸善システムインテグレーション………8,30
京都国際マンガミュージアム………186
京都造形芸術大学………35
京都府立総合資料館………208

近代デジタルライブラリー………193
近デジ大蔵経問題………201
グーテンベルク………79
曇徴………191
群書類従………206
慶應義塾大学………13,29
——出版会………33
勁草書房………33
ゲームブック………76
公共図書館………147
講談社………12,110,181,259
合理的配慮………18
国立国会図書館………256
——東京本館………12,256
国立国会図書館法………182
コピペ………88

〈サ行〉
酸性紙………192
三省堂書店………228
三田市立図書館………17
——読書アクセシビリティ実証実験………17
しおり………27
視覚障害者………17
自己出版………247
司書教諭………168
指定管理者制度………114
自費出版………246
自費出版の森………250
シュプリンガー………14,40
障害者差別解消法………17
小学館………181
商業出版………247
上智大学………13,265
情報活用能力………176
ジョン・チョルヨン………76
新刊ハイブリッドモデル………13,33
新書マップ………221
数研出版………126
スマートニュース………240

スマイル学習………105

〈タ行〉
大学図書館電子学術書共同利用実験………16,27
大正新脩大蔵経………201
大蔵出版………201
大日本印刷………17,46
武雄市MY図書館………105,119
武雄市図書館………110,265
タブレット型端末………100,102
多文化サービス………146
千代田図書館………265
ディスカバラビリティ………213
ディスカバリーサービス………27,35
ディスレクシア………17,94
データベース………35
デジタルアーカイブ………194
デジタル化資料送信サービス………12,199,258
デジタル教科書………90,124
デジタル教材………125137
電子学術書実証実験………15
電子黒板………123
電子コミック………180
電子雑誌………236
電子辞書………75
電子ジャーナル………35
電子出版学入門〈改訂3版〉………9,29
電子書籍サービス………147
電子書籍ストア………230
電子書店………214
電子文庫パブリ………9
電通国際情報サービス………107
東京大学………31,53
——出版会………33
東寺百合文書………208
透明テキスト………9
読書アクセシビリティ………17,94
特別支援教育………91
図書館総合研究所………13
図書館の有料化………267

269

■ 索 引

図書館流通センター …13,17
凸版印刷 ……………………208

〈ナ行〉
ナショナルデジタル
　コミックセンター ……189
南伝大蔵経 …………………201
●
日本語学習 …………………137
日本出版インフラセンター
　………………………………226
●
日本電子図書館サービス
　………………………………110
●
ネットアドバンス ………206
●
納本制度 ……………………182

〈ハ行〉
ハイブリッド図書館 ……… 31
萩市立萩図書館……………204
原書房 ………………………206
反転授業 ……………105,117
●
ビジュアルノベル ………… 75
ビッグディール …………… 44
ビッグデータ解析 ………… 36
ビブリオバトル …………171
ビューン ……………………238
●
福井大学 …………………… 13
付箋 …………………………… 9
ブックトーク ……………171
フューチャー・ブックストア・
　フォーラム ………………226
フューチャースクール推進事業
　………………………………104
プロシーディング ……… 42
●
ペーパーライク …………… 73
●
ポピュラーカルチャー …187
本文検索 ……………………… 9

〈マ行〉
マイクロフィルム化 ……192
マガストア …………………237
学びのイノベーション事業
　………………………104,125
マルチメディア …………… 74

マルチメディア教科書デイジー
　………………………………… 92
●
みすず書房 ………………… 33
●
むすびめの会 ……………149
●
メタデータ ………………… 48
●
モノグラフ ………………… 41

〈ヤ行〉
八木書店 ……………………206
山中湖情報創造館 ………110
●
有斐閣 ……………………… 33
●
吉川弘文館 ………………… 33
ヨミcam ……………………229
読むコレ ……………………228

〈ラ行〉
ラインマーカー …………9,27
楽天Koboイーブックストア
　………………………………230
●
リアル書店 …………214,225
立命館守山中学校 ………106
リフロー型 ………………… 80
●
レコメンデーション ……… 36

〈数字〉
3Dイメージ ………………… 81
42行聖書 …………………… 79

〈英文〉
Airbook ……………………242
Anntena ……………………240
APC ………………………… 55
BooCa ………………………230
BookLive …………………228
BookLooper ………………9,29
BookSpace …………………250
BOOKWALKER …………238
BookWay …………………250
CIO …………………………129
Comico ……………………… 77
DAISY ………………………140
DOI ………………………… 48
DRM ………………………184

DRMフリー ……………… 48
dマガジン …………………237
●
Educational Commons
　………………………13,264
EPUB ……………………… 47
FBF …………………………226
Fujisan.com ………………237
Gunosy ……………………240
HanGame …………………… 77
HTML ……………………… 47
iBook ……………………… 73
iPad …………………………103
iPad mini …………………… 8
IRIS ………………………… 17
JapanKnowledge …………206
J-DAC ………………………209
JDLS ………………………110
JPO …………………………226
KDP …………………………251
Kindle ……………………… 74
Kindle Direct Publishing
　………………………………250
Library Press Display …153
LINE ………………………181
Maruzen eBook Library … 34
MLA連携 …………………193
MOOC ……………………… 12
Naver ……………………… 76
O2O …………………………227
OCR ………………………… 48
Online First ………………… 4
OPAC ……………………27,35
PDF ………………………… 47
PDFファイル ……………… 9
RICS …………………107,121
Rits-DAISY ………………140
SNS ………………………… 82
Springer …………………… 40
STM ………………………… 40
Touch & Read ……………… 93
TRC MARC ………………262
TRC-ADEAC ……13,204,263
TRC-DL …………13,110,263
Web Toon ………………… 76
Wi-Fi環境 ………………… 11
XML ………………………… 47

◎ 編著者略歴

湯浅　俊彦（ゆあさ　としひこ）
1955年、大阪府生まれ。立命館大学文学部教授。大阪市立大学大学院・創造都市研究科・都市情報環境研究領域・博士（後期）課程修了。博士（創造都市）。
日本出版学会・理事。日本ペンクラブ言論表現委員会・副委員長。日本図書館協会・出版流通委員。国立国会図書館・納本制度審議会委員。図書館振興財団「図書館を使った調べる学習コンクール」審査委員

◎ 主な著書
◇『デジタル時代の出版メディア』ポット出版　2000
◇『デジタル時代の出版メディア　電子・ドットブック版』ボイジャー　2000
◇『日本の出版流通における書誌情報・物流情報のデジタル化とその歴史的意義』ポット出版　2007
◇『電子出版学入門 ― 出版コンテンツのデジタル化と紙の本のゆくえ』出版メディアパル 2009（改訂2版、2010・改訂3版、2013）
◇『図書館情報資源概論』近畿大学通信教育部　2012
◇『デジタル環境下における出版ビジネスと図書館 ― ドキュメント「立命館大学文学部　湯浅ゼミ」出版メディアパル　2014（編著）
◇『文化情報学ガイドブック―情報メディア技術から「人」を探る』勉誠出版（共編著）　2014

電子出版と電子図書館の最前線を創り出す
　―立命館大学文学部　湯浅ゼミの挑戦

©2015　湯浅俊彦

2015年3月15日　　　第1版　　第1刷発行

編著者：湯浅　俊彦
発行所：出版メディアパル　　　住所：〒272-0812 市川市若宮1-1-1
　　　　Tel&Fax：047-334-7094
　　　　e-mail：shimo@murapal.com　　URL：http://www.murapal.com/

カバーデザイン：荒瀬光治　DTP編集：出版メディアパル＋いえろお・はうす／前川裕子
カバーイラスト：毬月絵美　CTP印刷・製本：平河工業社

ISBN　978-4-902251-79-1　　　　　　　　　　　　　　　　Printed in Japan

●本の未来を考える=出版メディアパルNo.25
本づくりこれだけは〈改訂4版〉
下村　昭夫 著　　　　　定価(本体価格1,200円+税)　A5判　104頁

●本の未来を考える=出版メディアパルNo.11
編集デザイン入門
荒瀬　光治 著　　　　　定価(本体価格2,000円+税)　A5判　132頁

●本の未来を考える=出版メディアパルNo.23
電子出版学入門〈改訂3版〉―出版メディアのデジタル化と紙の本のゆくえ
湯浅　俊彦 著　　　　　定価(本体価格1,500円+税)　A5判　144頁

●本の未来を考える=出版メディアパルNo.27
校正のレッスン〈改訂2版〉―活字との対話のために
大西　寿男 著　　　　　定価(本体価格1,600円+税)　A5判　160頁

●本の未来を考える=出版メディアパルNo.24
少女雑誌に見る「少女」像の変遷―マンガは「少女」をどのように描いたのか―
中川　裕美 著　　　　　定価(本体価格2,400円+税)　A5判　224頁

●本の未来を考える=出版メディアパルNo.22
文庫はなぜ読まれるのか―文庫の歴史と現在そして近未来
岩野　裕一 著　　　　　定価(本体価格1,800円+税)　A5判　160頁

●本の未来を考える=出版メディアパルNo.26
昭和の出版が歩んだ道
能勢　仁・八木　壮一 共著　定価(本体価格1,800円+税)　A5判　184頁

●出版実務書シリーズ
デジタル環境下における出版ビジネスと図書館
湯浅　俊彦 著　　　　　定価(本体価格2,400円+税)　A5判　256頁

◆出版学実務書シリーズ
世界の本屋さん見て歩き―海外35ヵ国202書店の横顔
能勢　仁 著　　　　　　定価(本体価格2,500円+税)　A5判　272頁

◆出版学実務書シリーズ
出版産業の変遷と書籍出版流通〈増補版〉
蔡　星慧 著　　　　　　定価(本体価格2,400円+税)　A5判　232頁

 出版メディアパル　担当者　下村　昭夫
〒272-0812　千葉県市川市若宮1-1-1　電話&FAX：047-334-7094